"十二五"职业教育国家规划教材

经全国职业教育教材审定委员会审定

畜牧兽医行政执法与管理

顾洪娟　邢军　主编

U0359863

第三版

XUMUSHOUYI

XINGZHENG ZHIFA

YU GUANLI

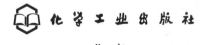化学工业出版社

·北京·

内容简介

《畜牧兽医行政执法与管理》入选"十二五"职业教育国家规划教材，经全国职业教育教材审定委员会审定。

本书第三版按照"基本法律常识→几部重要畜牧兽医行业法规解读"的思路来编写，充分体现职业教育特色。全书共分为九章，依次为畜牧兽医行政、畜牧兽医行政执法、畜牧兽医行政司法与损害赔偿、动物防疫管理、重大动物疫情管理、兽药管理、饲料和饲料添加剂管理、畜牧管理、动物卫生国际规则。相关内容融入了《饲料和饲料添加剂管理条例》、《中华人民共和国动物防疫法》等最新法律法规内容。依照职业教育行动导向的原则，设立了"思政与职业素养目标""学习目标""阅读资料""复习思考题""案例分析"等内容，适于学生"做中学"和教师"做中教"。本书配有电子课件，可从 www.cipedu.com.cn 下载参考。

《畜牧兽医行政执法与管理》（第三版）可供高职高专院校畜牧兽医、动物防疫与检疫、兽医卫生检验和兽药及饲料营销等专业师生使用，也可作为畜牧兽医行政执法人员、基层畜牧兽医技术人员、兽药及饲料营销人员、兽药生产管理与技术人员和广大养殖户的参考用书。

图书在版编目（CIP）数据

畜牧兽医行政执法与管理/顾洪娟，邢军主编．—3版．—北京：化学工业出版社，2021.3（2025.7重印）

"十二五"职业教育国家规划教材

ISBN 978-7-122-38264-1

Ⅰ.①畜… Ⅱ.①顾…②邢… Ⅲ.①畜牧业-行政执法-中国-高等职业教育-教材②畜禽卫生-行政执法-中国-高等职业教育-教材③畜牧业-行政管理-高等职业教育-教材④畜禽卫生-行政管理-高等职业教育-教材 Ⅳ.①D922.41

中国版本图书馆 CIP 数据核字（2020）第 259616 号

责任编辑：迟 蕾　梁静丽　李植峰　　　　文字编辑：尚梦笛　林　丹
责任校对：王鹏飞　　　　　　　　　　　　装帧设计：史利平

出版发行：化学工业出版社（北京市东城区青年湖南街 13 号　邮政编码 100011）
印　　装：北京云浩印刷有限责任公司
787mm×1092mm　1/16　印张 14¾　字数 353 千字　2025 年 7 月北京第 3 版第 6 次印刷

购书咨询：010-64518888　　　　　　售后服务：010-64518899
网　　址：http://www.cip.com.cn
凡购买本书，如有缺损质量问题，本社销售中心负责调换。

定　　价：48.00 元　　　　　　　　　　　　　版权所有　违者必究

《畜牧兽医行政执法与管理》(第三版)编审人员

主　　编　顾洪娟　邢　军

副 主 编　贾富勃　陈文钦

编写人员　顾洪娟　辽宁农业职业技术学院

　　　　　邢　军　江苏农林职业技术学院

　　　　　杨剑波　江苏农林职业技术学院

　　　　　贾富勃　辽宁农业职业技术学院

　　　　　陈文钦　湖北生物科技职业学院

　　　　　王利峰　山西省大同市灵丘县农业农村局

　　　　　王铁良　锦州医科大学

　　　　　于清泉　辽宁职业学院

　　　　　张冬波　辽宁职业学院

　　　　　于　明　辽宁农业职业技术学院

　　　　　李春艳　辽宁农业职业技术学院

　　　　　易宗荣　宜宾职业技术学院

　　　　　刘　涛　信阳农林学院

　　　　　张自芳　云南农业职业技术学院

　　　　　黄廷贺　辽宁益康生物股份有限公司

主　　审　季慕寅　芜湖职业技术学院

　　　　　刘正伟　辽宁农业职业技术学院

前言

　　《畜牧兽医行政执法与管理》（第三版）根据国务院关于教材建设的决策部署和《国家职业教育改革实施方案》有关要求，以深化职业教育"三教"改革为依据，对第二版教材的内容进行了修改和增补。

　　2015年以来，我国一些和畜牧业发展相关的法律、法规、章程有了新的修订，归口管理部门也有了变化。所以，本教材更新了陈旧内容，使教材与时俱进，符合职业教育发展规律。

　　1. 我国在2017年对《重大动物疫情应急条例》进行修订，2014年、2016年和2018年对《兽药管理条例》分别进行了三次修订，《饲料和饲料添加剂管理条例》在2017年也经过了修订，《中华人民共和国动物防疫法》于2021年修订，第三版教材将与这些修订部分相关的内容进行了替换，使教材内容与法律法规部分条款修订相一致。

　　2. 由于归口管理部门的更改，第三版教材将草原管理、渔业管理内容删除；2018年《种畜禽管理条例》废止，所以第三版删除"畜禽管理"这一章内容，并增补"畜牧管理"章节内容。

　　3. 附录中增加了《中华人民共和国畜牧法》《重大动物疫情应急条例》等多部法规和条例。再版教材更方便师生和畜牧工作者使用时查找对应的国家最新法规条款。

　　4. 在编写结构上，注重思政与职业素养教育，并保留第二版的特点，着重依据职业教育行动导向的原则，指出"学习目标"，并围绕相关知识点设立"阅读资料""复习思考题""案例分析"等内容，适合学生自主学习。

　　由于编者水平有限，书中不尽完善之处在所难免，希望得到专家的斧正和同行的指点。

编　者

2021 年 1 月

第一版前言

本教材是在教育部《关于加强高职高专教育人才培养工作的意见》（教高〔2000〕2号）和教育部《关于全面开展高职高专院校人才培养工作水平评估的通知》（教高厅〔2004〕16号）的精神指导下编写的，高等职业院校要坚持育人为本，德育为先，把立德树人作为根本任务。要以中共中央、国务院《关于进一步加强和改进大学生思想政治教育的意见》（中发〔2004〕16号）为指导，进一步加强思想政治教育，把社会主义核心价值体系融入高等职业教育人才培养的全过程。要高度重视学生的职业道德教育和法制教育，重视培养学生的诚信品质、敬业精神和责任意识、遵纪守法意识，培养出一批高素质的技能性人才。《畜牧兽医行政执法与管理》是畜牧兽医类专业的必修课，特别是新的《中华人民共和国动物防疫法》和《生猪屠宰管理条例》文件的出台，更有必要将其融入教学和教材编写工作中。

此外，在"瘦肉精""苏丹红""三聚氰胺""抗生素残留超标"事件时有发生的今天，人们对动物疫病、动物产品安全更加关注，这就给兽医主管部门和畜牧工作者提出了更高的要求，同时也带来了重新从法律的视角来审视食品安全的机会。因此，编写本教材就是顺应养殖业可持续健康发展的需求，使学生成为懂法、守法、宣传法、保护法的守法公民，按照兽医主管部门制定的法律、法规和规章制度养殖和管理动物，从而创造良好的动物福利待遇，保障动物源性食品安全，减少动物排泄物对环境的污染，加强公共卫生安全，打破地方保护主义，促进和谐社会的发展。

本教材共分十三章，分别讲述畜牧兽医行政知识及相关的法律法规。其中《中华人民共和国动物防疫法》是按照2008年1月1日起施行的新法规编写，新增了疫情风险评估、疫情预警、疫情认定、无规定动物疫病区建设、官方兽医、执业兽医管理、动物防疫保障机制等方面的内容；随着我国水产养殖业的不断扩大，水产品出口份额不断增加，商品鱼药物残留（孔雀绿、甲醛等）连续曝光，本教材增加《中华人民共和国渔业法》内容。

本书编写分工如下：第一章、第十一章由邢军编写，第二章、第十二章由周俊编写，第三章、第四章由易宗容编写，第五章、第十三章由刘涛编写，第六章由张华编写，第七章由于清泉编写，第八章由张冬波编写，第九章由王铁良编写，第十章由顾洪娟、柳志余、贾富勃编写，附录由柳志余、王铁良收集整理。江苏畜牧兽医职业技术学院杨廷桂教授拨冗审阅本书，在此，编者表示衷心的感谢。

由于编者水平有限，书中不妥之处在所难免，恳望读者朋友批评指正。

编　者
2009年6月

第二版前言

第二版教材以《教育部关于"十二五"职业教育教材建设的若干意见》为指导，以《高等职业学校专业教学标准（试行）》为依据，对第一版教材的内容进行了大量的更新与补充。随着我国畜牧业的迅速发展，一些法规、条例及章程也在不断更新，第一版教材的部分内容已经过时。同时，经过几年来的教学改革与实践，有些新的教学成果及新修订的法规也需要及时充实到教材中来。依据上述需求，修订了本版教材。

1. 总结教改实践，体现新的教学成果

第二版教材进一步强化了畜牧兽医行业企业法律顾问的参与度，广泛吸纳了一线法律顾问的意见和建议，并以"国家标准衔接""行业标准衔接"等形式充分体现了课程内容与职业标准的对接。

在内容体系设计上，教材按照"基本法律常识→几部重要畜牧兽医行业法规解读→怎样做守法畜牧兽医技术人员"的思路来编写，充分体现职业教育特色，全书共分为十一章，分别讲述畜牧兽医行政知识及相关的法律法规。

在编写体例结构上，依照职业教育行动导向的原则，设立了"本章要点""学习目标""阅读资料""案例分析""复习思考题"等内容，适于学生"做中学"和教师"做中教"。

在立体化教材建设方面，第二版教材配套制作了丰富的教学资源，涵盖教学课件、案例库、习题库等内容，数字化配套教学资源可在 www.cipedu.com.cn 下载学习。

2. 融入新的法规与标准，更好地服务于实际教学

在内容选取上，合并第一版教材中畜牧兽医行政司法和畜牧兽医损害赔偿两章为一章，删除《中华人民共和国畜牧法》一章，避免章节繁多及部分内容的雷同。经过对第一版教材进行大量的删改和增补，教材逻辑更加清晰，可读性更强。

第二版教材中有关饲料和饲料添加剂管理相关内容按照 2011 年《饲料和饲料添加剂管理条例》等最新资料重新编写；草原法相关内容根据 2013 年 6 月 29 日第十二届全国人民代表大会常务委员会第三次会议通过并实施的《中华人民共和国草原法》对第五十五条、第七十条做了修改；依据 2015 年 4 月 24 日第十二届全国人民代表大会常务委员会第十四次会议通过最新修订的《中华人民共和国动物防疫法》对第 20 条、51 条、52 条内容作出修改。

第二版教材附录的内容更具有实用性。

3. 结合典型案例分析，重在培养学生知法懂法的能力

根据职业教育人才成长规律和中高职协调发展的要求，教材更侧重于知法、懂法和做守法畜牧兽医工作者能力的培养，教材中增加了一倍的"案例分析"，新增加了"讨论案例"，有效顺应养殖业可持续健康发展的需求，从而创造良好的动物福利待遇，保障动物源性食品安全、减少动物排泄物对环境的污染，加强公共卫生安全，打破地方保护主义，促进和谐社会的发展。

由于编者水平有限，书中不尽完善之处在所难免，希望得到专家的斧正和同行的指点。

编　者

2015 年 4 月

目录

○ 第七章　饲料和饲料添加剂管理

101

第一章 畜牧兽医行政

畜牧业和畜产品安全事关国计民生，更关乎国家公共卫生战略安全，在提高产业活力的同时，必须加强行政管理，保障行业健康、有序、可持续发展；畜牧行政管理人员要坚守一心为民的理念，不忘初心，在管理的同时强化服务意识。

📖 **学习目标**

1. 了解各级畜牧兽医行政的主体、对象和范围；掌握畜牧兽医主管部门、监督机构和执法人员的构成和职权。

2. 掌握畜牧兽医行政管理的手段、内容、方式和措施。

3. 掌握畜牧兽医行政常用制度。

第一节 畜牧兽医行政的概念和特点

一、概念

1. 行政的概念

行政是指国家行政主体依法对国家和社会事务进行组织和管理活动，即国家行政主体实施国家权利的行为。这一定义具有以下几个要点：第一，行政主体是某种国家机构，它或者处于独立地位，或者处于从属地位，而与其他国家机构共同组成国家机关体系；第二，行政机构的组织者是国家权力主体；第三，行政机构的基本职能是实现国家权力主体的意志，贯彻落实它所制定的法律和所作出的决定；第四，行政机构的任务主要是对社会一般公共事务进行各项具体管理。

2. 畜牧兽医行政的概念

畜牧兽医行政是国家行政的一部分，是畜牧兽医行政机关代表国家依法对畜牧兽医事务进行组织与管理的活动。

畜牧兽医依法行政是我国畜牧兽医事业发展史上的一大重要转变，是我国畜牧兽医工作进入依法治牧新时期和逐步与国际接轨的一个重要标志，探索与完善畜牧兽医依法行政的重要作用、主要措施、存在问题，对今后畜牧兽医行政执法工作具有十分重要的意义。畜牧兽医依法行政工作关系到畜牧兽医工作的整个大局，建立权责明确、行为规范、监督有效、保障有力的畜牧兽医行政执法体制，明确执法依据和程序，量化执法标准，强化执法责任，进一步规范和监督行政执法活动，是积极推行行政执法责任制工作，推动畜牧兽医各项工作顺利开展的重要举措。

二、畜牧兽医行政的特点

由于畜牧兽医行业有别于其他行业，因此畜牧兽医行政具有其独自的特点。

① 畜牧兽医行政的主体是各级畜牧兽医主管部门及依法授权机构。

② 畜牧兽医行政是畜牧兽医行政主体代表国家对我国畜牧、兽医事务进行管理的行政活动，是国家活动的一部分。

③ 畜牧兽医行政以国家行政法规，畜牧、兽医法律，条例，细则，规章和国际公约等为依据。

④ 畜牧兽医行政的目的在于有效防治动物疾病，做好公共卫生，保障人畜健康，维持畜牧、兽医正常生产工作秩序，促进畜牧业经济发展。

第二节　畜牧兽医行政的对象和范围

一、畜牧兽医行政的对象

畜牧兽医行政的对象十分广泛，可归纳为以下几点。

1. 企业

企业是指在中华人民共和国境内经工商行政管理部门登记、注册后从事生产经营的组织。企业从事了畜牧、兽医某项工作而成为畜牧、兽医行政管理的对象。

比如企业由于生产和经营的需要，申请领取了《兽药生产许可证》《兽药经营许可证》，从事兽药的研制、生产、经营、进出口，根据《兽药管理条例》而成为兽医行政管理的对象；企业生产、经营种畜禽，根据《种畜禽管理条例》而成为畜牧行政管理的对象。

2. 个人

① 由于进行了畜禽饲养、经营、屠宰、运输、加工而成为畜牧、兽医行政管理的对象。

② 由于从事了畜牧、兽医相关工作而成为畜牧、兽医行政管理的对象。如参加畜牧、兽医人员的资格考核，录用、证照申领、登记注册、年检、管理费用的交纳等。

3. 动物、动物产品及相关物品

动物是指家畜、家禽和人工饲养、合法捕获的其他动物。

动物产品是指动物的生皮、原毛、精液、胚胎、种蛋以及未经加工的胴体、脂、脏器、血液、绒、骨、角、头、蹄等。

4. 饲料、饲料添加剂

饲料是指经工业化加工、制作的供动物食用的饲料，包括单一饲料、添加剂预混合饲料、浓缩饲料、配合饲料和精料补充料。

饲料添加剂是指在饲料加工、制作、使用过程中添加的少量或者微量物质，包括营养性

饲料添加剂和一般饲料添加剂。饲料添加剂的品种目录由国务院农业行政主管部门制定并公布。

5. 兽药

兽药是指用于预防、治疗、诊断畜禽等动物疾病，有目的地调节其生理机能并规定作用、用途、用法、用量的物质，包括：血清、疫苗、诊断液等生物制品；兽用的中药材、中成药、化学原料药及其制剂；抗生素、生化药品、放射性药品。

6. 畜牧生产中使用的设备、设施

设备包括加工机械、仪器设备、原材料等有关物品。设施包括畜牧生产的环境、牧场、厂房、圈舍等。

7. 其他

畜牧兽医行政所涉及的对象十分广泛，除上述的对象之外，还包括畜牧、兽医行业中所涉及的证、章、标志、行政规章等。

二、畜牧兽医行政的范围

种畜禽生产经营管理；饲料及饲料添加剂生产经营使用管理；兽药生产经营使用管理；畜牧兽医行政许可管理；动物饲养、屠宰、运输、购销及动物产品加工、生产、运输活动的管理；动物疾病诊疗、动物防疫检疫的管理；动物、动物产品进出口业务管理；有关证、章、标志的管理；畜牧、兽医法律法规的贯彻执行；畜牧、兽医行政执法司法等。

第三节　畜牧兽医行政的组织机构

一、畜牧兽医主管部门

由国务院和地方各级政府设立，并代表国家和地方各级政府管理畜牧、兽医方面事务的职能机关。

1. 主管地位：由法律法规设定

(1)《中华人民共和国畜牧法》 国务院畜牧兽医主管部门负责全国畜牧业的监督管理工作。县级以上人民政府应当采取措施，加强畜牧业基础设施建设，鼓励和扶持发展规模化养殖，推进畜牧产业化经营，提高畜牧业综合生产能力，发展优质、高效、生态、安全的畜牧业。

(2)《饲料及饲料添加剂管理条例》 国务院畜牧兽医主管部门负责全国饲料、饲料添加剂的管理工作。县级以上地方人民政府负责饲料、饲料添加剂管理的部门负责本行政区域内的饲料及饲料添加剂的管理工作。

(3)《中华人民共和国动物防疫法》 国务院兽医管理部门主管全国的动物防疫工作。县级以上地方各级人民政府兽医主管部门负责本区域内的动物防疫工作。

(4)《中华人民共和国进出境动植物检疫法》 国务院设立动植物检疫机关，统一管理全国进出境动植物检疫工作。在对外开放的口岸和进出境动植物检疫业务集中的地点设立的口岸动植物检疫机关，依照本法规定实施进出境动植物检疫。

(5)《兽药管理条例》 国务院兽医管理部门负责全国的兽药监督管理工作，县级以上地方人民政府兽医主管部门负责本行政区域内的兽药监督管理工作。

（6）《重大动物疫情应急条例》 重大动物疫情应急工作按照属地管理的原则，实行政府统一领导、部门分工负责，逐级建立责任制。县级以上人民政府兽医主管部门具体负责组织重大动物疫情的监测、调查、控制、扑灭等应急工作。县级以上人民政府林业主管部门、兽医主管部门按照职责分工，加强对陆生野生动物疫源疫病的监测。县级以上人民政府其他有关部门在各自的职责范围内，做好重大动物疫情的应急工作。

2. 管理职责

（1）国务院畜牧兽医主管部门的职责

① 国务院畜牧兽医主管部门负责全国在中华人民共和国境内从事畜禽的遗传资源保护利用、繁育、饲养、经营、运输等活动。

② 负责制定畜禽防疫、检疫，种畜禽资源保护、培育和审定，种畜禽生产经营，饲草饲料生产经营，兽药生产经营及其他畜牧兽医行政规章、制度、办法、技术规范、标准以及规划、计划。

③ 规定、公布国家畜禽防疫、检疫对象，畜禽疫情，畜禽品种；审批、发布国家兽药标准等。

④ 负责全国的畜禽、畜禽产品和有关方面的防疫、检疫及其他兽医卫生工作的监督与管理，负责对全国兽药生产、经营、使用的监督管理，负责对全国种畜禽管理等。

⑤ 依照国家有关规定，管理所需各种证、章、标志。

（2）县级以上地方各级畜牧兽医主管部门的职责

① 县级以上地方人民政府畜牧兽医主管部门负责本行政区域内的畜牧业监督管理工作。县级以上地方人民政府有关主管部门在各自的职责范围内，负责有关促进畜牧业发展的工作。

② 负责辖区内畜禽防疫、检疫及其他兽医卫生工作的管理与监督，负责辖区内兽药生产、经营、使用的监督管理等。

③ 拟定地方畜禽防疫规划、计划并监督执行等。

④ 贯彻执行国家有关法律法规和上一级农业行政管理机关发布的有关管理规定，根据法律法规授权，起草或制定地方畜禽防疫、检疫及有关管理办法、技术规范和有关规定。

⑤ 调查、处理兽药生产、经营、使用中的质量事故和纠纷，决定行政处罚等。

二、畜牧兽医监督机构

贯彻落实科学发展观，严格落实畜牧业生产监管制度，通过各级畜牧兽医主管部门的共同努力，使畜牧业生产市场进一步规范，进一步增强质量意识和维权能力，加强动物卫生监督执法、兽药市场专项整治等畜牧行业行政执法活动，促进畜牧业生产市场秩序持续好转。

1. 动物防疫监督机构

动物防疫监督是保障国家动物防疫法律法规及其规章顺利实施的重要手段，是维护国家动物防疫秩序和经济秩序的行政行为。通过动物防疫监督及时发现动物防疫违法行为并追究其法律责任，实现《中华人民共和国动物防疫法》的立法宗旨，促进养殖业的发展，保护人体健康。

（1）动物防疫监督机构概念 动物防疫监督机构是依法成立并在同级兽医主管部门领导下，代表国家行使兽医卫生监督管理职能的兽医行政专业执法机构。其监督管理既具有行政强制力，同时又具有技术上的权威性。这就要求其工作人员必须是熟悉法律知识的兽医专业人员，执法必须以兽医行政法律法规为准绳，以专业技术为依托，以客观事实为依据。

（2）动物防疫监督机构职责 随着畜牧兽医各部法律、法规、章程及条例的完善，动物防疫监督机构愈加健全，也明晰了动物防疫监督机构的职权。

① 负责对动物疫病预防的宣传教育和技术指导、技术培训、咨询服务，并组织实施动物疫病免疫计划。

② 负责对有关单位和个人遵守与执行《中华人民共和国动物防疫法》及其法律法规实施监督检查和管理。

③ 负责疫情测报，并迅速按照规定上报动物疫情。

④ 对屠宰厂、加工厂的选址、设计是否符合动物防疫条件进行审查。

⑤ 负责对动物饲养、经营，动物产品生产、经营、加工、仓储和流通等环节的动物防疫条件审查和管理。

⑥ 配合各级政府部门预防、控制、扑灭重大动物疫情。必要时经省人民政府批准，可以设立临时性动物防疫监督检查站，执行监督检查任务。

⑦ 负责动物诊疗活动的审查和监督管理。

⑧ 设立官方兽医，依法对动物、动物产品实施检疫并出具检疫证明；办理引进种用动物及其精液、胚胎、种蛋的检疫审批手续。

⑨ 负责动物防疫证、章、标志的审核、发放和管理。

⑩ 依法对动物防疫工作进行监督，对动物、动物产品运输依法进行监督检查。

⑪ 依法纠正、处理动物防疫违法行为，决定和实施动物防疫行政处罚。

> **阅读资料：**
>
> 《中华人民共和国动物防疫法》新修订除了规定"官方兽医"取代"动物检疫员"实施现场检疫外，还将原《中华人民共和国动物防疫法》中表述的"验讫印章"和"验讫标志"统一改称为"检疫标志"。

2. 种畜禽监督机构

（1）种畜禽监督机构概念 种畜禽监督机构是根据《中华人民共和国畜牧法》《种畜禽管理条例》及配套法规、规章、规范性文件、相关标准，对种畜禽市场、种畜禽生产经营单位的生产、经营行为和产品质量进行监督和检（验）查的机构。

（2）种畜禽监督机构的职权

① 监督管理权 对辖区内的种畜禽生产经营单位执行国家法律、法规和技术规范的情况依法进行检查、检测、评价和管理。

② 证照发放权 负责《种畜禽生产经营许可证》的审批、发放和管理。

③ 行政执法权 对未按照规定的品种、品系、代别和利用年限生产经营种畜禽的和推广未批准的畜禽品种的生产单位进行行政处理和处罚，对违法生产、经营和使用不符合标准的种畜禽、冷冻精液、胚胎，以及以次充好、以假乱真、低价诱惑和非法经营的行为进行处罚。

3. 饲料质量监督机构

（1）饲料质量监督机构概念 饲料质量监督机构是各级政府设立的对饲料质量进行监

督、检验和检查的机构。

（2）饲料质量监督机构的职能

① 对新研制饲料、饲料添加剂的审定工作，并按有关程序对新产品的安全性、有效性及其对环境的影响进行评审认定并予以公布（所公布的质量标准为行业标准）。

② 负责对饲料、饲料添加剂生产企业的设立条件进行审定。对企业申请许可证进行审核，生产饲料添加剂、添加剂预混合饲料的企业，经省、自治区、直辖市人民政府饲料管理部门审核后，由国务院饲料主管部门颁发生产许可证。

③ 核发产品批准文号，取得生产许可证的企业，由省级人民政府饲料管理部门核发饲料添加剂、添加剂预混合饲料产品批准文号。

④ 了解饲料质量，了解饲料所含营养成分含量的高低与成分间的平衡关系、是否存在有毒有害成分、动物对饲料成分的吸收情况以及饲料在生产、储运、保管和使用过程中质量变化的规律，通过分析检验，对饲料质量做出正确评估。

⑤ 产品经质量监督管理部门和主管部门考核合格后，承担饲料的原料、半成品、成品、进货、储运、销售及使用等各个环节及饲料添加剂的产品质量检验工作。

⑥ 根据饲料、饲料添加剂质量监督抽查工作规划，会同产品质量监督管理部门，组织对饲料、饲料添加剂的监督抽查工作。

⑦ 按照国务院《饲料和饲料添加剂管理条例》，对违反条例的企业和个人进行处罚。

4. 兽药监察所

兽医药品监察所是承担兽药评审，兽药、兽医器械质量监督、检验和兽药残留监控，菌（毒、虫）种保藏以及兽药国家标准的制（修）订，标准品和对照品制备标定等工作的兽药评审检验监督机构。分为国家和省级兽药监察所。

（1）国家兽药监察所主要职责

① 承担兽药（包括兽用生物制品，下同）质量标准、兽药实验技术规范、兽药审评技术指导原则的制（修）订工作；承担全国兽药的质量监督及兽药违法案件的督办、查处等工作；负责兽药质量检验和兽药残留检验最终技术仲裁；负责全国兽用生物制品审批、签发管理和兽药产品批准文号审查工作。

② 承担新兽药和外国企业申请注册兽药的技术审评工作，提出审评意见。

③ 承担兽药生产质量管理规范（GMP）、临床及非临床试验管理规范（GCP、GLP）检查验收工作；组织开展省级兽药监察所资格认证工作；指导省级兽药监察所和有关兽药生产企业的质量检验工作。

④ 承担兽药残留标准的制（修）订工作；承担兽药残留监控工作；开展兽药残留检测工作；承担国家兽药残留基准实验室和省级兽药残留实验室的技术指导工作。

⑤ 承担兽医器械标准的制（修）订及检验测试工作；承担全国兽医器械的质量监督工作。

⑥ 承担兽药检验标准物质标准的制（修）订工作；负责兽药标准物质的研究、制备、标定、鉴定及供应等工作。

⑦ 承担兽药的风险评估和安全评价；承担Ⅰ类、Ⅱ类兽医病原微生物菌（毒）种的试验和生产条件的审查工作；负责国家兽医微生物菌（毒、虫）种保藏、提供和管理工作；承担行业实验动物管理工作。

⑧ 参与起草兽药、兽医器械管理的法律法规；开展相关检验技术研究、行业技术培训

及国际技术交流与合作。

⑨ 承担兽药、兽医器械综合评价工作；跟踪了解兽药、兽医器械科研、生产、经营及使用等方面信息，承担相关信息发布工作。

⑩ 承担畜牧兽医行政机构委托的其他工作。

（2）省级兽药监察所主要职责

① 承担农业农村部和省有关部门下达的饲料、饲料添加剂、兽药和畜产品质量监督抽检、优质产品的评选和复查检验。

② 负责兽药、预混合饲料和饲料添加剂产品的报批复核检验和重要新产品、新品种投产和科研成果鉴定检验。

③ 负责饲料免税检验，承担无公害畜禽产品的认证检验和饲料产品认证检验。

④ 承担饲料、饲料添加剂、兽药和畜产品质量安全的仲裁检验及其他委托检验。

⑤ 开展有关畜产品及其投入品质量安全标准、检验检测新技术、新方法的研究，承担或参与国家标准、行业标准和地方标准的制（修）订和有关标准的试验验证工作。

⑥ 对省内各市、县（市、区）同类产品质量安全检验机构和企业质检人员进行技术指导和人员培训，并协助解决技术上的疑难问题。

5. 口岸动植物检疫机关

国务院设立动植物检疫机关（以下简称国家动植物检疫机关），统一管理全国进出境动植物检疫工作。国家动植物检疫机关在对外开放的口岸和进出境动植物检疫业务集中的地点设立的口岸动植物检疫机关，依照本法规定实施进出境动植物检疫。

口岸动植物检疫机关在实施检疫时可以行使下列职权。

① 对登船、登车、登机实施检疫。

② 进入港口、机场、车站、邮局以及检疫物的存放、加工、养殖、种植场所实施检疫，并依照规定采样。

③ 根据检疫需要，进入有关生产、仓库等场所，进行疫情监测、调查和检疫监督管理。

④ 查阅、复制、摘录与检疫物有关的运行日志、货运单、合同、发票以及其他单证。

国家动植物检疫机关和口岸动植物检疫机关对进出境动植物、动植物产品的生产、加工、存放过程，实行检疫监督制度。口岸动植物检疫机关在港口、机场、车站、邮局执行检疫任务时，海关、交通、民航、铁路、邮电等有关部门应当配合。动植物检疫机关检疫人员依法执行公务，任何单位和个人不得阻挠。

6. 动物检疫机构

动物检疫机构是组织实施动物、动物产品防疫、检疫工作的机构。我国的动物检疫和动物产品检疫是国家行政执法行为，它要求动物检疫行为必须严格按照法律规定的检疫项目、标准、程序和方法进行，同时必须严格依照国家行政执法的有关规定进行，并受国家行政执法监督机构的监督。动物检疫机构主要职责如下。

① 对动物饲养、屠宰、经营、隔离、运输以及动物产品生产、经营、加工、贮藏、运输等活动中的动物防疫实施监督管理。

② 动物卫生监督机构执行监督检查任务，可以采取下列措施，有关单位和个人不得拒绝或者阻碍。

a. 对动物、动物产品按照规定采样、留验、抽检。

b. 对染疫或者疑似染疫的动物、动物产品及相关物品进行隔离、查封、扣押和处理。

c. 对依法应当检疫而未经检疫的动物实施补检。

d. 对依法应当检疫而未经检疫的动物产品，具备补检条件的实施补检，不具备补检条件的予以没收销毁。

e. 查验检疫证明、检疫标志和畜禽标识。

f. 进入有关场所调查取证，查阅、复制与动物防疫有关的资料。

③ 动物卫生监督机构根据动物疫病预防、控制需要，经当地县级以上地方人民政府批准，可以在车站、港口、机场等相关场所派驻官方兽医。

三、畜牧兽医执法人员

畜牧兽医执法人员包括：官方兽医、动物防疫监督员、兽药监督员、饲料监察员、动物疫情测报人员等。

1. 官方兽医

官方兽医是指由国家兽医行政管理部门授权其执行动物卫生及检查监督等官方任务的兽医。官方兽医的主要职责是负责出具动物、动物产品检疫等证明文件，即原来的动物检疫员。

（1）官方兽医的配备及资格要求 《中华人民共和国动物防疫法》规定官方兽医具体实施动物、动物产品检疫。官方兽医须具备以下条件：由兽医专业（中专）专科以上学历的人员担任，经县级以上兽医主管部门考核合格，由省级兽医主管部门颁发官方兽医证书，负责所辖区域畜禽、畜禽产品的检疫工作。

（2）官方兽医的职权

① 认真学习、宣传、贯彻《中华人民共和国动物防疫法》、各地方相关法律法规。

② 严格按照国家标准、行业标准、检疫规程和部、省、市有关规定，对辖区内的动物及其产品实施检疫，出具检疫证明，做好检疫记录，并对检疫结果、出具的检疫证明负责。

③ 对辖区内饲养、生产、屠宰、加工、储存、运输、销售等动物及动物产品的单位和个人执行《中华人民共和国动物防疫法》及有关规定的情况进行检查，并做好记录。

④ 负责做好动物、动物产品生产、屠宰、加工、储存各环节的场地、车辆、工具的消毒工作。

⑤ 监督货主对检疫不合格的动物及其产品进行防疫消毒和无害化处理。

⑥ 对违反动物防疫法律法规的行为按规定予以纠正、处理、处罚。

⑦ 发现疫情及时报告，并采取相应的技术措施。

⑧ 秉公执法、不徇私情，保护当事人的合法权益。

⑨ 严格执行上级及本单位制定的各项规章制度。

（3）官方兽医守则 官方兽医执行检疫任务时必须做到以下各点。

① 衣着整洁、佩戴标志、出示证件、风纪严明。

② 秉公办事，文明执法。

③ 检疫及时、到位，不得拖延或拒绝。

④ 了解当地动物出入栏情况，动物免疫和疫病流行等情况，凭动物免疫标识出具产地检疫合格证明。了解当地养殖场饲料、兽药使用情况，严禁使用违禁药物，认真履行监管

职责。

⑤ 驻屠宰场点官方兽医必须查验入场动物的检疫合格证明和免疫标识，并按规定同步实施屠宰检疫。

⑥ 官方兽医必须到场、到点、到户进行现场检疫，并严格按照国家标准、检疫规程进行操作。谁实施检疫，谁出具检疫证明，谁对检疫结果负责。

⑦ 官方兽医必须使用国家或省统一印制的动物防疫证、章、标志，不得转让、涂改或伪造，不得出具伪证。

⑧ 官方兽医出证要规范，不得虚开检疫证明。出证时要如实填写检疫记录表，并每天填写"官方兽医检疫工作日志"，及时上报。

⑨ 官方兽医每年培训时间不少于 50 小时，县级动物防疫监督机构每半年对官方兽医考试、考核一次。

2. 动物防疫监督员

为提高动物防疫监督员的素质，强化动物防疫监督员的管理，根据《中华人民共和国动物防疫法》和有关规定，县级以上动物防疫监督机构设动物防疫监督员。根据工作需要，可在重点乡镇派驻动物防疫监督员。

省级以上动物防疫监督机构具体负责动物防疫监督员的管理、审批工作，并颁发动物防疫监督员证。县级畜牧兽医管理部门主管辖区内动物防疫监督员的管理及审核工作，县级动物防疫监督机构具体负责辖区内动物防疫监督员的申报和年度考核工作。

(1) 动物防疫监督员必须是畜牧兽医管理部门或动物防疫监督机构的正式工作人员，应具备下列条件

① 遵纪守法，作风正派。

② 具有兽医专业大专以上学历或同等学力水平。

③ 连续从事兽医工作 3 年以上，从事动物防疫监督管理工作 2 年以上。

④ 熟悉动物防疫和有关的行政法规，并具备相关法律基本常识。

⑤ 具有独立从事动物防疫监督管理的实际工作能力。

(2) 动物防疫监督员是实施《中华人民共和国动物防疫法》及有关法规的执法监督管理人员，其主要职责如下

① 监督检查辖区内经营动物及其产品的单位和个人，以及动物防疫检疫人员执行《中华人民共和国动物防疫法》和有关规定的情况。

② 对车站、港口、机场、饲养场、种畜场、屠宰场（厂）、加工厂、仓库、市场等生产、经营流通场所和运输环节的动物、动物产品进行动物防疫监督检查；对动物防疫监督检查的方式包括巡视、采样、调查、化验、查阅资料、询问和查证等。

③ 对动物免疫、检疫的结果和处理情况进行监督检查，对有争议的进行监察纠正或报所在地动物防疫监督机构仲裁。

④ 在饲养、加工、经营、流通环节发现未按规定实施免疫、检疫、消毒，以及免疫、检疫、消毒证明不符合规定或经抽检不合格的动物、动物产品必须按规定实施补防或补检、重检、补消毒和监督无害化处理等。

⑤ 对违反《中华人民共和国动物防疫法》和有关法规的单位和个人，按规定给予处罚，或报主管部门处理。重大案件应立即立案查处。

⑥ 承办动物防疫监督机构交办的其他工作。

（3）动物防疫监督员在执行任务时，应做到以下各点

① 携带证件，佩戴标志，衣着整洁，风纪严明。

② 秉公执法，坚持以事实为依据，以法律为准绳。执行现场处理、处罚和立案、办案时，应由 2 名以上动物防疫监督员组成，在办案中必须做到事实清楚，证据确凿，适用法律、法规正确，符合法定程序。

③ 尊重当事人的合法权益，对索取、查阅的资料要注意保密。取样、处罚、没收须出具凭证，完备法律手续。

④ 不以权谋私、索钱要物、弄虚作假。

⑤ 办案及时，不无故拖延或拒绝。

⑥ 文明执法，礼貌待人，遵纪守法，帮教结合，树立为人民服务的思想。

3. 兽药监督员

兽药监督员是在各级兽医主管机关领导下代表政府对兽药进行监督、检查的专业执法人员。

（1）兽药监督员的设置和条件　国务院兽药监督员由国务院兽医主管部门聘任并颁发证书，在全国范围内行使职权；省、自治区、直辖市兽药监督员由省级兽医主管部门聘任并颁发证书，报国务院兽医主管部门备案，在辖区内行使职权；地、市、州、县兽药监督员由同级人民政府（兽医主管部门）聘任并颁发证书，报省级兽医主管部门备案，在本辖区内行使职权。

兽药监督员执行兽药监督任务时，要佩戴"中国兽药监督"的标志，并出示兽药监督员证。兽药监督员应具备药剂师或助理兽医师以上技术职称，熟悉兽药管理和检验技术知识，并在国家兽医行政管理机关任职。

（2）兽药监督员的职责　兽药监督员是在各级农业行政管理机关领导下代表政府对兽药管理行使监督、检查的专业执法人员，其主要职责如下：

① 宣传贯彻《兽药管理条例》以及国家有关兽药药政法规，监督辖区内兽药生产、经营、使用单位和个人执行兽药药政法规。

② 向所属农业行政管理机关反映兽药生产、经营、使用情况及存在问题。

③ 对兽药生产、经营、使用单位或个人违反兽药管理规定的事件进行检查，并向农业行政管理机关提出处理意见。

④ 对生产和市场销售的兽药质量进行监督、检查，发现质量可疑的兽药，有权按规定抽样送兽药监督所检验处理，并严格取缔假劣兽药。

⑤ 对兽药广告的宣传品进行监督，发现违反规定的，向本辖区农业行政管理机关和工商行政管理机关提出处理意见。

（3）兽药监督员的行为准则

① 遵守国家法律法规和有关兽药工作的规章制度。

② 忠于职守，做到准确公正。

③ 努力提高检查技能，维护兽药监督员声誉。

④ 不得泄露有关检查工作和涉及被检查的申请人利益的信息。

⑤ 不得接受任何组织、个人给予的财物或其他利益。

4. 饲料监察员

饲料监察员是在各级人民政府饲料管理机关领导下代表政府对饲料及饲料添加剂进行监

督、检查，以维持饲料生产秩序的专业执法人员。

（1）饲料监察员应具备的条件

① 遵纪守法，作风正派。

② 具有相关专业大专以上学历或经过专项业务技术培训并合格。

③ 连续从事饲料分析化验工作 3 年以上，从事饲料监督管理工作 2 年以上。

④ 熟悉饲料和饲料添加剂方面有关的行政法规，并具备相关法律基本常识。

⑤ 具有独立从事饲料监督管理的实际工作能力。

（2）饲料监察员的职责

① 监督检查饲料工业产品质量标准的贯彻执行。

② 对饲料工业产品质量争议进行仲裁。

③ 监督检查饲料工业优质产品质量标记的正确使用。

④ 公布饲料工业产品质量的检查结果。

⑤ 接受和处理用户对饲料工业产品质量的投诉。

（3）职业守则

① 遵纪守法，爱岗敬业。

② 坚持原则，实事求是。

③ 钻研业务，团结协作。

④ 执行规程，注重安全。

5. 动物疫情测报人员

动物疫情测报人员是各级兽医管理机关在动物疫情测报中心（站）配备的动物疫情测报人员。动物疫情测报人员对种畜禽场、规模饲养场以及疑似有本病的动物和历史上曾经发生过本病或周边地区流行本病的动物进行采样监测，按规定做好样品的记录、保存、送检。

县级疫情测报站一般设 3 名以上专职动物疫情测报员。

（1）动物疫情测报人员应具备的条件

① 动物疫情测报员应熟知国家有关方针政策、法律法规，熟练掌握监测技术，爱岗敬业、责任心强。

② 兽医专业大专以上学历或中级职称。

③ 动物疫情测报员须经省级动物防疫监督机构审定，报全国畜牧兽医总站备案。

（2）动物疫情测报人员的职责　根据有关规定进行疫情监测，疫情确认，信息分析，数据收集、整理、上报。动物疫情测报员应保持稳定，因故离开工作岗位时应做好工作交接手续，不得贻误监测工作。

第四节　畜牧兽医行政管理

一、畜牧兽医行政管理概述

1. 畜牧兽医行政管理概念与手段

（1）畜牧兽医行政管理概念　畜牧兽医行政管理是指畜牧、兽医行政主体代表国家，依法制定畜牧、兽医行政规则，通过组织、计划、指挥、协调、控制等方式，建立健全畜牧、兽医行政管理秩序的活动。

（2）畜牧兽医行政管理手段　畜牧兽医行政管理手段是国家畜牧兽医管理部门凭借政权的威力，通过发布命令、指示等形式干预畜牧兽医事务的手段。

2. 畜牧兽医行政管理内容

畜牧兽医行政管理的内容是指畜牧、兽医行政主体代表国家行使畜牧兽医管理职能时，其行为所指向的对象。

（1）行政立法　畜牧兽医行政立法是在总结经验的基础上，依照法定的程序，把那些切实可行的畜牧、兽医行政管理办法、措施、方式以法律、规章的形式加以固定，并以国家强制力为后盾，使之得以贯彻实施。

（2）制定行为规则　畜牧兽医行政主体把法律、规章的规定按照法定程序进行细化和具体化的行政活动。

（3）研究制定技术标准　畜牧兽医行政管理技术性强，研究制定各相关技术标准，修改不适应要求的技术标准成为畜牧兽医行政管理的重要工作。

（4）修改制定技术规程　技术规程是畜牧、兽医技术标准得以实现的保证，没有技术规程，检验、检疫就无法进行，及时修改技术规程是畜牧、兽医行政管理的重要内容。

（5）认可、许可、审批验收制度

① 认可——由认可机构对认证机构、检查机构、实验室以及从事评审、审核等认证活动人员的能力和执业资格，予以承认的合格评定活动。如官方兽医的选拔、考核、审查、批准和发证制度。

② 许可——畜牧兽医行政机关根据公民、法人或者其他组织的申请，经依法审查，准予其从事畜牧、兽医活动的行为。如"饲料添加剂生产许可证"的申请、审查、考核、批准、发证制度。

③ 审批验收——对生产经营环节的场地扩建、改建、新建工程项目，按要求进行审查验收的制度。

3. 畜牧兽医行政管理方式

畜牧兽医行政管理方式是指兽医行政主体行使管理职能时，所采取的方法与形式。

（1）索证验证　畜牧兽医管理主体依法检查公民、法人和其他组织等是否持有规定的畜牧、兽医证、章、标志，以及所持证、章、标志是否合法的行政活动。

（2）常规监督管理　畜牧兽医主体对管理相对人执行畜牧、兽医行政法的情况，依法进行经常性的监督、检查行政管理活动。

（3）技术监督监测　管理相对人生产、经营的产品是否合乎质量标准，有关的场所设施等是否符合畜牧兽医规定条件要求。

（4）流通环节监督管理　兽医行政主体，对进入流通环节的动物、动物产品及生产经营者在流通环节的活动，所进行的监督、检查的行政管理活动。

（5）对下级机关的监督管理

4. 常用行政管理方法和措施

（1）常用行政管理方法

① 检查——一种最广泛的监督管理方法。其形式包括综合、专题、抽样、定期、临时、现场和全面检查等。

② 调查——通过调查，畜牧兽医行政主体可以了解管理相对人的情况，采取相应的管

理措施。

③ 派驻——兽医行政主体为了执行监督管理任务，在车站、码头、机场以及动物饲养、经营和动物产品生产经营等有关场所和单位派驻机构或人员的行为，有关单位应提供方便，不得拒绝、阻挠。

（2）常用的行政管理措施

① 按规定无偿取样　被检查者不得拒绝或讨价索取报酬，必须认真执行，行政管理主体也不得违反操作规程，必须按规定进行抽样，并按规定的方式、数量和程序严格执行。

② 封存、留验　在监督检查过程中，如果发现有可疑的违反技术质量标准的物品，为了查清原因、核准结果、保全证据，畜牧兽医管理主体可采取封存、留验措施，然后做必要的检验工作，得出该物品是否符合相关标准的结论。

③ 扣押　在监督过程中，当发现管理相对人行为违法或经营的动物、动物产品及有关物品不符合标准时，兽医行政主体有权将不合格动物、动物产品及有关物品予以扣押，并采取处理措施，但必须严格按规定的方式和程序执行，严禁滥用扣押权。

④ 责令追回违禁动物、动物产品及有关物品。

> **阅读资料：**
>
> 《中华人民共和国动物防疫法》新修订弥补了原《中华人民共和国动物防疫法》第三条第二款对"动物产品"表述的缺陷，将"胴体"改为"肉"；将"种蛋"改为"可能传播动物疫病的蛋"；将动物的"卵""筋"和"可能传播动物疫病的奶"列入调整范围；取消了原《中华人民共和国动物防疫法》对动物的"胴体（肉）、脏器、血液、绒、骨、头、蹄、角"等产品"未经加工"的限定。

二、畜牧兽医行政管理制度

1. 免疫证明管理制度

为防止动物传染病的发生和传播，对需要强制免疫的防疫对象，采取免疫接种措施，并对已经免疫的动物发放免疫证明的社会防范措施。

（1）动物免疫的管理

① 决定免疫接种对象　为提高免疫接种管理的计划性，防止发生免疫接种混乱，由兽医主管部门统一规定，哪些动物传染病实行免疫证明管理制度。两级管理（国家、省级）。

② 决定所用疫苗的种类　决定的免疫接种对象，使用何种疫苗应由兽医主管部门决定。

③ 决定免疫程序　一般按日龄、月龄计算。

④ 决定免疫效果的监测方法和标准　由兽医主管部门负责标准的确定和方法的选择。

⑤ 决定免疫证明的种类和样式　由农业主管部门统一设置、设计，并按规定统一监制，责成专门机构进行管理。

免疫证明分为书面凭证和免疫标记两种类型。

（2）动物免疫接种的实施　根据我国兽医行政法规定，具体的免疫接种工作应由饲养单位和个人自己去完成。要求动物生产经营单位和个人必须按照兽医行政主管部门规定的免疫程序和操作规程进行，服从兽医主管部门的防疫安排、布置，听从兽医卫生技术人员的技术指导，认真做好预防接种工作，或委托兽医主管部门认可的兽医卫生服务单位，实行有偿服务。

免疫证明须由动物卫生监督机构或兽医卫生防检机构发放。

2. 兽医技术监测制度

（1）兽医技术监测制度概念 兽医技术监测制度是兽医卫生行政主体，为保证动物、动物产品及有关物品的卫生质量，对有关单位和个人执行国家和行业动物卫生标准、要求的情况，通过技术检验、鉴定等手段进行管理与监督，依法实行质量认可或达标鉴定的一项行政措施。

《中华人民共和国动物防疫法》赋予了动物防疫监督机构重要职能，其中很重要的一条就是负责监测、监督饲养、经营动物和生产、经营动物产品的单位和个人依照《中华人民共和国动物防疫法》和国家有关规定做好动物疫病的计划免疫、预防工作，目的就是加强监测管理，逐步走向规范化、制度化，及时发现动物防疫工作中存在的问题，为动物防疫执法监督和制定动物疫病防治对策提供科学依据，依法实行质量认可，确保动物健康无法定疫病，向社会提供优质动物和动物产品。

（2）主要监测内容

① 种用动物的监测（种用动物不能患有下列传染病） 种牛应无口蹄疫、结核病、布氏杆菌病、蓝舌病、牛地方性白血病、副结核病、牛肺疫、牛传染性鼻气管炎、黏膜病、疯牛病。

种马、种驴应无鼻疽、马传染性贫血、马鼻腔肺炎。

种羊应无口蹄疫、布氏杆菌病、蓝舌病、山羊关节炎、绵羊梅迪-维斯纳病、羊痘、疥癣。

种猪应无口蹄疫、猪瘟、猪传染性水泡病、布氏杆菌病、猪霉形体肺炎、猪密螺旋体痢疾。

种兔应无兔病毒性败血症、魏氏梭菌病、密螺旋体病、球虫病等。

种禽应无新城疫、鸡白痢、鸭瘟、小鹅瘟、白血病、霉形体病、禽流感。经过监测，合格的种用动物，要有书面认可证书。凡未取得认可证书的种用动物，不得再作种用。

我国兽医行政法规定，对种用动物实行"动物健康合格证"管理制度，即饲养、使用种用动物的单位和个人，必须向兽医行政主体申领"动物健康合格证"，兽医行政主体审核、检验，合格的颁发"动物健康合格证"。

② 乳用动物的监测 乳用动物比种用动物更重要，如乳用动物患传染病，不仅影响其生产性能和后代，而且直接影响到人类健康，因此对乳用动物的卫生要求更严。

我国兽医行政法规定，饲养、使用乳用动物的单位和个人，必须向兽医行政主体申领"动物健康合格证"，兽医行政主体审核、检验，合格的颁发"动物健康合格证"。

③ 动物产品的监测（肉类的监测） 肉类主要监测：a. 是否新鲜，是否在保质期内；b. 有无感染疫病；c. 有无变质；d. 存放方式是否合理，有无污染；e. 有无其他不卫生因素。

经过监测发现不符合肉品卫生标准时，根据具体情况依法处理。

3. 动物疫病监测扑灭制度

（1）监测 国家动物疫情测报体系由中央、省、县三级及技术支撑单位组成，即国家动物疫情测报中心（国家动物防疫监督机构）、省级动物疫情测报中心、县级动物疫情测报站和边境动物疫情监测站。技术支撑单位包括国家动物卫生与流行病学研究中心（国家兽医行业管理的技术支撑单位）、国务院兽医行政部门兽医诊断中心及相关国家动物疫病诊断实验室。

流行病学调查，每月进行一次。调查范围：每月监测 3 个乡，每乡 2 个村，每村 20 个农户，每个乡各抽查规模猪场、羊场、牛场、禽场各 1 个。重点监测种畜禽场、规模饲养场以及疑似有本病的动物和历史上曾经发生过本病或周边地区流行本病的动物，按规定做好样品的记录、保存、送检，实验室监测，每年监测两次。

各测报中心（站）将监测到的疫情和其他来源的疫情及时汇总，根据《动物疫情报告管理办法》及有关规定上报。发现动物传染病或疑似动物传染病的单位和个人，必须迅速采取隔离措施，并立即报告当地动物防疫监督机构，接受其防疫指导和监督检查。发现疫情应填写疫情报告单，报告发病时间、地点、单位、流行情况、临床症状、发病种类、头数、传染来源、死亡情况和扑灭措施等。

（2）扑灭 当畜禽发生传染病时，兽医应立即到现场进行疫情调查，了解发生情况，是从什么地方传来的，病死畜禽的年龄、种属、性别及其头数，病畜禽的临诊症状和治疗效果及其病理解剖变化，以及采取病料进行病原学检查等。将所收集的材料加以综合分析，作出诊断，并提出相应的畜禽传染病防制措施。

① 分群隔离

病畜——对发生畜禽传染病的农场或自然村的同种类畜禽要进行检疫。对检出的病畜禽要隔离、治疗。

可疑发病群——与病畜禽有过密切接触（同群、同牧、同吃、同槽、同水），但无症状，应分开隔离，加强观察，进行紧急预防接种。

假定健康的畜禽——同在疫区，未与病畜禽密切接触。可根据情况用免疫血清或疫苗进行紧急预防注射。

② 封锁疫区 发生传播迅速、危害严重的传染病，如非洲猪瘟、高致病性禽流感等一类动物疫病时，应划定疫区，进行封锁。根据我国划区封锁的经验，应按"早、快、严、小"的原则进行。要严格按照我国颁布的《中华人民共和国动物防疫法》和《重大动物疫情应急条例》中的有关规定执行封锁。

a. 取得群众谅解，做到家喻户晓；b. 封锁区周围屹立明显标志，设立岗哨；c. 封锁区内严格执行隔离措施；d. 妥善处理病畜粪便、尸体、畜产品，灭虫、消毒；e. 疫区停止集市、畜禽的集散活动，停止配种；f. 对疫区和受威胁区里的易感动物进行紧急接种，安全区也可接种，形成免疫带；g. 在最后一头病畜痊愈或死亡后，再经一定时间该病的潜伏期，如炭疽 15 天，口蹄疫 14 天等，不再出现新的病例，报请上级部门批准，经过彻底消毒后，才能解除封锁。

4. 证、章、标志管理

证、章、标志是指畜牧、兽医行政主管部门为履行其法定职能，统一设置、制作管理的畜牧、兽医证书、证件、许可类证书和其他特定标志、标记作用的物品。

各级动物防疫监督机构负责本辖区证、章、标志的领取、发放、保管工作。动物防疫证、章、标志实行逐级发放和管理，具体程序如下。

① 市动物防疫监督所到省动物防疫监督机构领取，负责全市动物防疫证、章、标志的发放和管理工作。

② 县动物防疫监督机构到市动物防疫监督机构领取，负责本县动物防疫证、章、标志

的发放、管理工作。

③ 各动物防疫监督分所在县动物防疫监督机构领取，负责本辖区动物防疫证、章、标志的发放、管理工作。

证、章、标志实行专人领取、专人管理、专库保存、专人发放、专账记录。对有编号的动物防疫证、章、标志，发放人员应详细登记号码，以备检查。

证、章、标志发放实行审批制度，各种证、章、标志未经审批严禁发放。

使用动物防疫证、章、标志由农业农村部或省畜牧兽医管理部门设计、制作，其他任何单位和个人不得自行设计、制作。

各县动物防疫监督机构之间不得转借、平调动物防疫证、章、标志。

各种动物检疫合格证明的存根，实行审核回收制度。"出县境动物（动物产品）检疫合格证明"实行市、县两级审核，存根由市动物防疫监督机构保管。

入库保管的存根应分类、分单位存放，以备检查。库存的票证每半年清理检查一次，库存数应与实物账目相符。否则，应查明原因，及时处理。

县上报审核的"出县境动物（动物产品）检疫合格证明"，经市畜牧、兽医监督机构专人审核后，出具审核结论，并经负责人审查同意后，批准销号，换发新证。

各种票证的存根或副本至少保存两年。有关证件档案自撤销之日起至销毁存根、副本或档案应进行登记，经单位负责人批准后方可销毁，销毁时应有两名以上工作人员经办。涉及财务和档案管理的按有关财务和档案管理的规定办理。

丢失证、章、标志的，由本人负责及时登报声明作废。因为保管不当造成证、章、标志丢失或损失的，视情节轻重，给予行政处分和必要的经济处罚。

对非法订购、设计、制作动物防疫证、章、标志的单位或个人，没收非法证、章、标志，并视其情节轻重，给予订购单位或直接责任人一定的经济处罚。

保管人员未按本办法规定发放证、章、标志的，责令追回；不能追回的，责令其赔偿损失，并给予相应的处分。

复习思考题

1. 名词解释：畜牧兽医行政，动物防疫监督机构，畜牧兽医执法人员。
2. 畜牧兽医行政的对象和范围是什么？
3. 畜牧兽医行政组织机构主管部门的地位和职责是什么？
4. 某地区牛发生口蹄疫疫情，你应该如何做？
5. 某地区发生 H7N9 型禽流感，作为一名养殖现场工作人员，你应该做什么？
6. 讨论：2014 年 2 月，陕西省泾阳县官方兽医兰某在对准备运往西藏的鸡实施产地检疫时，在未核实货主、数量和启运时间的情况下，给经纪人开具了只填写有"启运地点""到达地点"的动物检疫合格证明，但此批鸡后来并没有运出，动物检疫合格证明也没有作废。该证 3 月份被用于另一批鸡的调运，并由货主将检疫证明补充填写后随车发往西藏。日前，泾阳县畜牧中心给予兰某行政记大过处分。

案例分析

【案情介绍一】

2013 年 5 月 24 日，江苏省某县成集镇防检组 5 名防检员到该镇生猪贩运户郑某家中（未报检）检查时发现，郑某家中已收购生猪 17 头，其中有 6 头生猪既无产地检疫证明，也无免疫耳标。于是，防检员要求货主郑某对 6 头无产地检疫证明和免疫耳标的生猪实施补免，在免疫有效期内实施补检，凭检疫合格证明再调出县境。但当即遭到货主郑某的拒绝，同时郑某谩骂并用猪食和粪水攻击检疫人员，并扬言要对检疫人员实施报复。检疫人员立即向当地派出所和县兽医卫生监督所报案，县监督所立即派出 2 名监督员前往调查取证，当事人郑某承认收购的生猪没有报检，并且其中有几头猪也没有免疫耳标和产地检疫证明，但拒绝在询问笔录上签字，最后郑某于 5 月 25 日将该批生猪偷偷调运出县境。

【案例评析】

根据现场拍摄的录像和郑某拒绝签字的询问笔录，对检疫人员的询问笔录以及当时的情况分析后，县兽医卫生监督所认定当事人郑某的行为构成如下事实：①收购调运生猪未向当地检疫组报检；②未凭免疫耳标和检疫证明收购生猪；③阻挠防检员的公务活动；④未经检疫即将生猪调运出县境。

依据《江苏省动物防疫条例》第十九条、第三十二条的规定，对当事人郑某给予警告和罚款 2400 元整的行政处罚。

强制执行：在县兽医卫生监督所作出处罚决定后，当事人郑某在法定期限内，既未申请行政复议，也未提起行政诉讼，又未履行处罚决定。2013 年 8 月 20 日，县兽医卫生监督所按照《中华人民共和国行政处罚法》的规定，申请人民法院强制执行。县人民法院在 2013 年 9 月 20 日下达行政裁定书，准予强制执行。

申请执行费用由被执行人郑某承担。

【案情介绍二】

张某在 2013 年 7 月 15 日任某县某乡畜牧兽医站负责人以来，在负责实施动物卫生监督、畜产品质量安全检测工作期间，超越职权，违反《中华人民共和国动物防疫法》等法律法规的规定，对该县该乡辖区内未在定点屠宰场宰杀的生猪肉品不进行产品检疫的情况下擅自加盖检疫印章，致使注射沙丁胺醇、涂抹荧光增白剂的肉品及不符合检疫标准的生猪肉品进入销售环节，严重危害了人民群众的身体健康。另查明，张某还将检疫印章流传在屠宰户中自行加盖，造成了恶劣的社会影响。

【案例评析】

张某身为国家机关工作人员，负有对辖区内生猪肉品检疫的职责，其滥用职权，对辖区内未在定点屠宰场宰杀的生猪肉品不进行产品检疫的情况下擅自加盖检疫印章，致使有毒有害及不符合检疫标准的生猪肉品进入销售环节，严重危害了人民群众的身体健康，并将检疫印章流传在屠宰户中自行加盖，被相关部门查扣，造成了恶劣的影响，其行为已构成滥用职权罪。依照《中华人民共和国刑法》第三百九十七条第一款之规定，判决被告人张某犯滥用职权罪，判处有期徒刑一年零六个月。

第二章 畜牧兽医行政执法

思政与职业素养目标

公正、公平的法律法规，需要执法人员秉公执法才能发挥法治作用。畜牧执法工作人员在工作中不但要熟知法规，还要讲好法规、用好法规，明确惩治是手段，而不是目的，执法的目的和意义是保障养殖业健康发展和维护公共卫生安全。

学习目标

1. 了解畜牧兽医行政法的概念、特点，畜牧兽医行政法的基本原则与特有原则。
2. 掌握畜牧兽医行政法律关系的特征，畜牧兽医行政执法的主要内容与法律效力。

第一节 畜牧兽医行政法的概述

一、畜牧兽医行政法的概念

畜牧兽医行政法是调整畜牧兽医行政主体在履行职能过程中所发生的各种社会关系的法律规范的总称。

二、畜牧兽医行政法的特点

畜牧兽医行政法是我国行政法的重要组成部分，是各级农业主管部门进行畜牧兽医行政活动的法律依据，是以发展畜牧业生产，保障人民身体健康为目的和宗旨的。它独立调整畜牧兽医行政关系，规定畜牧兽医行政组织、行政活动及行政法制监督的管理范围、方法和程序等，与公安行政法、卫生行政法、环保行政法、工商行政法等许多行政法之间有着密切的联系，共同构成我国的行政法律体系。

畜牧兽医行政法作为一种行政法，具有行政法的共同特点，同时又具有其独自的特点。目前，我国的畜牧兽医行政法是以新中国成立以来发布的有关畜牧兽医行政的规范性文件为基础逐步发展形成的，它是一个以《中华人民共和国畜牧法》等行政法规为总纲领，《中华人民共和国动物防疫法》《种畜禽管理条例》《兽药管理条例》《饲料和饲料添加剂管理条例》等行政规章与之配套，以地方性行政法规和地方政府规章及有关规定为补充，与其他有关法律法规相衔接的畜牧兽医行政部门法律体系。同时，畜牧兽医行政法也将随着我国社会和经济的发展及法制建设的完善而不断完善。

三、畜牧兽医行政法的渊源

畜牧兽医行政法的渊源指畜牧兽医行政法律规范的表现形式或存在方式。目前世界各国行政法的表现形式有"法典式"和"分散式"两种。法典式是以一部完整、全面的行政法典，辅以分散法规作补充来表现行政法律规范。分散式是以分散的法律、法规来表现行政法律规范。

目前我国及大多数国家均采用分散式来表现行政法律规范。我国的畜牧兽医行政法是整个法律体系中独立的、重要的部门法之一。根据行政法的特点，我国通过分散的法律、法规、规章来规范各种畜牧兽医行政管理活动，形成了我国畜牧兽医行政法的特色。我国畜牧兽医行政法的渊源表现为国家权力机关和行政机关按照法定程序制定或认可的有关畜牧兽医行政管理的各种法律规范形式，主要是成文形式。我国畜牧兽医行政法的具体表现形式有：宪法条文、行政法律、行政法规、行政规章、地方性法规和地方政府规章、自治条例和单行条例、法律和法规的解释以及国际条约和国际惯例等。

1. 宪法条文

宪法是我国的根本大法，是一切立法的依据，具有最高的法律效力。宪法中与国家行政管理有关的条文，都是行政法的基本渊源。宪法确认的有关行政管理的规范，通常是原则性的规定，还需要通过其他行政法律、行政法规等加以具体化，做出实施细则和有关程序的补充规定。宪法中所包含的行政管理规范有国家行政机关组织与活动的基本原则，国家行政机关的体系、各级国家行政机关的组织程序和职权等。因此，宪法是制定畜牧兽医行政法的根本依据，也是畜牧兽医行政的基本法律依据。

2. 行政法律

行政法律是我国最高权力机关制定和颁布的法律中有关调整国家行政管理活动的一部分，是行政机关依法行政的重要依据，也是行政法的重要渊源之一。作为行政法表现形式之一的法律，有基本法律和一般法律之分。基本法律是全国人民代表大会制定的法律；一般法律是由全国人民代表大会常务委员会制定的法律。作为畜牧兽医行政法渊源的《中华人民共和国畜牧法》《中华人民共和国动物防疫法》《中华人民共和国进出境动植物检疫法》等是目前全国调整畜牧兽医行政活动的专门行政法律，同时在许多其他行政法律中也都包含有畜牧兽医行政法律规范，如《中华人民共和国传染病防治法》《中华人民共和国食品安全法》《中华人民共和国行政处罚法》等。它们都是畜牧兽医行政的重要依据，有些还是畜牧兽医行政的直接依据。

3. 行政法规

行政法规是国务院根据宪法、法律的规定制定和颁布的有关国家行政管理活动的行为规则。其效力低于宪法和法律，不得与宪法和法律相抵触，否则无效。行政法规是我国行政法最主要的渊源。作为畜牧兽医行政法渊源的《兽药管理条例》《种畜禽管理条例》《饲料和饲料添加剂管理条例》等，虽然属于效力层次较低的行政法规，但却是我国畜牧兽医行政的专门行政法规，因而它们是畜牧兽医执法的直接法律依据。

4. 行政规章

行政规章是国务院各部委根据法律和国务院行政法规的授权在各自权限内制定的规范性

法律文件。行政规章以"部、委令"的形式发布，其法律效力低于行政法规。如农业农村部制定颁发的《乡镇畜牧兽医站管理办法》《兽药管理条例实施细则》等，是畜牧兽医行政法的主要渊源，也是畜牧兽医行政的主要依据。

5. 地方性法规和地方政府规章

地方性法规是由我国地方省级人民代表大会及其常务委员会制定的关于地方行政机关管理行政活动的法律规范。地方性法规有省级、市级地方性法规之分，前者是指直接由省级人大及其常务委员会制定并通过的，后者则是指由省级人民政府所在地的市或由国务院批准的较大的市的人大及其常务委员会制定并报省人大及其常务委员会批准的。

地方政府规章是由我国地方省级人民政府、省级人民政府所在地的市的人民政府和经国务院批准的较大的市的人民政府根据法律、行政法规制定的管理本辖区行政事务的规范性文件。地方政府规章以"政府令"的形式发布，如《四川省〈中华人民共和国动物防疫法〉实施办法》。

地方性法规和地方政府规章具有针对性，其效力范围具有地方区域性。我国各地有权部门依法制定的有关畜牧兽医行政的地方性法规和地方政府规章，都是畜牧兽医行政法的渊源，也是相应畜牧兽医行政机关的执法依据之一。

6. 自治条例和单行条例

自治条例和单行条例是民族自治地方的人民代表大会根据宪法和法律制定的适合本民族自治区域特点的规范性文件。有关行政管理的自治条例和单行条例，是我国行政法的重要渊源，也是民族自治地方畜牧兽医行政的依据。

7. 法律和法规的解释

法律和法规的解释是具有法律效力的有权解释，是由具有解释权的部门对法律、法规的含义及所使用的概念、术语、定义所作的说明和解释，或做出补充规定。解释权的归属一般在法律、法规条文中注明。法律、法规的有权解释在全国人大常委会《关于加强解释法律工作的决议》中有明确规定，凡符合上述决议规定所做出的法律、法规的解释，与被解释的有关法律、行政法规、地方性法规具有同等的法律效力。具有解释权的部门依法对畜牧兽医行政法律、法规所作的解释或补充规定，如农业农村部对《兽药管理条例》及《中华人民共和国动物防疫法》进行的有关解释等，是畜牧兽医行政法的渊源和畜牧兽医行政的依据。此外，我国参加的国际条约和承认的国际惯例中，在国内执行的有关畜牧兽医行政活动的一些规定，也是畜牧兽医行政法的渊源。

第二节　畜牧兽医行政法的基本原则和调整范围

一、畜牧兽医行政法基本原则和作用

1. 畜牧兽医行政法基本原则

畜牧兽医行政法的基本原则贯穿我国全部行政法之中，并体现行政法的精神实质，是所有行政机关、公民、法人及其他组织在国家行政管理中必须遵循的基本行为准则。畜牧兽医行政法的基本原则一般包括：行政法制原则、行政适当原则、行政统一原则、行政民主原则和行政效率原则。

（1）行政法制原则　行政法制原则是宪法所确定的法制原则在行政法中的体现和具体化。其总的要求是：国家行政必须依法办事，即依法行政，必须做到"有法可依、有法必依、执法必严、违法必究。"行政法制原则主要包括以下内容：

① 一切国家行政机关必须严格执行行政法律规范，一切其他国家机关、公民、法人和其他组织必须严格遵守行政法律规范。

② 任何行政法主体不得享有不受行政法调整的特权，权利的享受和义务的免除都必须有明文的法律依据。

③ 行政机关及其工作人员必须严格依法办事，其行政行为必须以法律为依据，严格依照法律的规定进行。一切违反行政法律，超越行政法规定范围和滥用权力的行为都属行政违法行为，它自发生起就不具有法律效力。

④ 一切违反行政法律规范的机关、公民、法人及其他组织均应承担相应的行政法律责任。

（2）行政适当原则　行政适当又称行政合理，就是行政机关必须公正、正当、合理地行使行政权。行政适当原则主要包括以下内容：

① 国家行政机关的行政行为在合法的范围内还必须做到适当、合理。行政适当原则只是对行政机关行使自由裁量权而言的。在法律只规定原则或幅度的情况下，行政机关可根据自己的判断采用适当的方法来处理各种事件。

② 行政机关进行自由裁量以合法为前提，必须根据法律规定的原则或幅度，在法律规定的范围内进行裁量，任何超越法律的所谓"合理性"都不为行政法所承认。合理性是合法性的补充，若合理与合法不相容，则应贯彻合法性。

③ 行政机关在进行自由裁量时，必须考虑到客观规律、事实本身以及与事实相关的各种因素、具体的情节等客观情况，进行公正、合理的处理，避免和减少行政行为不当的发生。

④ 不适当的行政行为属不当行为，有权机关可以宣布其无效，或进行纠正。

（3）行政统一原则　行政统一原则的基本含义就是国家行政权的实施必须统一。具体地说，行政统一原则包括以下内容：

① 我国是实行"议行合一"制的社会主义国家，国家的政权是统一不可分割的，但国家政权的具体运用由不同国家机关分工负责。根据我国宪法的规定，国家行政权由国家行政机关即各级人民政府统一行使，其他社会组织非经政府依法授权，不享有行政职权。

② 国家行政机关实行统一领导、分级管理、层层负责。上下级行政机关的行政行为必须统一、一致。若不一致，则下级服从上级，地方服从中央。行政机关工作人员所进行的职务行为必须同行政机关的行为保持一致，必须坚持服从本机关已形成的各种决定。

③ 行政法律规范之间必须统一、协调，而且行政法规必须从属于宪法和法律，地方性法规和规章必须服从于行政法规。

（4）行政民主原则　行政民主原则主要包括以下几方面内容：

① 人民群众参加国家管理是我国国家行政管理的本质和核心。人民群众通过民主选举产生国家权力机关，以行使立法权，并由国家权力机关产生各级行政机关，以执行国家权力机关的法律，管理国家行政事务。人民群众通过在城乡建立的居民委员会或村民委员会等基层自治组织，广泛参加国家事务和社会事务的管理活动。

② 行政民主原则也表现在各行政法律关系的主体在法律规定的权利与义务中是平等的。

行政机关及其工作人员同普通公民一样站在平等的法律地位上，同受法律的约束。此外，在我国行政管理中，行政民主原则还表现为各民族一律平等。

③ 行政公开是我国行政民主原则的重要内容之一，是保障人民群众参加国家行政管理的必要前提。行政公开的主要特征是：重大情况让人民知道，重大问题经人民讨论。行政公开的基本要求是：行政法规、规章一经制定就应公开；行政机关的办事规则、标准等，凡与行政相对人有关的均应公开；行政机关做出涉及行政相对人权利与义务的决定，其决定的内容、根据和理由，除涉及法律规定应保密外，应予公开；行政机关举行的正式裁决程序，裁决过程和裁决结果，应予公开；行政机关做出的有关行政相对人权益的决定，必须事先通知行政相对人，使其有充分了解情况和为其提供充分陈述意见的机会。同时，行政机关有告知被处理者不服处理时申诉或起诉方式的义务。

（5）行政效率原则　行政效率原则是行政机关及其工作人员必须按照客观规律办事、实行高效率的行政管理。行政效率原则要求行政机关的决策符合客观规律、运转正常协调、指挥灵敏有效、办事迅速、准确无误。把行政效率原则贯彻到一切国家行政管理活动中，与行政民主原则统一协调起来，才能保证人民群众管理国家的权利能够正常、有效地行使，也才能不断提高行政机关的工作水平和效果。

2. 畜牧兽医行政法的作用

任何一个国家制定的行政法规，要完善行政法律制度，都是要以行政法来调整其国家生活和社会生活，达到有效实现国家行政目标的目的。畜牧兽医行政法对各具体行政立法、执法，司法、守法等都具有普遍的指导作用。

（1）保障行政主体有效行使行政职权　行政主体行使行政职权，是国家实现政治、经济、文化等建设任务最重要的途径和手段。这种作用主要通过以下几个方面体现出来：

① 确认行政权的相对独立性、赋予行政主体相应的行政职权。如西方国家普遍奉行"三权分立"原则，就是把行政权赋予行政机关独立行使。

② 明确行政主体与行政相对人的关系。行政主体行使行政职权是通过对行政相对人的管理活动来实现的，只有明确行政主体与行政相对人在行政过程中的相互关系，才能保障行政职权的有效行使。

③ 明确行政主体与公务员、被委托组织及个人之间的关系。行政职权的行使，不能由行政主体自身完全实现，它离不开公务员的具体工作，有时也不得不委托组织或个人来代为行使。

④ 明确行政主体行使行政职权的手段和程序。行政职权的行使在现代社会既要遵循效率原则，又要遵循科学和民主的原则。因此，行使行政职权的手段和程序都必须法制化。

⑤ 明确对违法行使行政职权的行为和妨碍行使行政职权的违法行为的制裁。现代行政是一种法制行政，行政主体必须在法定范围内行使职权，不得任意妄为，否则就应当受到制裁。同时，行政相对人也必须服从行政主体的依法管理，不得妨碍行政职权的依法行使，否则亦应受到制裁。

（2）保障公民、法人和其他组织的合法权益　行政法是民主制度的产物，自其产生之日起，就一直以防止行政权的滥用，保护公民、法人和其他组织的合法权益为追求的目标之一。这种保护作用主要通过以下几个方面体现出来：

① 建立和逐步完善保证行政主体及其工作人员认真执行国家法律的各种规章制度。

② 规定并发展公民、法人和其他组织的行政参与权。"国家的一切权力属于人民"，这

是我国宪法所确立的民主原则。

③ 规定并发展公民、法人和其他组织的行政监督权。国家的一切权力属于人民，就意味着人民是国家的主人，一切国家机关及其工作人员都应当向人民负责，受人民监督。

④ 预防、制止和制裁侵犯和损害公民、法人和其他组织合法权益的行为。行政违法和其他违法一样，直接侵犯和损害着公民、法人和其他组织的合法权益，只有预防、制止和制裁行政违法，对行政违法造成的侵犯和损害进行及时补救，才能充分保障公民、法人和其他组织的合法权益。

二、畜牧兽医行政法的特有原则

畜牧兽医行政法具有行政法共有的基本原则，即行政法制原则、行政适当原则、行政统一原则、行政民主原则、行政效率原则。同时，畜牧兽医行政法还具有其特有的原则。畜牧兽医行政法特有的原则具体地指导畜牧兽医行政法的立法和行政执法工作，是畜牧兽医行政法自己特有的贯穿始终的准则，也是区别于其他行政法的依据。畜牧兽医行政法的特有原则包括：预防为主原则、归口管理原则、各尽其职原则和监督管理原则。

1. 预防为主原则

预防为主原则是整个畜牧兽医工作的总方针，也是畜牧兽医行政法的基本原则。预防为主原则是根据动物疫病发生和传播的特点及发展畜牧业生产、保障人民身体健康的需要制定的。从事饲养、生产、经营动物及其产品的单位和个人，平时要做好预防工作，以减少或杜绝疫病的发生。同样，畜牧兽医行政主体的一切行政行为，包括立法、执法和行政司法等，均应贯彻预防为主这一基本原则。预防为主原则在畜牧兽医行政法中以法定形式予以确认，使之成为依法管理防疫灭病的核心内容，并在动物疫病防制工作和畜牧兽医行政工作中加以贯彻，是防止动物疫病扩散的最可靠的保证。

2. 归口管理原则

农业农村部畜牧兽医局负责起草畜牧业、饲料业、畜禽屠宰行业、兽医事业发展政策和规划。监督管理兽医医政、兽药及兽医器械。指导畜禽粪污资源化利用。监督管理畜禽屠宰、饲料及其添加剂、生鲜乳生产收购环节质量安全，组织实施国内动物防疫检疫。承担兽医国际事务、兽用生物制品安全管理和出入境动物检疫有关工作。畜牧兽医部主管全国畜禽防疫和其他有关畜牧兽医工作；县级以上地方各级农业主管部门主管本地区的畜禽防疫和其他有关畜牧兽医工作。从此，国家以法律的形式确认并规定了各级农业部门在畜禽防疫及其他畜牧兽医工作中的法律地位、权力和职责，使全国的畜牧兽医行政管理工作走上了由各级农业部门统一归口管理的法制化轨道。

3. 各尽其职原则

畜牧兽医工作量大、涉及范围较广，仅靠主管机关的力量是难以全面进行落实的，必须调动各方面的力量，来共同搞好畜牧兽医工作。各尽其职指畜牧兽医行政主体、有关部门及行政相对人在畜牧兽医行政法规定的范围内，各自履行自己的职责。但各尽其职并不是否定归口管理，归口管理是为了保证畜牧兽医工作的统一性，各尽其职是体现畜牧兽医工作的协同性。各尽其职必须以归口管理为前提，在统一归口管理下，各自做好有关畜牧兽医工作，这样才有可能形成统一、协调、高效的畜牧兽医工作秩序。

4. 监督管理原则

监督管理是国家赋予畜牧兽医行政主体依法对有关单位和个人守法的情况进行管理和监督检查的行政职权，是保证畜牧兽医行政法得以贯彻执行并带有强制性的行政手段，也是保护畜牧业生产，维护人民身体健康的有效措施。只有搞好监督管理，才能把全社会的畜牧兽医工作纳入法制化管理的轨道，保证畜牧兽医行政法规、规章的贯彻施行；才能建立和维持统一、协调、高效的畜牧兽医工作秩序。监督管理原则必须贯穿畜牧兽医行政法和畜牧兽医行政工作之中，没有监督管理原则，预防为主、归口管理、各尽其职原则都将失去保障，难以发挥作用。

阅读资料：

2015 年 4 月 24 日第十二届全国民民代表大会常务委员会第十四次会议通过，最新修订的《中华人民共和国动物防疫法》对以下内容作出修改：

（一）删去第二十条第一款中的"需要办理工商登记的，申请人凭动物防疫条件合格证向工商行政管理部门申请办理登记注册手续"。

（二）删去第五十一条中的"申请人凭动物诊疗许可证向工商行政管理部门申请办理登记注册手续，取得营业执照后，方可从事动物诊疗活动"。

（三）删去第五十二条第二款中的"并依法办理工商变更登记手续"。

三、畜牧兽医行政法调整的范围

畜牧兽医行政法调整的范围是指其所适用的范围。我国现行畜牧兽医行政法规和规章适用的范围是十分清楚的，即凡在中华人民共和国领域内从事饲养、生产、经营动物及动物产品的活动以及有关单位和个人都是畜牧兽医行政法的调整对象。畜牧兽医行政法适用的动物及动物产品和防疫对象（即畜禽传染病）在《中华人民共和国畜牧法》和相关实施细则中也都作了具体的规定。

第三节　畜牧兽医行政执法

一、畜牧兽医行政执法的概述

1. 概念与特征

畜牧兽医行政执法是指畜牧兽医行政机关依据法律、法规的规定，对特定人或特定事项予以处置的具体行政行为。畜牧兽医行政执法具有如下特征：

① 畜牧兽医行政执法是行政行为的一种，它是国家行政机关依法实施行政管理，直接或间接产生法律效果的行为。畜牧兽医行政执法行为，具有国家强制性。

② 畜牧兽医行政执法是执行法律、法规的活动，也是立法工作的延续，是行政管理过程中不可缺少的环节。

③ 畜牧兽医行政执法是对特定人或特定事项采取的行政行为。畜牧兽医行政执法没有普遍的约束力，不是针对一般人和一般的事的，而是针对特定人和特定事的。就是说，在畜牧兽医行政执法中，相对人一般来说是确定的。因此，畜牧兽医行政执法是一种具体的行政

行为。

④ 畜牧兽医行政执法是行政机关直接同相对人之间形成法律关系的行为。畜牧兽医行政管理法规的制定和发布，并不能直接、立即使畜牧兽医行政机关与相对人发生行政法律关系。只有畜牧兽医行政机关主动、积极地对畜牧兽医行政管理法规加以实施，才能使行政法律关系得以形成。

2. 畜牧兽医行政执法的主要内容

畜牧兽医行政执法的主要内容包括畜牧兽医行政处理、畜牧兽医行政处罚和畜牧兽医行政强制执行。畜牧兽医行政执法的主要项目内容见表 2-1。

表 2-1　畜牧兽医行政执法的主要项目内容

序号	执法类别		项目名称	设立机关	法律依据（法律条款）	实施时间
	主体类别	职责类别				
1	法律授权执法	行政许可	动物防疫合格证许可	全国人大	《中华人民共和国动物防疫法》第四十五条，《动物防疫条件审核办法》第五、十五条	1998-1-1
2	法律授权执法	行政许可	动物诊疗许可	全国人大	《中华人民共和国动物防疫法》第四十五条	1998-1-1
3	法律授权执法	行政许可	兽药经营许可	国务院	《兽药管理条例》第二十二条	2004-11-1
4	法律授权执法	行政许可	畜禽配种员许可	国务院	《种畜禽管理条例》第二十二条	1994-7-1
5	法律授权执法	行政许可	种畜禽生产经营许可	国务院	《种畜禽管理条例》第十一条	1994-7-1
6	法律授权执法	行政强制	动物检疫及防疫监督	全国人大	《中华人民共和国动物防疫法》第三十、四十一条	1998-1-1
7	法律授权执法	其他	饲料管理	国务院	《饲料及饲料添加剂管理条例》第三条	2001-11-1
8	法律授权执法	其他	兽药管理	国务院	《兽药管理条例》第三条	2004-11-1

（1）畜牧兽医行政处理　畜牧兽医行政处理是畜牧兽医行政主体针对行政管理中的具体事项，依照有关行政法律、法规、规章，做出行政处理决定，采取行政措施的单方面的能直接产生法律后果的具体行政行为，如畜牧兽医行政主体依法做出的行政命令、指示、审批、许可、赋予、拒绝、免除，对违禁的（或可疑违禁的）物品的采样、封存、留验及扑灭动物疫病有关的封锁、隔离、扑杀、无害化处理等。其中畜牧兽医行政许可是一种具体行政执法行为，是畜牧兽医行政主体根据行政相对人的申请，按一定的程序依法赋予其某种畜牧兽医行政法所禁止的事项的权利和资格的具体行政行为。如动物诊疗许可证发放的基本程序应当包括三个步骤：

① 行政相对人申请的提出　从事动物诊疗的单位或个人必须具备规定的从业条件和资格，从业前必须向乡镇畜牧兽医站或县级畜牧兽医管理部门提出开业申请，并填写申请书。

② 书面审查和现场审核　由县级畜牧兽医管理部门对其技术人员、技术设备手段、场地设施状况、动物防疫其他条件等进行审查、核实，符合规定的，允许其开业。

③ 许可证的颁发和对不予许可的救济等　经审查合格的申请单位和个人，由县级畜牧兽医管理部门发给动物诊疗许可证，凭诊疗许可证到工商行政管理局领取营业执照。审查不合格的，讲明原因，要求申请人采取相应的补救措施，然后再申请审查，也可直接驳回申请。

（2）畜牧兽医行政处罚

① 概念　畜牧兽医行政处罚行为指依法享有行政处罚权的畜牧兽医管理部门，根据《中华人民共和国行政处罚法》及有关法律、法规的规定，依照法定程序，对违反畜牧兽医管理法规但尚未构成犯罪的单位或个人所做的行政制裁行为。

② 种类　目前行政处罚种类有：警告，罚款，限期改正，没收违法所得、没收非法财物，责令停产停业，暂扣或者吊销许可证、暂扣或者吊销执照，行政拘留及法律、行政法规规定的其他行政处罚。

a. 警告　对违反畜牧兽医法律法规所规定义务的管理相对人的谴责和警戒。它既具有教育性又有强制性，是一种经常使用的处罚形式。警告是申诫罚的主要形式，可以独立处罚，也可作为其他处罚的先行罚。

b. 限期改正　限定管理相对人在一定的期限内，必须依照畜牧兽医法律法规的规定承担改进的义务，是具有强制性的补救措施。

c. 暂扣或者吊销许可证、暂扣或者吊销执照　对其活动或行为违反证照的内容和范围的行为人进行的处罚。吊销证照，就意味着行政机关取消了对行为人法律上的承认，剥夺了其实施某种行为的权利，是一种严厉的行为处罚。吊销各类经营许可证照，一般适用于：一是违法情节恶劣或后果严重的；二是环境水源污染、社会公害等非管理相对人所能解决，但管理相对人不愿采取措施或离开这种环境继续营业的；三是经停业整顿，改进无效或确定无法改进的；四是多次违法、屡教不改的。

d. 罚款　畜牧兽医行政主体对违反有关法律法规不履行法定义务的个人、组织所作的一种经济上的处罚，属于财产处罚。罚款只是手段而不是目的，决不能以罚代教、以罚代管。罚款必须是要式行为，运用时必须遵循一定的程序，畜牧兽医行政主体必须做出正式书面处罚决定，书面通知当事人，并明确罚款数额和交纳期限，并告知被罚款人申诉和诉讼的权利。

（3）畜牧兽医行政强制执行　畜牧兽医行政强制执行是指公民、法人或其他组织不履行畜牧兽医行政机关依法所作行政处理决定中规定的义务，有关国家机关依法强制其履行义务或达到与履行义务相同状态的行为。畜牧兽医行政强制执行的特点是：①畜牧兽医行政强制执行依法适用于不履行畜牧兽医行政法律规范规定的义务，经说服教育无效的管理相对人；②行政强制执行的主体是畜牧兽医行政主体或应畜牧兽医行政主体依法请求的人民法院；③畜牧兽医行政强制执行的对象具有广泛性，它可以是物，也可以是行为，还可以是人；④畜牧兽医行政强制执行本身不是一种制裁或惩处。

二、畜牧兽医行政执法的有效条件

畜牧兽医行政执法的有效条件是指其执法行为产生法律效力的必要条件。由于行政执法也与其他执法一样能直接影响和涉及个人或组织的权利和义务，能对执法对象产生直接的法律后果。因此，行政法规对执法行为规定了一些必要的条件。只有具备了这些条件，其执法行为才具有法律效力。这些必要条件主要包括以下几方面：

1. 主体资格和权限合法

主体合法，即执法机构应依法设置，拥有行政执法权。我国各级畜牧兽医管理部门均为依法设置，并依法拥有相应的行政执法权。畜牧兽医管理部门所属的动物防疫监督机构由法律、法规授权，在动物防疫方面也拥有行政执法权。除了执法主体合法外，专职执法人员须经法规授权，经畜牧兽医主管部门批准，并持有相应的证书。任何其他机构和人员均无权实施畜牧兽医行政执法。

2. 确认的事实符合法定条件

违法事实包括违禁的物品和违法行为，而且必须事实清楚、证据确凿。有了违法事实，才能进行执法。

3. 执法内容必须合法、适当，依法执行

畜牧兽医行政执法必须依据畜牧兽医行政法规及其他有关的法律规定对违法事实做出行政处罚或行政强制措施。行政法原则要求必须依法行政，其中也包括必须依法实施行政执法。依法实施行政执法必须做到有法必依、违法必究和执法必严。只有依法执法才能确保执法公正，其执法行为才具有法律效力。国家为确保公民和法人的正当权益，当事人对行政主体的执法行为不服，认为侵犯其合法权益的，可向行政复议机关申请复议，或向人民法院提起行政诉讼。

4. 程序合法

程序合法，即执法应符合法定的程序。为确保执法客观公正和科学合理，行政法明确规定了执法程序。不按规定程序执法，即属程序违法。

5. 具法定形式

法定形式是指行政法规定的表示执法行为的凭证及执法中对有关机构和人员的要求。法定形式是严肃执法和文明执法的表现，其目的是规范执法行为。因此，法定形式贯穿执法过程的每个环节。

三、畜牧兽医行政执法的法律效力

畜牧兽医行政执法具备了产生法律效力的必要条件后，其执法行为即具有法律效力。法律效力包括公定力、确定力、拘束力、执行力和不可争力五个方面。

1. 公定力

公定力也称先定力，指畜牧兽医行政执法行为一经成立，即应推定其合法有效，有关各方即使有异议，在有权机关做出最终裁决之前，也应先行遵照执行。如现行法律规定具体行政行为不因相对人一方提起行政复议和行政诉讼而停止执行。

2. 确定力

确定力也称不可变更力，指畜牧兽医行政执法行为成立后所具有的非依适当程序和理由不得变更或撤销的效力。对于已经成立的行政执法行为，由于它具有确定力，畜牧兽医行政执法机关不能随意加以改动或撤销以及做出与已有行政执法行为相抵触的新的行政执法行为。

如确有必要改动或撤销，需有法律依据、正当理由以及遵守法定程序，对相对人一方合法权益造成损害的，应依法给予补偿。如行政许可法第八条规定"公民、法人或者其他组织依法取得的行政许可受法律保护，行政机关不得擅自改变已经生效的行政许可"。

3. 拘束力

拘束力，即行政执法行为约束相关具体行政法关系主体的效力。它通过行政执法行为确认、设定、变更、撤销、废止特定行政法关系主体的权利与义务，并对藐视行政法的行为追究责任、予以制裁，即行政执法行为所指向的有关各方必须按照该行为确定的具体规则行使权利、履行义务，否则必须依法承担法律责任，如受到行政处罚甚至刑事制裁等。

4. 执行力

执行力是指行政执法行为所具有的通过行政执法主体或法院强制相对一方履行义务的效力。通常情况下行政执法行为的执行力须在相对一方不履行义务成为事实以后才起作用。

5. 不可争力

当事人超过提起行政复议、行政诉讼、行政申诉的时效后，卫生行政执法行为产生不可争力。

 复习思考题

1. 畜牧兽医行政执法的主要内容是什么？
2. 畜牧兽医行政执法中行政处罚的程序是什么？
3. 畜牧兽医行政执法的有效条件是什么？
4. 畜牧兽医行政执法的法律效力包括哪些？
5. 讨论：2010 年 9 月至 2011 年 2 月期间，福建省福清市动物检疫人员梁某未严格按照检疫程序对 2200 多头生猪实施检疫出证。当地法院以动植物检疫徇私舞弊罪判处梁某有期徒刑 2 年，缓刑 3 年。

 案例分析

【案情介绍一】

2012 年 4 月 22 日，某县仔猪贩运户焦某从省外购进 512 头仔猪，未按规定报检。4 月 23 日上午，有 6 头仔猪伏卧不起并于当天下午开始陆续死亡。至 4 月 26 日下午，共计死亡 139 头。焦某既未向动物防疫部门报告疫情，也未采取任何扑疫措施，而是采取隐瞒和贱卖的办法将其中的 166 头同群仔猪卖给了养殖户，结果 1 个月后造成广大养猪户 1600 多头仔猪陆续死亡。

【案例评析】

该县动物防疫站在依法查明了焦某违法事实后，依据《中华人民共和国动物防疫法》第四十八条的有关规定，应拟给予焦某如下处罚：①责令停止经营，立即采取有效措施收回已售出的仔猪；②没收未售出的仔猪；③由焦某承担防疫扑杀、消毒、代作处理费用；④没收违法所得 4550 元；⑤处违法所得 2 倍的罚款 9100 元。先向焦某送达《违法行为处理通知书》，并根据其要求举行了听证会。听证会后，对焦某作出以上处罚并向其送达《行政处罚决定书》。由于焦某逃避检疫造成动物疫情扩散，对养殖业生产造成重大损失，其行为已经涉嫌构成犯罪，根据《中华人民共和国动物防疫法》第五十四条规定，可依法将本案移送司法机关处理。

【案情介绍二】

某县养牛专业户马某，为了引进良种乳牛，与该县的畜牧站签订了良种乳牛引进合同。合同约定，良种乳牛款共 10 万元，马某预付定金 2 万元，违约金按照合同总额的 10% 计算。合同没有明确约定合同的履行地点。后马某从畜牧站将良种乳牛拉回，为此支付运费 1000 元。马某拉回乳牛后，在饲养中发生了不可抗力，导致乳牛无法产奶，马某预计的收入落空，无法及时偿还购牛款。畜牧站遂诉至法院。问：①马某要求畜牧站支付运费，该请求能否得到法院支持？为什么？②针对畜牧站要求付款的请求，马某以不可抗力要求免责，能否成立？为什么？③如果马某的行为构成违约，合同中规定的定金与违约金条款能否同时适用？为什么？

【案例评析】

（1）不能得到法院支持。根据《中华人民共和国合同法》第六十二条规定，履行地点不明确的，交付动产的，在履行义务一方所在地履行。本合同的履行地应为畜牧站。因此将乳牛从畜牧站运到马某养牛场的义务应当由马某承担。同时如果履行费用的负担不明确，应当由履行义务一方承担。因此马某应当承担履行费用。

（2）不成立。对于金钱债务来说，由于金钱是一般等价物，它不属于合同的标的，只是一种支付手段，因此不存在不可抗力的问题。《中华人民共和国合同法》第一百零九条规定：当事人一方未支付价款或者报酬的，对方可以要求其支付价款或者报酬。

（3）不能同时适用。根据《中华人民共和国合同法》第一百一十六条规定，当事人既约定违约金，又约定定金的，一方违约时，对方可以选择适用违约金或者定金条款，而不能同时适用违约金和定金责任。

第三章　畜牧兽医行政司法与损害赔偿

 思政与职业素养目标

　　畜牧兽医行政司法人员主要是面对基层工作，要德、法、情并举，执法为民，善于沟通、调节，避免行政损害行为的发生。一旦发生行政损害，要为民执法，依法维护企业和养殖户的权益，引导企业和养殖从敬法、畏法向自觉守法、护法转变。

 学习目标

　　1. 熟悉畜牧兽医行政司法、畜牧兽医行政调解、畜牧兽医行政裁决、畜牧兽医行政复议、畜牧兽医行政诉讼的概念。
　　2. 清楚畜牧兽医行政司法的原则、特点。
　　3. 了解畜牧兽医行政损害赔偿构成条件。
　　4. 掌握畜牧兽医行政赔偿程序。

第一节　畜牧兽医行政司法概述

　　畜牧兽医行政司法是指畜牧兽医行政主体按照行政司法程序审理和裁决特定的畜牧兽医民事争议案件和畜牧兽医行政争议案件的行政活动。
　　畜牧兽医行政司法的本质属性是畜牧兽医行政管理活动，也是一种特殊的畜牧兽医行政执法活动，是畜牧兽医行政主体对争议做出裁决的具体行政行为的特殊制度。如畜牧兽医行政主体在职责范围内依照法律、法规有关规定和国家政策、政令进行畜牧兽医行政调解、畜牧兽医行政裁决、畜牧兽医行政仲裁和畜牧兽医行政复议等准司法活动，以解决畜牧兽医纠纷和畜牧兽医行政争议。

一、畜牧兽医行政司法的原则及特征

1. 畜牧兽医行政司法的原则

　　（1）法制原则　畜牧兽医行政司法应遵循的法制原则主要包括司法主体合法、有确凿的法律事实、正确适用法律及符合行政司法程序。
　　（2）简便原则　畜牧兽医行政司法特殊性要求其程序简便实用，在其整个活动中既要解决纠纷，又要力求避免程序的繁缛，要以迅速、灵活的方式达到目的。畜牧兽医行政主体在受理争议案件后，经过必要的调查取证、双方辩论、审理合议后即可做出裁决。

（3）**公正、公开、公平原则**　在畜牧兽医行政司法过程中，畜牧兽医行政司法必须严格依法办事，坚持平等原则，公正处理，任何违法行为都无特殊和例外地予以纠正。否则，畜牧兽医行政司法的目的就无法达到。

畜牧兽医行政主体及其工作人员应严格依法办理、实事求是、公平正直、没有偏私；在做出司法决定前应查明引起争议的法律事实，证据确凿，让争议双方都得到认可。办案人员的身份、产生争议的法律事实、解决争议的程序、法律依据和司法决定应公开等。畜牧兽医行政司法所针对的双方当事人处于完全平等的地位，都有说明案情、陈述理由、提供依据、提出请求的权利，同样遵守畜牧兽医行政司法程序、时效、形式等要求的义务。

（4）**回避原则**　畜牧兽医行政司法同样也有回避原则，它要求行政机关人员回避，主持审理的人员和具体办案的人与本案有利害关系或者有其他关系，可能影响公正办案的，必须自行主动申请回避。当事人也有权以口头或书面方式申请他们回避。

（5）**及时、便民原则**　一旦发现争议案件，则应及时受理立案，及时调查取证，及时调解或审理，及时做出司法决定并送达执行。凡规定有时间限制的，均应在规定期限内完成；无具体时限的，应尽早完成，不拖延。畜牧兽医行政主体及其工作人员应在法律原则基础上尽可能为当事人提供方便，如：解决争议案件能在现场解决的，就应到现场解决；行政调解应以双方自愿为基础，调解方式可由当事人自由选择；复议申请可以书面申请，也可口头申请等。

（6）**不诉不议原则**　所谓不诉不议指当事人没有请求的，畜牧兽医主体不会主动处理，这样有利于维护国家畜牧兽医行政主体的尊严，保护当事人的合法权益，也有利于提高行政效率。

（7）**与行政诉讼相衔接原则**　当事人对畜牧兽医行政主体的复议决定不服的，可以在法定期限内向法院提起诉讼。

此外，畜牧兽医行政司法还有其特殊原则，如行政复议中的不调解原则、行政调解中的自愿原则等。

2. 畜牧兽医行政司法的特征

① 畜牧兽医行政司法的主体是畜牧兽医行政执法者。

② 畜牧兽医行政司法的客体是畜牧兽医行政法规定的特定行政争议案件和特定的某些民事争议案件。

③ 畜牧兽医行政司法行为是享有准司法权的行政行为，即以依法裁处纠纷为宗旨的行政司法行为。它按照准司法程序来裁处纠纷，坚持程序司法化的原则。

④ 畜牧兽医行政司法行为是畜牧兽医行政主体依法行政的活动。

⑤ 畜牧兽医行政司法行为不同程度地具有确定力、约束力、执行力（行政调解的执行问题有特殊性）。但它对纠纷的解决一般都不具有终局性，所以原则上也具有可诉性，不服行政司法决定的还可以向法院起诉（提起行政诉讼或民事诉讼）。

二、畜牧兽医行政司法与畜牧兽医行政的区别

畜牧兽医行政司法是畜牧兽医行政管理的一个重要组成部分，具有行政的性质和特点，又不同于普通行政，既具有司法性质，又不同于普通司法，它是行政与司法相结合的一种特

殊形式。

畜牧兽医行政行为是畜牧兽医行政主体就具体事或人做出的单方处理行为，双方当事人的关系是一种管理与被管理、领导与被领导的权利服从关系。在畜牧兽医行政司法中，畜牧兽医行政主体成了畜牧兽医行政司法主体，具有独立地位的行使裁决权的裁判者，它所针对的双方当事人处于完全平等的地位，与争议双方当事人之间的关系不存在管理与被管理、领导与被领导的关系。而且，在行政司法过程中适用的是行政司法程序，而不是行政程序。

第二节　畜牧兽医行政司法

一、畜牧兽医行政调解

1. 畜牧兽医行政调解的概念和特点

畜牧兽医行政调解指在畜牧兽医行政执法主体主持下，以畜牧兽医行政法律、法规及其他有关法律、法规为依据，以自愿为原则，在查明事实、分清是非、明确责任的基础上，通过说服教育等方法，促成双方当事人友好平等协商，互谅互让，达成协议，从而合理地、彻底地解决纠纷矛盾的诉讼外调解活动，其特点如下：

① 由畜牧兽医行政执法主体主持的行政调解，没有正式的调解组织，也没有专职的行政调解员，是解决争议的先行程序。

② 以自愿为原则。

③ 适用于解决行政争议中的有关民事纠纷。

④ 以说服教育为主，不能强制服从。

⑤ 属于诉讼外的活动。

⑥ 调解的范围一般由法律、法规规定，调解协议书一经送达，立即产生法律效力。

畜牧兽医行政主体在调解时，应遵循合法、公平、合理、公开、自愿、明辨是非、尊重当事人权利、单方强制等原则。

2. 畜牧兽医行政调解的构成要件

畜牧兽医行政调解必须符合下列条件，才能依法进行。

① 必须是违反畜牧兽医行政法律规范，给社会或他人造成经济损失，且直接受害人有索赔请求的。

② 双方当事人必须是自愿接受调解的。

③ 必须是事实依据充分，请求事项明确具体的。

3. 畜牧兽医行政调解程序

(1) 申请　由畜牧兽医行政管理相对人主动提出申请，申请一般要求书面形式，纠纷简单或当事人要求紧急的，也可由当事人口述，调解人员做笔录代申请书。申请书的内容有：申请人和被申请人的单位名称、地址以及法定代表人的姓名、职务；委托代理人的姓名、性别、单位、职务和住址；纠纷或行政争议的主要事实、经过、证据等；调解请求内容及理由。口头提出申请的，行政机关须制作笔录，备案备查。

(2) 受理　畜牧兽医行政主体在接到当事人提出调解申请后，应依法审查其是否符合受理条件并决定是否受理。有下列情形的，决定不予受理的，告知不受理原因，并指出适当的解决途径。

① 当事人一方已向行政仲裁机关申请仲裁的。

② 当事人一方已向人民法院提起诉讼的。

③ 一方要求调解，另一方不愿意调解的。

④ 其他行政机关正在主持调解的或已经调解处理，又没有提出新的事实和理由的。

经审查符合法定受理条件的，畜牧兽医行政主体应予以受理，进行登记，载明各方当事人姓名、住址和联系方式，记录申请人的请求事项和事件的起因、经过、结果，告知调解时间、地点和注意事项。在法定期限内立案，立案后应在法定期限内通知或将申请书副本发送被申请人，被申请人在法定期限内应答复是否同意调解。被申请人逾期不做答复的，被视为不同意调解，行政机关可以不做调解。

(3) 调查取证　畜牧兽医行政主体受理案件后须委派工作人员进行调查取证，查明事实，收集证据，以便分清是非，明确责任。具体包括以下各点：

① 仔细听取双方的陈述，了解纠纷或争议的发展始末、矛盾分歧焦点，以及双方各自的真实思想和要求。

② 要求当事人提供相应的证据材料。需要时，可以向有关单位或个人查阅与案件有关的档案、资料和原始凭证，并对应予保密的证据材料负责保密。

③ 必要时可请求或委托其他行政机关予以协助进行情况调查。

(4) 调解　在双方当事人同意调解的前提下，兽医卫生行政主体应出面主持调解，按照调节申请内容不同选择当面调解、背对背调解、召开调解会等调解方式，调解过程不得少于两名工作人员始终在场，一人主持，一人记录。根据查明的事实和有关法律、政策，针对当事人争议的问题进行分析，通过说服教育，分清是非，明确责任。维护当事人的正确要求，促使双方友好协商，互让互谅，心悦诚服接受调解，达成协议。

(5) 制作、送达调解协议书　经过行政调解，双方自愿协商同意，调解成立的，可达成调解协议。调解达成的协议应由畜牧兽医行政主体制作调解书，应包括下述内容：

① 当事人双方的名称、性别、地址、法定代表人或代理的姓名、职务。

② 纠纷的主要事实和应承担的责任。

③ 协议的内容。

④ 当事人签名或盖章、调解人员署名、行政机关的公章，以及年、月、日等。

交当事各方各一份，行政调解机构保留一份，并依法进行送达。调解协议书送达后即发生法律效力，双方当事人必须履行。否则权利方当事人有权申请法院强制执行。

二、畜牧兽医行政裁决

1. 畜牧兽医行政裁决概述

畜牧兽医行政裁决指畜牧兽医行政主体根据法律法规授权，以中间人的身份，按照一定的程序，对畜牧兽医工作人员在行政执法过程中采取的技术措施、判定结果、技术争议、行政附带民事争议等案件进行裁决的行政司法活动。主要表现为损害赔偿裁决、权属纠纷裁决、对侵权纠纷的裁决等，是具有强制效力的行政行为，对其不服可以提起行政诉讼。

根据受理机关的不同可分为原裁决和复议裁决两种。原裁决是畜牧兽医行政主体所作的初审裁决；复议裁决是上一级畜牧兽医行政主体对当事人不服原裁决而进行复议后所作的裁决。

兽医卫生行政裁决的法律依据是畜牧兽医行政法规、规章以及有关法律、法规、决定、命令和有关规定等，具有如下特征。

① 畜牧兽医行政裁决主体是法律法规授权的畜牧兽医行政机关。

② 畜牧兽医行政裁决的对象是与畜牧兽医行政管理事务密切相关的民事纠纷。

③ 畜牧兽医行政裁决具有法定裁判性和法律效力，具有准司法裁判性。

④ 畜牧兽医行政裁决是一种具体的行政行为，是行政主体行使行政裁判权的活动。

⑤ 畜牧兽医行政裁决是需申请的行政行为。

畜牧兽医行政主体在行政裁决中应遵循合法原则，公正、平等原则，回避原则，调解原则，简便、快捷原则，效率原则，客观、准确原则，行政先行处理原则等。

2. 畜牧兽医行政裁决的构成要件

① 当事人对畜牧兽医行政主体工作人员的具体行政行为不服，并提出解决争议的请求。

② 索赔请求必须有对方违反畜牧兽医行政法律、法规造成实际损害的事实。

③ 有管辖权的畜牧兽医行政主体受理了上述案件。

3. 畜牧兽医行政裁决程序

（1）申请即争议请求的提出 畜牧兽医民事争议的一方或双方当事人或其法定代理人（也可以是当事人或其法定代理人的委托代理人），向畜牧兽医裁决主体提交申请书。一般应采取书面申请的形式，申请书应写明纠纷双方当事人的姓名、住址等，请求裁决的事项、事实依据、理由及要求等。

（2）受理 畜牧兽医行政主体在收到当事人申请书后，对当事人的申请是否符合申请条件进行审查，并在法定期限内做出是否受理的决定。对符合条件的申请，予以受理，应当在一定期限内立案，立案后应当通知民事争议的申请人及对方当事人，并要求对方当事人提交有关材料等相关情况；不予受理的案件应及时通知当事人并告知理由。

（3）答辩 畜牧兽医民事争议当事人在收到受理行政裁决案件的行政机关的申请书副本后，应当在规定的期限内提交答辩书及有关证据材料，它一方面可以帮助对方当事人了解申请争议的事实与理由，以便进行辩解，维护自身合法权益；另一方面有利于行政裁决主体了解真相、查清事实，作出正确裁决。对方不答辩的，行政机关可进行裁决。

（4）审理 畜牧兽医行政裁决机关收到答辩书后，对争议的事实、证据材料进行查证核实，将所有的事实、证据材料进行综合分析研究，如果尚有疑问或经当事人请求，可举行公开听证，由当事人双方当面陈述案情，相互辩论、举证、质证以查明案情。

（5）裁决 行政裁决的形式有书面裁决和公开裁决两种，畜牧兽医行政裁决一般以书面裁决为原则，在事实清楚、是非明确、证据确凿的基础上，依法作出裁决，应当制作并向双方当事人送达裁决书。裁决书应载明双方当事人的姓名、地址等基本情况，争议的内容，对争议的裁定理由和法律根据，并应在裁决书中告知当事人提起行政复议或行政诉讼的期限和受理机关。

（6）执行 行政裁决具有拘束力，裁决生效后，争议当事人必须自觉履行，否则由裁决机关依法强制执行或申请人民法院强制执行。争议当事人对原裁决不服的，可在接到裁决决定书之日起 15 日内，向上一级畜牧兽医行政主体提出申请复议。对复议决定不服的，可在接到复议裁决决定书之日起 15 日内向人民法院起诉。

三、畜牧兽医行政复议

1. 畜牧兽医行政复议概述

(1) 畜牧兽医行政复议特点 畜牧兽医行政复议是指公民、法人或其他组织不服畜牧兽医行政主体做出的具体行政行为，认为畜牧兽医行政主体的具体行政行为侵犯其合法权益，依法在规定期限内向法定的行政复议机关提出复议申请，由行政复议机关依法对该具体行政行为进行审查并做出裁决的行政司法活动。畜牧兽医行政复议是行政机关内部的同级监督，是为管理相对人提供一种事后法律救济的行政监督制度，其特点如下：

① 畜牧兽医行政复议是以具体行政行为的存在和争议的存在为前提，主要解决由于畜牧兽医行政机关做出具体行政行为而引起的行政争议，复议机关对有争议的具体行政行为进行审查的制度。

② 畜牧兽医行政复议的审理和决定机关是行政机关，既可以是县级以上各级人民政府，也可以是县级以上畜牧兽医行政主体的上一级主管部门。

③ 畜牧兽医行政复议是一种依法申请的行为，由不服行政行为的行政管理相对人提出，提出的理由是认为行政主体的具体行政行为侵犯其合法权益。

④ 畜牧兽医行政复议既审查行政行为的合法性，又审查行政行为的合理性。

⑤ 畜牧兽医行政复议必须依照法定程序进行，其程序具有行政与司法的混合特征，必须保证整个复议活动合法、公开、公平、公正。

(2) 畜牧兽医行政复议原则 畜牧兽医行政复议是为了防止和纠正畜牧兽医行政主体违法的或者不当的具体行政行为，最基本的目的是保护当事人的合法权益，保障和监督畜牧兽医行政主体依法行使职权。行政复议机关履行行政复议职责应遵循合法、公正、公开、及时、便民的原则，坚持有错必纠，保障法律、法规的正确实施，复议决定一般不是最终发生法律效力的决定，复议当事人对其复议决定不服的，除少数法律规定行政机关有终局裁决权的以外，可以在法定期限内向人民法院提起行政诉讼。

① 合法原则就是指履行复议职责的主体应当合法，审理复议案件的程序应当合法，审理复议案件的依据应当合法。

② 公正原则即要求行政复议机关必须严格依照法律的规定审理行政复议案件，做到不偏不倚，不徇私偏袒，不搞"官官相护"。

③ 公开原则就是要求行政复议机关审理行政复议案件和做出复议决定都应当向社会公开，将行政复议机关进行行政复议的情况置于公众的监督之下，接受当事人和公众的监督，使行政复议工作做到合法和公正。借此向公众进行法制教育，使其增强法制观念，自觉遵守法律。

④ 及时原则是指负责行政复议的机关，应当严格执行《中华人民共和国行政复议法》规定的复议期限，及时受理复议申请、及时进行复议、及时做出复议决定，不能久拖不办、久拖不决。

⑤ 便民原则是指行政复议机关在行政复议过程中，要方便于民，尽量为复议申请人着想，在复议的受理、程序、手续等方面，做到快捷、简便、省事。

(3) 畜牧兽医行政复议机关职责

① 受理审查复议申请。

② 向有关组织和人员调查取证，查阅有关文件和资料。

③ 审查申请行政复议的具体行政行为是否合法与适当，拟订行政复议决定。

④ 处理或者转送有关法定的审查申请。

⑤ 对行政机关违反行政复议法规定的行为依照规定的权限和程序提出处理建议。

⑥ 办理因不服行政复议决定提起行政诉讼的应诉事项。

⑦ 法律、法规规定的其他职责。

2. 畜牧兽医行政复议范围

(1) 管理相对人对畜牧兽医行政主体做出以下行政行为情形之一的，可以申请行政复议

① 对畜牧兽医行政主体做出的警告、罚款、没收违法所得、没收非法财物、责令停产停业、暂扣或者吊销许可证、暂扣或者吊销执照、行政拘留等行政处罚决定不服的。

② 对畜牧兽医行政主体做出的限制人身自由或者查封、扣押、冻结财产等行政强制措施决定不服的。

③ 对畜牧兽医行政主体做出的有关许可证、执照、资质证、资格证等证书变更、中止、撤销的决定不服的。

④ 认为畜牧兽医行政主体侵犯法律、法规规定的合法经营自主权的。

⑤ 认为畜牧兽医行政主体违法集资、征收财物、摊派费用或者违法要求履行其他义务的。

⑥ 认为符合法定条件，申请畜牧兽医行政主体颁发许可证、执照、资质证、资格证等证书，或者申请畜牧兽医行政主体审批、登记有关事项，行政机关没有依法办理的。

⑦ 认为畜牧兽医行政主体的其他具体行政行为侵犯其合法权益的。

⑧ 认为畜牧兽医行政主体违法要求履行义务的。

⑨ 认为畜牧兽医行政主体侵犯其人身权、财产权的。

⑩ 法律、法规规定可以提起行政诉讼或者可以申请复议的其他具体行政行为。

(2) 管理相对人认为畜牧兽医行政主体的具体行政行为所依据的下列规定不合法，在对具体行政行为申请行政复议时，可以一并向行政复议机关提出对该规定的审查申请

① 国务院畜牧兽医行政部门的规定。

② 县级以上地方各级人民政府及其畜牧兽医行政部门的规定。

③ 乡、镇人民政府的规定。

④ 不服畜牧兽医行政主体做出的行政处分或者其他人事处理决定的，依照有关法律、行政法规的规定提出申诉。

3. 畜牧兽医行政复议程序

(1) 申请

① 申请复议的期限　《中华人民共和国行政复议法》规定，公民、法人或者其他组织认为具体行政行为侵犯其合法权益的，可以自知道该具体行政行为之日起 60 日内提出行政复议，但是法律规定的申请期限超过 60 日的除外。因不可抗力或者其他正当理由耽误法定申请期限的，申请期限自障碍消除之日起继续计算。

> **阅读资料：**
> 　　不可抗力事件是指发生了水灾、地震、战争和事故等意外的人力不可抗的事件。

② 复议申请的形式　申请行政复议，可以书面申请，也可以口头申请。口头申请的，

行政复议机关应当场记录申请人的基本情况、行政复议请求、申请行政复议主要事实、理由和时间，被复议机关与具体行政行为发生的时间，记录材料经口头申请人核准后签名或按手印；书面申请的，申请人应当向行政机关递交行政复议申请书、行政机关做出具体行政行为的文书（如行政处罚决定书等）、有关证据或材料、申请人居民身份证复印件等材料。复议申请书可以载明下列内容。

a. 申请人的基本情况：公民的姓名、性别、年龄、工作单位、住所、身份证号、邮政编码；法人或者其他组织的名称、住所、邮政编码和法定代表人或者主要负责人的姓名、职务。

b. 被申请人的名称、地址。

c. 行政复议请求、申请行政复议的主要事实和理由。

d. 行政复议机关名称。

e. 申请行政复议的日期，申请人签名或者盖章。

（2）复议申请的受理 行政复议机关接到行政复议申请后，在五日内进行审查，审查的范围包括如下各点。

① 申请人是否符合法定的条件。

② 是否有明确的被申请人。

③ 是否有具体的复议请求和事实根据、理由。

④ 是否属于行政复议范围。

⑤ 是否超过法定的申请时效。

⑥ 是否重复申请。

⑦ 是否已起诉。

⑧ 是否属于本机关受理。

⑨ 法律、法规规定的其他条件。

凡是不符合法定条件的，应当裁定不予受理，向申请人发给《不予受理行政复议申请裁定书》；符合受理条件的，予以受理，向申请人发给《受理行政复议申请通知书》。行政复议机关无正当理由不予受理的，上级行政机关应当责令其受理。必要时，上级行政机关也可以直接受理。

> **阅读资料：**
>
> 小张的父亲不服不予受理的裁定，请问他下一步该怎么办？
>
> 一是可以将情况向复议机关的上一级行政机关反映，上级行政机关认为复议机关无正当理由拒绝受理的，应当责令其受理或者必要时可直接受理；二是可以向人民法院提起诉讼，对于复议机关决定不予受理或受理后超过复议期限不做答复的，管理相对人可以在收到不予受理裁定书之日起15日内依法向人民法院提起行政诉讼。

（3）审理 行政复议以书面审理为主，但是申请人提出要求或者行政复议机关认为有必要时，可以采取调查、取证、收集有关证据，举行听证，听取申请人、被申请人和第三人的意见等方式，畜牧兽医行政复议审理包括以下内容。

① 被申请人做出具体行政行为是否符合法定职权。

② 认定的相关事实是否清楚，证据是否确凿、充分。

③ 适用的依据是否正确、有效。

④ 具体行政行为的内容是否合法、是否适当，程序是否合法。

⑤ 其他应当审查的事项。

⑥ 申请人申请或者请求的事项是否属于被申请人的法定职责；被申请人是否履行了法定职责；被申请人拒绝履行的依据是否合法；被申请人未履行职责是否具有正当理由。

审理的期限应当自受理申请之日起 60 日内做出行政复议决定，但是法律规定的行政复议期限少于 60 日的除外。情况复杂，不能在规定期限内做出行政复议决定的，经行政复议机关的负责人批准，可以适当延长，并告知申请人和被申请人，但是延长期限最多不超过 30 日。

复议决定做出前，经复议机关同意复议申请人撤回复议申请，终止复议审理的制度。行政复议审理期间，具体行政行为不停止执行。但是，有下列情形之一的，可以停止执行。

a. 被申请人认为需要停止执行的。b. 复议机关认为需要停止执行的。c. 申请人申请停止执行，复议机关认为其要求合理，决定停止执行的。d. 法律规定停止执行的。

行政复议机关做出行政复议决定，应立即将行政复议决定书送达各当事人，复议决定书应当载明以下内容。

a. 申请人的姓名、性别、年龄、职业、住址；申请人是法人或者其他组织的，则包括名称、地址、法定代表人的姓名。b. 被申请人的名称、地址、法定代表人的姓名、职务。c. 申请复议的主要请求和理由。d. 复议机关认定的事实、理由，适用的法律、法规、规章和其他规范性文件。e. 复议结论。f. 不服复议决定向人民法院起诉的期限，如果复议决定是终局决定的则载明当事人履行的期限。g. 做出复议决定的日期。h. 复议机关法定代表人署名，加盖本机关的印章。

(4) 送达与执行 复议机关做出复议决定后，在法定时限内按规定将《行政复议决定书》分别送达申请人、被申请人、第三人等被送达人，行政复议决定书一经送达即发生法律效力，双方当事人应该自觉履行。

① 被申请人不履行复议决定的 根据《中华人民共和国行政复议法》规定，被申请人不履行或者无正当理由拖延履行行政复议决定的，行政复议机关或者有关上级行政机关应当责令其限期履行，并对被申请方直接负责的主管人员和其他直接责任人员依法给予警告、记过、记大过的行政处分。经责令履行仍拒不履行的，依法给予降级、撤职、开除的行政处分。

② 申请人不履行复议决定的 申请人逾期不起诉又不履行行政复议决定的，或者不履行最终裁决的行政复议决定的，则根据复议决定内容的不同而采用不同的措施。

a. 维持具体行政行为的行政复议决定，由做出具体行政行为的行政机关依法强制执行，或者申请人民法院强制执行。

b. 变更具体行政行为的行政复议决定，由行政复议机关依法强制执行，或者申请人民法院强制执行。

四、畜牧兽医行政诉讼

1. 畜牧兽医行政诉讼概述

畜牧兽医行政诉讼是指公民、法人或其他组织认为畜牧兽医行政主体及其工作人员的具体行政行为侵犯其合法权益，根据行政诉讼法或者有关法律、法规的规定，向人民法院依法提起诉讼，依照法定程序，由人民法院依法进行审理并作出裁决的司法活动。

畜牧兽医行政诉讼有利于保证人民法院正确、及时审理畜牧兽医行政案件，维护和监督畜牧兽医行政主体依法行使行政职权。在我国，行政诉讼与刑事诉讼、民事诉讼并称为三大诉讼，是国家诉讼制度的基本形式之一，具有以下特点。

① 畜牧兽医行政诉讼是人民法院通过审判方式进行的一种司法活动。

② 畜牧兽医行政诉讼所要审理的是畜牧兽医行政案件，是通过审查具体行政行为合法性的方式解决行政争议的活动。

③ 畜牧兽医行政诉讼是人民法院按司法程序解决畜牧兽医特定范围内的行政争议活动。

④ 畜牧兽医行政诉讼中的当事人具有恒定性，原告只能是作为畜牧兽医行政管理相对人的公民、法人或其他组织，即畜牧兽医行政行为作用的对象；被告只能是畜牧兽医行政管理活动中实施具体行政行为的畜牧兽医行政主体，或者法律、法规授权以及畜牧兽医行政主体委托可以实施行政行为的组织。

⑤ 畜牧兽医行政诉讼的根本目的是通过司法权对行政权的监督，确保畜牧兽医行政机关依法行政，保障管理相对人的合法权益。

因畜牧兽医行政具有较强的专业性、技术性，当畜牧兽医行政争议直接诉至法院时，不利于争议的及时解决，部分畜牧兽医行政复议和畜牧兽医行政诉讼采用复议前置的衔接原则，畜牧兽医行政复议是畜牧兽医行政诉讼的前提和基础，畜牧兽医行政诉讼是畜牧兽医行政复议的监督和保障。相对人不服具体行政行为，需先行申请行政复议，不服复议裁判，方能向人民法院提起行政诉讼。

2. 畜牧兽医行政诉讼的基本原则

畜牧兽医行政诉讼应遵循的基本原则分为一般原则和特有原则。

（1）畜牧兽医行政诉讼的一般原则

① 人民法院依法独立审判原则，不受行政机关、社会团体和个人的干涉。

② 以事实为根据，以法律为准绳原则。

③ 当事人在行政诉讼中的法律地位平等原则。

④ 对具体行政行为合法性审查原则。

⑤ 使用本民族语言文字进行诉讼原则。

⑥ 辩论原则。

⑦ 合议、回避、公开审判和两审终审原则。

⑧ 人民检察院有权对行政诉讼实行法律监督原则。

（2）畜牧兽医行政诉讼的特有原则

① 人民法院特定主管原则。

② 被告对做出的具体行政行为负有举证责任原则。

③ 不停止具体行政行为执行的原则。

④ 不适用调解原则。

⑤ 司法变更权有限原则。

3. 畜牧兽医行政诉讼受案范围

行政诉讼受案范围决定着司法机关对畜牧兽医行政主体行为的监督范围，同时也决定着受到行政主体侵害的管理相对人组织诉讼的范围，决定着行政终局裁决权的范围。根据《中华人民共和国行政诉讼法》和畜牧兽医行政诉讼自身的特点，受案范围可分为两大类。

（1）**公民、法人或者其他组织认为畜牧兽医行政机关及其工作人员的具体行政行为侵犯其合法权益，对畜牧兽医具体行政行为不服提起诉讼的**

① 对拘留、罚款、吊销许可证和执照、责令停产停业、没收财物等行政处罚不服的。

② 对限制人身自由或者对财产的查封、扣押、冻结等行政强制措施不服的，包括封存留验、隔离、扑杀、销毁、无害化处理、强制扣缴、强制征收、强行封锁疫区等临时性强制手段。

③ 认为畜牧兽医行政主体侵犯法律规定的经营自主权的。

④ 认为符合法定条件申请畜牧兽医行政主体颁发许可证和执照，畜牧兽医行政主体拒绝或拖延颁发有关证照或者不予答复的。

⑤ 申请畜牧兽医行政主体保护人身权、财产权的法定职责，畜牧兽医行政主体拒绝履行或者不予答复的。

⑥ 认为畜牧兽医行政主体违法要求履行义务的。

⑦ 畜牧兽医行政主体拒绝履行职责的。

⑧ 畜牧兽医行政主体侵犯其他人身权和财产权的。

（2）**公民、法人或者其他组织对下列事项提起的诉讼，人民法院不予受理**

① 行政法规、规章或者畜牧兽医行政主体制定、发布的具普遍约束力的决定、命令。

② 畜牧兽医行政主体对行政工作人员的奖惩、任免等决定。

③ 法律、法规规定由畜牧兽医行政主体最终裁决的具体行政行为。

④ 法律、法规规定的其他不属行政诉讼的受案范围。如：不具有强制力的行政指导行为；驳回当事人对行政行为提起申诉的重复处理行为；对行政相对方权利不产生实际影响的行为。

4. 畜牧兽医行政诉讼起诉与受理

（1）畜牧兽医行政诉讼的起诉

① 根据《中华人民共和国行政诉讼法》的规定，提起畜牧兽医行政诉讼应符合以下条件。

a. 原告是认为畜牧兽医行政主体及其工作人员的具体行政行为侵犯其合法权益的管理相对人。

b. 有明确的作为被告的畜牧兽医行政主体。

c. 有具体的诉讼请求和事实依据。

d. 属于人民法院受理畜牧兽医案件的范围和受诉人民法院管辖。

e. 在法定的诉讼时效内直接向人民法院起诉的，应当在知道做出具体行政行为之日起三个月内提出（法律另有规定的除外）。法律、法规规定应当先向行政复议机关申请复议，对行政复议决定不服的，可以在收到复议决定书之日起15日内向人民法院提起诉讼，复议机关逾期不做决定的，申请人可以在复议期满之日起15日内，依法向人民法院提起行政诉讼。因不可抗力或者其他特殊情况耽误法定期限的，可在障碍消除后的10日内，申请延长期限。

② 起诉方式　以书面方式向法院起诉必须递交起诉状，原告书写起诉状确有困难的，也可以用口头方式向人民法院起诉，由人民法院记入笔录。起诉状应包括原告基本情况，具体的诉讼请求，起诉的事实依据、理由及证人，起诉日期及起诉人签名或盖章等内容。

（2）畜牧兽医行政诉讼的受理　人民法院接到起诉状，根据法定起诉条件对起诉状进行书面审查，应当在 7 日内立案或者做出裁定不予受理，及时通知原告。原告对裁定不服的，可以提起上诉。

第三节　行政损害赔偿

畜牧兽医行政损害赔偿也叫畜牧兽医行政侵权赔偿责任，是指畜牧兽医行政主体及其工作人员在行使国家行政职权、执行公务、履行义务的过程中，因其行政行为侵犯了行政管理相对人的合法权益，并对其造成损害所依法承担的赔偿责任。

畜牧兽医行政损害赔偿是一种重要的保护民事权利的手段，对于义务人来说，它是一种重要的承担民事责任的方式，其具有补偿、制裁、附带等性质，畜牧兽医行政损害赔偿适用对等原则、不收费原则、不征税原则。

畜牧兽医行政损害赔偿的构成，具有以下的条件。

① 必须是畜牧兽医行政主体及其工作人员的行政行为，而且违法行政行为与损害后果之间有因果关系。

② 必须是畜牧兽医行政主体及其工作人员行使行政职权的具体行政行为。畜牧兽医行政主体必须是在自己的职权范围内行使国家行政职权的行政行为。畜牧兽医行政工作人员与行使职权无关的个人行为不构成行政损害赔偿责任。

③ 必须是畜牧兽医行政主体及其工作人员违法行使职权的行为，公民、法人和其他组织的财产权利及公民的人身自由是由于行政机关工作人员的违法行为受到侵害的，才可以请求国家赔偿，这是国家赔偿的一个原则问题。国家赔偿必须以行政机关工作人员行使行政职权的违法为先决条件。

④ 必须有损害结果的发生。畜牧兽医行政主体及其工作人员违法行使行政职权，造成了行政管理相对人的人身自由或生命权、健康权、身体权等权利的损害事实，畜牧兽医行政主体及其工作人员在致害的行为中须有过失。如果是因公民、法人和其他组织自己的行为致使，不构成行政赔偿责任。

一、畜牧兽医行政损害赔偿范围

第一，畜牧兽医行政主体及其工作人员在行使行政职权时，有下列侵犯人身权、财产权情形之一的，受害人有取得赔偿的权利。

① 侵犯人身权、财产权的行政处罚行为：违法拘留、违法罚款、吊销许可证和执照、责令停产停业、没收财物。

② 违法采取限制人身权的行政强制措施：收容审查、收容教养、扣留、违法嫌疑人、隔离治疗、强制传唤、强制带离现场、遣送出境等。

③ 违法对财产采取查封、扣押、冻结等行政强制措施的行为。

④ 非法拘禁、非法扣留、绑架、强制禁闭等或者以其他方法非法剥夺公民人身自由的行为。

⑤ 殴打或唆使殴打等暴力行为。

⑥ 违法使用武器、警械造成公民身体伤害或者死亡的行为。

⑦ 违反国家规定征收财物、摊派费用的行为。

⑧ 造成人身权、财产权损害的其他违法行为。

第二，畜牧兽医行政主体及其工作人员在行使行政职权时，有下列情形之一的，国家不承担赔偿责任。

① 畜牧兽医行政工作人员行使与职权无关的个人行为。

② 因公民、法人和其他组织自己的行为致使损害发生的。

③ 畜牧兽医行政主体的国家行为、抽象行政行为、内部行政行为、自由裁量行政行为。

④ 法律规定的其他情形，如不可抗力。

畜牧兽医行政损害赔偿范围受侵权行为主体、行政侵权行为、损害事实、因果关系等因素的影响，在规定畜牧兽医行政损害赔偿范围时应遵循：充分保护公民、法人和其他组织的合法权益；促进行政机关及其工作人员依法行政；同国家财政实力相适应；行政效率与权利保障一致，兼顾国家法制环境和立法趋势等原则。

二、赔偿请求人和赔偿义务机关

行政赔偿请求人是指合法权益因行政管理活动中侵权行为的侵害而受到损害，依法有权向国家请求行政赔偿的人，既可能是公民，也可能是法人或者其他组织。畜牧兽医行政赔偿请求人具有以下特征。

① 畜牧兽医行政赔偿请求人总是为畜牧兽医行政主体行政管理的相对人。

② 畜牧兽医行政赔偿请求人是其合法权益受到行政管理活动中的侵权行为损害的公民、法人或其他组织。其损害是具有现实性、确定性、可补偿性的损害事实。

③ 畜牧兽医行政赔偿请求人必须是以自己的名义请求赔偿的人。

④ 畜牧兽医行政赔偿请求人受赔偿义务机关或者人民法院赔偿决定以及人民法院就赔偿问题所作的判决或裁定的拘束。

⑤ 畜牧兽医行政赔偿请求人一般为公民、法人或其他组织。

1. 畜牧兽医行政赔偿请求人

① 受到行政侵权的公民、法人或者其他组织等管理相对人有权成为赔偿请求人。

② 受害公民死亡的，其继承人和其他有抚养关系的亲属有权成为赔偿请求人。

③ 受害的法人或者其他组织终止的，如被撤销、解散、合并、分立、取缔等，承受其权利的法人或者其他组织有权成为赔偿请求人。

④ 企业法人或者其他组织被畜牧兽医行政主体撤销、变更、兼并、注销，认为经营自主权受到侵害，有权成为赔偿请求人。

畜牧兽医行政赔偿请求人获取赔偿的途径：向赔偿义务机关要求赔偿，行政复议解决，行政诉讼解决，行政赔偿诉讼解决。

2. 赔偿义务机关

① 畜牧兽医行政机关及其工作人员行使行政职权时，侵犯畜牧兽医行政管理相对人的合法权益的，该行政机关为赔偿义务机关。

② 法律、法规、规章授权的组织在行使被授予的行政权力时，对畜牧兽医行政管理相对人的合法权益造成损害的，该组织为赔偿义务机关。

③ 受畜牧兽医行政机关委托的组织或者个人在行使受委托的职权时，对管理相对人的合法权益造成损害的，该委托行政机关为赔偿义务机关。

④ 两个以上的行政机关共同行使行政职权时侵犯管理相对人的合法权益，造成损害的。

共同行使行政职权的行政机关为共同赔偿义务机关。

⑤ 畜牧兽医行政机关实施侵权行为给管理相对人造成损害后，赔偿义务机关被撤销的，继续行使其职权的行政机关为赔偿义务机关；没有继续行使其职权的行政机关的，撤销该行政机关的机关为赔偿义务机关。

⑥ 行政机关组建并被赋予行政管理职能且具有独立承担法律责任能力的机构，以自己的名义行使职权时侵犯管理相对人合法权益的，以该机构为赔偿义务机关。不具有独立承担法律责任能力的，由组建该机构的行政机关为赔偿义务机关。

⑦ 经过畜牧兽医行政复议机关复议的，最初造成侵权行为的行政机关为赔偿义务机关，复议决定加重损害的，其行政复议机关仅就其加重部分履行赔偿义务。

赔偿义务机关应根据方便受害人求偿、考虑具体国情、有利于对侵权行为主体的监督等原则办理赔偿事务、履行赔偿职责。赔偿义务机关的权利与义务如下。

① 及时受理和处理赔偿请求（请求国家赔偿的时效为两年）。

② 参加行政复议和行政赔偿诉讼。在行政复议过程中赔偿义务机关以被申请人的名义参加，在行政诉讼中赔偿义务机关以行政诉讼被告的身份出现，行使相应的权利和履行相应的义务。

③ 及时充分地履行赔偿义务。办理赔偿费用交付事宜、返还财产和恢复原状等。

④ 依法办理追偿事务。

三、行政赔偿程序

根据《中华人民共和国国家赔偿法》和《中华人民共和国行政诉讼法》的规定，我国行政赔偿程序分为两种途径：一种是受害人单独就赔偿问题向行政机关以及人民法院提出；另一种是受害人在行政复议、行政诉讼中一并提出。可根据受到的不同损害，同时提出数项赔偿要求。

1. 行政赔偿请求的提出

（1）行政赔偿请求提出的要件 请求人必须具有行政赔偿请求权；必须有明确的行政赔偿义务机关；必须在法定时效内提出行政赔偿请求；所提出的行政赔偿请求必须是在法律规定的赔偿范围内，或者说必须在《中华人民共和国国家赔偿法》明确规定的行政赔偿范围之内。

（2）行政赔偿的请求方式

① 应当书面进行。

② 如果赔偿请求人书写确有困难的可以委托他人代书，本人签名或盖章，以示申请是本人的真实意思表示。

③ 如果行政赔偿请求人委托他人代书亦有不便，也可以口头申请，由赔偿义务机关将其口头申请记入笔录，经赔偿请求人确认无误，由请求人签字、盖章，该笔录则与正式申请书的效力相同。

（3）申请书应当载明下列事项

① 受害人的姓名、性别、年龄、工作单位和住所，法人或其他组织的名称、住所，法定代表人或主要负责人的姓名、职务。如果有代理人的，应写明代理人的姓名、性别、年龄、职业、住所或居所。

② 具体的诉讼请求、事实根据和理由。

③ 申请的年、月、日。

（4）单独提出行政赔偿请求 应当首先向行政赔偿义务机关提出，在赔偿义务机关不予赔偿或赔偿请求人对赔偿数额有异议时，赔偿请求人才可以依法向人民法院提起行政赔偿诉讼。

（5）赔偿请求人在申请行政复议或提起行政诉讼时一并提出赔偿请求

2. 行政赔偿义务机关的审查与受理

行政赔偿义务机关应当自收到申请书之后，对赔偿申请进行审查，主要审查内容如下：

① 公民、法人或者其他组织是否遭受实际损害。

② 申请书的形式和内容是否符合要求。

③ 是否符合要求赔偿的条件，申请赔偿之损害是否在《中华人民共和国国家赔偿法》所规定的赔偿范围之内。

④ 公民、法人或其他组织所受到的损害与已确认的违法行为有无因果关系，是否应由本机关予以赔偿。

⑤ 赔偿请求是否已过时效，请求赔偿的有关材料是否齐全。

⑥ 赔偿请求人自己是否具有过错，是否存在第三人的过错。

如果审查发现：申请书内容、形式有缺漏，应告知申请人予以补正；如果申请人不具有请求权，应告知要由有请求权的人来申请；申请人已丧失申请权利的，应告知其不予受理的原因。如果审查认为符合赔偿申请的，应通知请求人，依照《中华人民共和国国家赔偿法》提出赔偿方式、赔偿数额、计算数额的依据和理由、履行期限等赔偿方案，并在两个月内做出处理决定。有下列情形之一的，赔偿请求人可以自期间届满之日起三个月内向人民法院提起诉讼：赔偿义务机关对赔偿申请不予理睬；赔偿义务机关提出了赔偿方案，却不予实施的；赔偿请求人对赔偿方案有异议的，包括赔偿方式、赔偿数额、计算数额的依据和理由、履行期限等。

3. 行政赔偿的执行

赔偿义务机关执行赔偿处理决定，对应予赔偿的案件，赔偿义务机关应当自收到申请之日起两个月内给予赔偿，由赔偿义务机关的财务部门在法定期限内按有关规定办理支付手续；返还财产或恢复原状的，由原办案机构负责办理；逾期不予赔偿或者赔偿请求人对赔偿数额有异议的，赔偿请求人可以自期间届满之日起三十日内向其上一级机关申请复议。我国相关法律规定，对发生法律效力的行政赔偿裁决或调解协议，一方拒绝履行的，另一方可向第一审人民法院申请执行。申请人是公民其申请执行期限一年；申请人是法人或其他组织其申请执行期限为六个月。申请执行要在上述期限内申请，否则法院将不予执行。

第四节 赔偿程序及标准

一、赔偿程序

1. 确认赔偿程序

确认赔偿程序是一种不以赔偿请求人提出赔偿请求为前提的赔偿，《中华人民共和国国家赔偿法》第九条第一款规定："赔偿义务机关对依法确认有本法第三条、第四条规定的情形之一的，应当给予赔偿"。

2. 请求赔偿程序

行政赔偿程序实行前置程序，以赔偿请求人提出赔偿请求为前提，应当首先向行政赔偿义务机关提出行政赔偿申请，行政赔偿义务机关两个月内做出处理决定。当赔偿义务机关不予赔偿或赔偿请求人对赔偿数额有异议时，在规定的期限内，赔偿请求人可以向上级机关申请复议或直接向人民法院提起行政赔偿诉讼。

3. 行政复议和行政诉讼赔偿程序

根据我国《中华人民共和国行政复议法》《中华人民共和国行政诉讼法》和《中华人民共和国国家赔偿法》的有关规定，赔偿请求人可以在申请行政复议和提起行政诉讼时，将损害赔偿作为复议和诉讼请求之一提出。复议机关应当自收到申请之日起两个月内做出决定，赔偿请求人不服复议决定的，可以在收到复议决定之日起三十日内向复议机关所在地的同级人民法院赔偿委员会申请做出赔偿决定；复议机关逾期不做决定的，赔偿请求人可以自期间届满之日起三十日内向复议机关所在地的同级人民法院赔偿委员会申请做出赔偿决定。赔偿请求人向赔偿义务机关请求赔偿，赔偿义务机关逾期不予赔偿或赔偿请求人对赔偿数额有异议的，赔偿请求人可自期间届满之日起三个月内向人民法院起诉，由人民法院依法做出判决。

4. 内部追偿程序

根据有关法律和法规规定，行政赔偿的费用列入各级财政预算，由国家承担。赔偿义务机关赔偿损失后，应当责令有故意或者重大过失的工作人员或者受委托的组织或者个人承担部分或者全部赔偿费用。对有故意或者重大过失的责任人员，有关机关应当依法给予行政处分；构成犯罪的，应当依法追究刑事责任。

中级以上的人民法院设立赔偿委员会，由人民法院三名至七名审判员组成。赔偿委员会做赔偿决定，实行少数服从多数的原则。赔偿委员会做出的赔偿决定，是发生法律效力的决定，必须执行。

二、赔偿方式及赔偿标准

1. 赔偿方式

① 国家承担赔偿责任的主要方式是支付赔偿金，但不是优先方式，凡损害不能恢复原状和返还财产的，均进行金钱赔偿。

② 国家承担赔偿责任的辅助方式是返还财产，凡行政侵权涉及相对人财产，且相应财产存在，则返还财产。主要适用于因赔偿义务机关违法罚款、集资、没收财物、征收财物、摊派费用等情形。

③ 恢复原状主要适用于违法对财产进行查封、扣押、冻结的，应解除对财产的查封、扣押、冻结；对财产的损害能够修复的，进行修复。

国家赔偿主要原则是以支付赔偿金为主要方式，以返还财产、恢复原状为辅助方式，以消除影响、恢复名誉、赔礼道歉等方式承担行政侵权责任。

阅读资料：

强制免疫造成动物应激死亡的是否给予补偿？

因依法实施强制免疫造成动物应激死亡的，给予补偿。具体补偿标准和办法由国务院财政部门会同有关部门制定。

2. 赔偿标准

行政赔偿标准是计算行政赔偿金额的准则和尺度，而赔偿标准的确定遵照惩罚性原则、补偿性原则、慰抚性原则、过错相抵原则、损益相抵原则等。

（1）限制人身自由的赔偿标准 侵犯公民人身自由的，每日的赔偿金按照国家上年度日平均工资计算。

（2）侵犯公民生命健康权的赔偿标准 赔偿金按照下列规定计算。

① 造成身体伤害的，应当支付医疗费，以及赔偿因误工减少的收入。减少收入每日赔偿金按照国家上年度职工日平均工资计算，最高额为国家上年度职工年平均工资的5倍。

② 造成部分或者全部丧失劳动能力的，应当支付医疗费以及残疾赔偿金，残疾赔偿金根据丧失劳动能力的程度确定，部分丧失劳动能力的最高额为国家上年度职工年平均工资的10倍，全部丧失劳动能力的为国家上年度职工年平均工资的20倍。造成全部丧失劳动能力的，对其抚养的无劳动能力的人，还应当支付生活费。

③ 造成死亡的，应当支付死亡赔偿金、丧葬费，总额为国家上年度职工年平均工资的20倍。对死者生前抚养的无劳动能力的人，还应当支付生活费。

对造成公民全部丧失劳动能力或者造成公民死亡的，对其抚养或生前抚养的无劳动能力的人，应当支付的生活费的发放标准参照当地民政部门有关生活救济的规定办理。被抚养的人是未成年人的，生活费给付至18周岁止；其他无劳动能力的人，生活费给付至死亡时止。

（3）侵犯财产权的赔偿标准

① 处罚款、罚金、追缴、没收财产或者违反国家规定征收财物、摊派费用的赔偿。这种侵犯财产权的赔偿方式为返还财产，但返还财产只返还原属受害人的财产，不支付利息及其他孳息。

② 查封、扣押、冻结财产的赔偿

a. 没有造成财产损坏或者灭失的，解除对该财产的查封、扣押、冻结。

b. 查封、扣押、冻结的财产损坏的，能够恢复原状的恢复原状，不能恢复原状的，按照损害程度给付相应的赔偿金。

c. 查封、扣押、冻结的财产灭失的，给付相应的赔偿金。

③ 财产已经拍卖的，给付拍卖所得的价款。

④ 吊销许可证和执照、责令停产停业的，赔偿停产停业期间必要的经常性费用开支，对于其可能获得收益或者营业利润的国家则不予赔偿。

⑤ 对财产权造成其他损害的，按照直接损失给予赔偿。

三、其他规定

① 根据《中华人民共和国国家赔偿法》的规定，赔偿请求人要求国家赔偿的，赔偿义务机关、复议机关和人民法院不得向赔偿请求人收取任何费用。同时，对赔偿请求人取得的赔偿金，国家不予征税。赔偿费用列入各级财政预算。

② 赔偿请求人请求国家赔偿的时效为两年，自国家机关及其工作人员行使职权时的行为被依法确认为违法之日起计算，但被羁押期间不计算在内。赔偿请求人在赔偿请求时效的最后六个月内，因不可抗力或者其他障碍不能行使请求权的，时效中止。从中止时效的原因消除之日起，赔偿请求时效期间继续计算。

③ 我国行政损害赔偿采用的是违法归责原则，即以职务违法行为为归责的根本标准。归责原则是行政损害赔偿概念的核心，违法原则是指国家机关及其工作人员在执行职务中，违反法律造成他人权益损害的，国家承担赔偿责任，即以行为违法为归责标准，而不论行为人有无过错。"有权力必有救济，有侵害必有赔偿"，它直接影响赔偿范围、赔偿程序等。

 **复习思考题**

1. 简述畜牧兽医行政司法的原则及特征。

2. 试述畜牧兽医行政国家赔偿的特点。

3. 如果畜牧兽医行政行为侵犯了公民的财产权，其赔偿标准如何确定？

4. 畜牧兽医行政复议的基本原则有哪些？申请畜牧兽医行政复议应当符合哪些条件？畜牧兽医行政复议决定的种类及其适用条件有哪些？

5. 讨论：被告人沈某、赵某、张某作为某市动物防疫检疫中心站的工作人员，违反职责，疏于职守，违反《中华人民共和国防疫法》和省有关规定，对出县境生猪应当检疫而未检疫，运输工具应当消毒而未消毒，且未进行盐酸克伦特罗（俗称"瘦肉精"）检测的情况下，违规出具《动物产地检疫合格证明》及《出县境动物检疫合格证明》《动物及动物产品运载工具消毒证明》《牲畜1号、5号病非疫区证明》（后三个证明，下称"三证"），致使3.8万头未经检测的生猪运往部分省市，其中部分生猪系使用"瘦肉精"饲养的生猪。

中级人民法院二审裁定认为，被告人沈某、赵某、张某身为动物防疫、检疫工作人员，不履行职责，导致大量未经检疫、消毒和"瘦肉精"检测的生猪流入市场，危害消费者身体健康，扰乱食品市场秩序，造成恶劣的社会影响，其行为均已构成玩忽职守罪，且属于"情节特别严重"。根据各被告人职责大小，所开证明涉及生猪数量，判处被告人沈某有期徒刑六年，判处被告人赵某有期徒刑五年，判处被告人张某有期徒刑五年。

案例分析

【案情介绍一】

2012年7月2日，某县饲料管理办公室接到举报，称李某销售自行配制的饲料添加剂混合物。7月17日，经县饲料管理办公室分管领导批准，决定对该案立案调查。7月18日，执法人员到现场进行检查，询问了李某，依法对李某销售自行配制的饲料添加剂混合物进行异地登记保存，并制作了《证据登记保存清单》。经查，李某于6月12日起销售自行配制饲料添加剂混合物，共获得销售收入2200元。7月20日，县饲料管理办公室发出《违法行为处理通知书》，根据《饲料和饲料添加剂管理条例》，拟对李某给予罚款3000元的行政处罚。7月21日，李某对该县饲料管理办公室拟作出的处罚决定提出了陈述和申辩。7月23日，鉴于李某违法事实的情节较轻，并积极主动纠正自己的违法行为，县饲料管理办公室依法作出了从轻处罚的决定。

【案例评析】

本案主要涉及一般处罚程序中应该先立案后调查的问题。

立案是一般处罚程序开始或启动的标志，立案只能在案件调查开始之前，而不能在案件调查结束后弥补。本案某县饲料管理办公室接到举报后，先立案后调查取证的做法是适当的。

【案情介绍二】

2011年3月，某市某区动物卫生监督所在当地市场上例行检查时，查获了一批从临县运输进来的生猪，发现猪的耳标和出具检疫证明的地点不符，并且检疫证明号码都连着，使用时间的先后顺序还颠倒着，遂对韩某依法给予处罚，同时向检疫证明出具地的畜牧兽医局进行了通报。经畜牧兽医局组织排查，很快发现涉案检疫证明全为当地畜牧兽医局卫生监督所所长魏某、动物检疫员赵某经手发放，至此案情真相大白。

原来，2011年3月，魏某以1000元的价格将空白的《出县境动物检疫合格证明》和《动物及动物产品运载工具消毒证明》各50份卖给了运猪户韩某。此后，魏某在没有依法到场检疫、未对运载工具进行装前消毒并监督装载的情况下，伪造检疫结果存根并交回本局。而韩某每次运输生猪都使用魏某卖给的《出县境动物检疫合格证明》和《动物及动物产品运载工具消毒证明》，猪头数量、检疫结果等内容都是其自己填写的，从未经过检疫，截至案发前共用了各15份，运输生猪约800多头，剩余空白的《出县境动物检疫合格证明》和《动物及动物产品运载工具消毒证明》在案发后被全部收缴。

【案例评析】

法院审理认为，魏某、赵某身为动物检疫机关的检疫人员，为谋私利，违规出卖动物检疫合格证明，伪造检疫结果存根，他们的行为均构成了动植物检疫徇私舞弊罪，以动植物检疫徇私舞弊罪判处被告人魏某有期徒刑一年、缓刑两年执行，被告人赵某有期徒刑六个月、缓刑一年执行。

第四章 动物防疫管理

 思政与职业素养目标

动物疫病对畜牧业是灾难性的，对于公共卫生安全也是重大威胁，养殖人员日常工作中必须具有高度的责任心，防疫人员应严格职业操守，防微杜渐，强化监督管理，从源头把牢疫病关。

学习目标

1. 掌握在动物疫病的预防、控制和扑灭及动物和动物产品检疫和动物诊疗方面相关的法律规定。

2. 理解国家实施官方兽医、执业兽医、无规定动物疫病区等制度的意义。

3. 掌握动物防疫管理的具体措施。

第一节 动物疫病的预防

做好动物疫病的预防，既是有效提高疫病防治效果，最大限度减少疫病发生流行的重要手段，也是有效降低生产成本，提高畜牧业经济效益的重要措施。

一、动物疫病的分类

根据动物疫病对养殖业生产和人体健康的危害程度，《中华人民共和国动物防疫法》规定的动物疫病分为下列三类：

一类疫病，是指口蹄疫、非洲猪瘟、高致病性禽流感等对人、动物构成特别严重危害，可能造成重大经济损失和社会影响，需要采取紧急、严厉的强制预防、控制等措施的。

二类疫病，是指狂犬病、布鲁氏菌病、草鱼出血病等对人、动物构成严重危害，可能造成较大经济损失和社会影响，需要采取严格预防、控制等措施的。

三类疫病，是指大肠杆菌病、禽结核病、鳖腮腺炎病等常见多发，对人、动物构成危害，可能造成一定程度的经济损失和社会影响，需要及时预防、控制的。

《中华人民共和国动物防疫法》同时规定："前款一、二、三类动物疫病具体病种名录由国务院农业农村主管部门制定并公布。国务院农业农村主管部门应当根据动物疫病发生、流行情况和危害程度，及时增加、减少或者调整一、二、三类动物疫病具体病种并予以公布。"

二、国家在动物防疫中的重要举措

1. 实行动物疫病风险评估制度

实行动物疫病风险评估是提高动物防疫科学性的重要措施。《国际动物卫生法典》要求各成员国在制定和实施动物卫生措施时，应用动物疫病风险评估，提高动物卫生措施的科学性。《中华人民共和国动物防疫法》第十五条规定："国家建立动物疫病风险评估制度。国务院农业农村主管部门根据国内外动物疫情以及保护养殖业生产和人体健康的需要，及时会同国务院卫生健康等有关部门对动物疫病进行风险评估，并制定、公布动物疫病预防、控制、净化、消灭措施和技术规范。"

阅读资料：

一类动物疫病（17）种

口蹄疫、猪水疱病、猪瘟、非洲猪瘟、高致病性猪蓝耳病、非洲马瘟、牛瘟、牛传染性胸膜肺炎、牛海绵状脑病、痒病、蓝舌病、小反刍兽疫、绵羊痘和山羊痘、高致病性禽流感、新城疫、鲤春病毒血症、白斑综合征。

二类动物疫病（77种）

多种动物共患病（9种）：狂犬病、布鲁氏菌病、炭疽、伪狂犬病、魏氏梭菌病、副结核病、弓形虫病、棘球蚴病、钩端螺旋体病。

牛病（8种）：牛结核病、牛传染性鼻气管炎、牛恶性卡他热、牛白血病、牛出血性败血病、牛梨形虫病（牛焦虫病）、牛锥虫病、日本血吸虫病。

绵羊和山羊病（2种）：山羊关节炎脑炎、梅迪-维斯纳病。

猪病（12种）：猪繁殖与呼吸综合征（经典猪蓝耳病）、猪乙型脑炎、猪细小病毒病、猪丹毒、猪肺疫、猪链球菌病、猪传染性萎缩性鼻炎、猪支原体肺炎、旋毛虫病、猪囊尾蚴病、猪圆环病毒病、副猪嗜血杆菌病。

马病（5种）：马传染性贫血、马流行性淋巴管炎、马鼻疽、马巴贝斯虫病、伊氏锥虫病。

禽病（18种）：鸡传染性喉气管炎、鸡传染性支气管炎、传染性法氏囊病、马立克氏病、产蛋下降综合征、禽白血病、禽痘、鸭瘟、鸭病毒性肝炎、鸭浆膜炎、小鹅瘟、禽霍乱、鸡白痢、禽伤寒、鸡败血支原体感染、鸡球虫病、低致病性禽流感、禽网状内皮组织增殖症。

兔病（4种）：兔病毒性出血病、兔黏液瘤病、野兔热、兔球虫病。

蜜蜂病（2种）：美洲幼虫腐臭病、欧洲幼虫腐臭病。

鱼类病（11种）：草鱼出血病、传染性脾肾坏死病、锦鲤疱疹病毒病、刺激隐核虫病、淡水鱼细菌性败血症、病毒性神经坏死病、流行性造血器官坏死病、斑点叉尾鮰病毒病、传染性造血器官坏死病、病毒性出血性败血症、流行性溃疡综合征。

甲壳类病（6种）：桃拉综合征、黄头病、罗氏沼虾白尾病、对虾杆状病毒病、传染性皮下和造血器官坏死病、传染性肌肉坏死病。

三类动物疫病（63种）

略。

2. 完善强制免疫制度

《中华人民共和国动物防疫法》第十八条明确规定："县级以上地方人民政府农业农村主管部门负责组织实施动物疫病强制免疫计划，并对饲养动物的单位和个人履行强制免疫义务的情况进行监督检查。乡级人民政府、街道办事处组织本辖区饲养动物的单位和个人做好强制免疫，协助做好监督检查；村民委员会、居民委员会协助做好相关工作。县级以上地方人民政府农业农村主管部门应当定期对本行政区域的强制免疫计划实施情况和效果进行评估，并向社会公布评估结果。"

饲养动物的单位和个人应当依法履行动物疫病强制免疫义务，按照兽医主管部门的要求做好强制免疫工作。违反本法规定的，应按照有关规定做好动物疫病强制免疫、预防工作。否则，动物卫生监督机构将依法追究其法律责任。

经强制免疫的动物，应当按照国务院兽医主管部门的规定建立免疫档案，加施畜禽标识，实施可追溯管理。有关单位和个人对经强制免疫的动物，都应当建立免疫档案，以便对动物及动物产品实施可追溯管理。按照该管理办法规定，县级动物疫病预防控制机构应当建立畜禽防疫档案。

3. 强化对疫情的监测和预警制度

建立疫情预警制度，明确规定县级以上人民政府应当建立健全动物疫情监测网络，兽医技术机构对动物疫病的发生、流行情况进行监测；省级以上兽医主管部门根据预测及时发出动物疫情预警；接到预警的地方各级人民政府要采取相应的预防控制措施。

4. 建立无规定动物疫病区制度

我国吸收其他国家成功经验，明确对动物疫病实行区域化管理，逐步建立无规定动物疫病区。无规定动物疫病区建设，对消灭重要动物传染病，促进畜产品出口发挥着重要作用。

> **阅读资料：**
>
> 　　无规定动物疫病区是指具有天然屏障或者采取人工措施，在一定期限内没有发生规定的一种或者几种动物疫病，并经国家评估合格的特定区域。输入到无规定动物疫病区的动物、动物产品，要按照规定经检疫合格，方能进入该地区。建设无规定动物疫病区，有利于在我国分区域有计划地根除主要的动物疫病，有利于促进动物产品国际贸易，有利于我国畜牧业健康、稳定、可持续发展。

目前，已经建成四川盆地、松辽平原、海南岛、胶东半岛、辽东半岛等五片无规定动物疫病示范区，示范区内对动物疫病的防控能力明显加强，重大动物疫病得到有效控制，动物产品出口创汇能力明显增强。无规定动物疫病示范区建立健全了重大动物疫病防控体系，重大动物疫病得到有效控制，动物死亡率与项目建设前相比平均下降了5个百分点。目前，我国建成的5片6省无规定动物疫病示范区的动物产品出口已占全国动物产品出口份额的一半以上。

三、动物防疫规定

（1）对动物饲养场（养殖小区）和隔离场所，动物屠宰加工场所，以及动物和动物产品无害化处理场所的防疫条件的要求如下

① 场所的位置与居民生活区、生活饮用水源地、学校、医院等公共场所的距离符合国务院兽医主管部门规定的标准。

② 生产区封闭隔离，工程设计和工艺流程符合动物防疫要求。

③ 有相应的污水、污物、病死动物、染疫动物产品的无害化处理设施设备和清洗消毒设施设备。

④ 有为其服务的动物防疫技术人员。

⑤ 有完善的动物防疫制度。

⑥ 具备国务院兽医主管部门规定的其他动物防疫条件。

（2）兴办动物饲养场（养殖小区）和隔离场所，动物屠宰加工场所，以及动物和动物产品无害化处理场所的要求　应当向县级以上地方人民政府兽医主管部门提出申请，并附具相关材料。受理申请的兽医主管部门应当依照《中华人民共和国动物防疫法》和《中华人民共和国行政许可法》的规定进行审查。经审查合格的，发给动物防疫条件合格证；不合格的，应当通知申请人并说明理由。需要办理工商登记的，申请人凭动物防疫条件合格证向工商行政管理部门申请办理登记注册手续。动物防疫条件合格证应当载明申请人的名称、场（厂）址等事项。经营动物、动物产品的集贸市场应当具备国务院兽医主管部门规定的动物防疫条件，并接受动物卫生监督机构的监督检查。

（3）采集、保存、运输动物病料或者病原微生物以及从事病原微生物研究、教学、检测、诊断等活动的，应当遵守国家有关病原微生物实验室管理的规定

① 按照《病原微生物实验室生物安全管理条例》的规定，国家对病原微生物实行分类管理，对实验室实行分级管理。

② 采集病原微生物样本应当具备下列条件：

a. 具有与采集病原微生物样本所需要的生物安全防护水平相适应的设备。

b. 具有掌握相关专业知识和操作技能的工作人员。

c. 具有有效地防止病原微生物扩散和感染的措施。

d. 具有保证病原微生物样本质量的技术方法和手段。

③ 运输高致病性病原微生物菌（毒）种或者样本，应当通过陆路运输；没有陆路通道，必须经水路运输的，可以通过水路运输；紧急情况下或者需要将高致病性病原微生物菌（毒）种或者样本运往国外的，可以通过民用航空运输。

（4）禁止经营的动物、动物产品

① 封锁疫区内与所发生动物疫病有关的。

② 疫区内易感染的。

③ 依法应当检疫而未经检疫或者检疫不合格的。

④ 染疫或者疑似染疫的。

⑤ 病死或者死因不明的。

⑥ 其他不符合国务院兽医主管部门有关动物防疫规定的。

（5）患有人畜共患传染病的人员不得直接从事动物诊疗以及易感染动物的饲养、屠宰、经营、隔离、运输等活动

第二节　动物疫病的控制和扑灭

动物疫病的控制是指当疫病发生后，对其采取相应的措施，把疫病局限在一定的范围内，使之不再继续扩大流行。

动物疫病的扑灭是指在疫病控制的基础上，采取相应的措施，使发病的范围、数量逐渐减少，最终使疫情完全停止，并尽可能使发病地区不再存在病原，或打破流行环节，使疫病无重新发生的可能。

一、疫情报告

1. 疫情报告的主体

从事动物疫情监测、检验检疫、疫病研究与诊疗以及动物饲养、屠宰、经营、隔离、运输等活动的单位和个人，发现动物染疫或者疑似染疫的，应当立即向当地兽医主管部门、动物卫生监督机构或者动物疫病预防控制机构报告，并采取隔离等控制措施，防止动物疫情扩散。其他单位和个人发现动物染疫或者疑似染疫的，应当及时报告。

2. 动物疫情的认定

动物疫情由县级以上人民政府兽医主管部门认定，其中重大动物疫情由省、自治区、直辖市人民政府兽医主管部门认定，必要时报国务院兽医主管部门认定。

3. 动物疫情的通报

国务院兽医主管部门应当及时向国务院有关部门和军队有关部门以及省、自治区、直辖市人民政府兽医主管部门通报重大动物疫情的发生和处理情况。发生人畜共患传染病的，县级以上人民政府兽医主管部门与同级卫生主管部门应当及时相互通报。国务院兽医主管部门应当依照我国缔结或者参加的条约、协定，及时向有关国际组织或者贸易方通报重大动物疫情的发生和处理情况。

4. 动物疫情的公布

国务院兽医主管部门负责向社会及时公布全国动物疫情，也可以根据需要授权省、自治区、直辖市人民政府兽医主管部门公布本行政区域内的动物疫情。其他单位和个人不得发布动物疫情。

二、各类疫病的控制、扑灭措施

1. 一类疫病的控制和扑灭

一类疫病是急性、烈性动物疫病，这类疫病传播迅速、危害较大，国际上也非常关注。因此，一经发现就应立即报告，以便采取措施，就地尽快扑灭。发生一类疫病时，当地县级以上地方人民政府兽医主管部门应当立即组织动物卫生监督机构、动物疫病预防控制机构的有关人员到现场，采集病料，划定疫点、疫区、受威胁区，调查疫源，并及时报请同级人民政府对疫区实行封锁，同级人民政府在接到封锁报请后，应当及时做出发布封锁令的决定，并报上级人民政府备案。兽医主管部门要以最快的方式将动物疫情等情况及时逐级上报国务院兽医主管部门，同时填写疫情报告单。报告单内容包括发病时间、地点、单位、流行范围、临床症状、发病种类、头数、传染来源、死亡情况和扑灭措施等。

《中华人民共和国动物防疫法》第三十八条规定了发生一类动物疫病后必须采取的措施，包括以下三点。

① 所在地县级以上地方人民政府农业农村主管部门应当立即派人到现场，划定疫点、疫区、受威胁区，调查疫源，及时报请本级人民政府对疫区实行封锁。疫区范围涉及两个以上行政区域的，由有关行政区域共同的上一级人民政府对疫区实行封锁，或者由各有关行政区域的上一级人民政府共同对疫区实行封锁。必要时，上级人民政府可以责成下级人民政府

对疫区实行封锁。

② 县级以上地方人民政府应当立即组织有关部门和单位采取封锁、隔离、扑杀、销毁、消毒、无害化处理、紧急免疫接种等强制性措施。

③ 在封锁期间，禁止染疫、疑似染疫和易感染的动物、动物产品流出疫区，禁止非疫区的易感染动物进入疫区，并根据需要对出入疫区的人员、运输工具及有关物品采取消毒和其他限制性措施。

2. 二类疫病的控制和扑灭

二类疫病的确诊定性由县级以上农业农村主管部门指定的单位负责。发生二类动物疫病时，当地县级以上地方人民政府农业农村主管部门应当立即组织有关人员到现场了解疫情，划定疫点、疫区、受威胁区。及时报请同级人民政府，制定出动物疫情的控制、扑灭措施。县级以上地方人民政府应当组织农业农村主管部门、公安部门、卫生部门及有关单位对疫点、疫区的染疫动物及同群动物，根据疑似染疫动物、易感染动物发病程度、流行状况、经济损失的大小，可视情况采取隔离，扑杀，销毁，紧急预防接种，限制易感动物及其动物产品和有关物品移动，对有关场所进行清理消毒等控制、扑灭措施，以减少发病，控制流行，减少经济损失，保护养殖业生产的发展。

3. 三类疫病的控制和扑灭

三类动物疫病由县级以上人民政府农业农村主管部门规定的单位确认。其防制对策一般采用检疫净化方法加以控制。如鸡白痢、猪囊虫病、血吸虫病的防制。

发现三类动物疫病时，应当按照国务院农业农村主管部门的有关规定和所在地人民政府制定的动物疫病预防计划，由县级、乡级人民政府依靠自己的财力、物力有步骤地组织辖区内有关部门具体实施，进而达到对三类动物疫病控制和净化的目的。

阅读资料：

应急预备队应由哪些人员组成？

应由当地兽医行政管理人员、动物防疫工作人员、有关专家、执业兽医等组成。必要时，可以组织动员社会上有一定专业知识的人员参加。公安机关、中国人民武装警察部队应当依法协助其执行任务。

二类、三类动物疫病或者当地新的动物疫病呈暴发性流行时，由于疫病来势迅猛、扩散快、流行面广，对养殖业生产和人体健康的危害程度不亚于发生一类动物疫病，因此《中华人民共和国动物防疫法》规定：二类、三类动物疫病呈暴发性流行时（含当地发生新的动物疫病），采取发生一类疫病的处理措施。具体讲就是采取封锁、隔离、扑杀、销毁、消毒、紧急免疫接种等强制性控制、扑灭措施。

这里所称暴发性流行是指某种动物疫病在动物群体或者一定地区范围内，短时间内出现很多的病例。如不采取严厉措施加以控制、扑灭，疫情将迅速扩大、蔓延，就会造成重大的危害后果。

第三节　动物和动物产品检疫

动物、动物产品检疫是预防、控制、扑灭动物疫病的重要手段，也是动物防疫监督的重要内容之一。动物和动物产品的检疫是指为了预防、控制、扑灭动物疫病，防止动物疫病的传播，保护养殖业生产和人体健康，由法定机构和人员，依照法定检疫项目和方法，对动物、动物产品进行检查、定性和处理的一项带有强制性的技术行政措施。

按照《中华人民共和国动物防疫法》第四十八条规定："动物卫生监督机构依照本法和国务院农业农村主管部门的规定对动物、动物产品实施检疫。动物卫生监督机构的官方兽医具体实施动物、动物产品检疫。"

> **阅读资料：**
>
> 本法所称官方兽医是指具备规定的资格条件并经兽医主管部门任命的，负责出具检疫等证明的国家兽医工作人员。

一、动物检疫的分类

我国动物检疫分为进出境检疫和国内检疫。国内检疫是指对动物、动物产品实施的产地检疫和屠宰检疫，包括动物和动物产品在其饲养、生产、屠宰、加工、贮藏、运输、销售及参加展览、演出和比赛各个环节所进行的检疫。

二、国内动物检疫

1. 国家对动物检疫实行报检制度

① 屠宰、出售或者运输动物以及出售或者运输动物产品之前，货主应当按照国务院兽医主管部门的规定向当地动物卫生监督机构申报检疫。

② 动物卫生监督机构接到检疫申报后，应当及时指派官方兽医对动物、动物产品实施现场检疫。检疫合格的，出具检疫证明、加施检疫标志。实施现场检疫的官方兽医应当在检疫证明、检疫标志上签字或者盖章，并对检疫结论负责。经检疫不合格的动物、动物产品，货主应当在动物卫生监督机构监督下按照国务院兽医主管部门的规定处理，处理费用由货主承担。

③ 出具检疫合格证明应当执行动物防疫证章填写及适用规范的规定。动物检疫合格证明有效期最长为 7 天；赛马等特殊用途的动物，检疫合格证明有效期可延长至 15 天；动物产品检疫合格证明有效期最长为 30 天。运载工具消毒证明有效期与当次运输动物或动物产品的检疫合格证明有效期相同。

2. 产地检疫

(1) 动物和动物产品出售或调运前必须由官方兽医实施现场检疫

(2) 畜主、货主、托运人按下列时间向动物卫生监督机构提前报检　动物产品、供屠宰或者育肥的动物提前 3 天；种用、乳用或者役用动物提前 15 天；因生产生活特殊需要出售、调运和携带动物或者动物产品的，随报随检。

(3) 动物产地检疫按照法定标准实施　符合下列条件的，出具动物产地检疫合格证明。

① 供屠宰和育肥的动物，达到健康标准的种用、乳用、役用动物，因生产生活特殊需要出售、调运和携带的动物，必须来自非疫区，免疫在有效保护期内，并经群体和个体临床健康检查合格。

② 猪、牛、羊必须具备合格的免疫标识。

③ 未达到健康标准的种用、乳用、役用动物，必须经过实验室检验合格。

（4）动物产品经产地检疫，符合下列条件或者按照以下规定处理后，出具动物产品产地检疫合格证明

① 生皮、原毛、绒等产品的原产地无规定疫情，并按照有关规定进行消毒。炭疽易感染动物的生皮、原毛、绒等产品炭疽沉淀试验为阴性，或经环氧乙烷消毒。

② 精液、胚胎、种蛋的供体达到动物健康标准。

③ 骨、角等产品的原产地应无规定疫情，并按有关规定进行消毒。

④ 展览、演出和比赛的动物在启运前，必须向当地动物防疫监督机构报检，符合规定的条件，可出具检疫合格证明。必要时，可以进行实验室检验。到达参展、参赛、演出地点后，货主凭检疫合格证明到当地动物防疫监督机构报检。

⑤ 跨省、自治区、直辖市引进乳用动物、种用动物及其精液、胚胎、种蛋的，应当向输入地省、自治区、直辖市动物卫生监督机构申请办理审批手续。

3. 屠宰检疫

改革开放以来，国务院制定了"定点屠宰、集中检疫、统一纳税、分散经营"的十六字方针，各级政府以"定点屠宰，集中检疫"的规定对私屠滥宰进行清理整顿。为了加强生猪等动物定点检疫管理工作，在定点屠宰场（点）设置上，国务院确定了"统一规划、合理布局、有利流通、促进生产、方便群众、便于检疫和管理"的原则。

自行负责屠宰检疫的屠宰厂和肉类联合加工厂应当具备下列条件。

① 有取得兽医主管部门核发的兽医资格证书，并与检疫工作量相适位的检疫人员。

② 有必要的检疫设施、仪器和设备。

③ 有符合规定的无害化处理设施。

④ 有相应的检疫工作制度、管理制度及其保障措施。

⑤ 国务院兽医主管部门规定的其他条件。

4. 运输检疫监督

动物疫病传播的途径较多，运输途径即是其中的一种。为防止通过这种途径传播动物疫病，《中华人民共和国动物防疫法》第五十二条规定："经航空、铁路、道路、水路运输动物和动物产品的，托运人托运时应当提供检疫证明；没有检疫证明的，承运人不得承运。进出口动物和动物产品，承运人凭进口报关单证或者海关签发的检疫单证运递。从事动物运输的单位、个人以及车辆，应当向所在地县级人民政府农业农村主管部门备案，妥善保存行程路线和托运人提供的动物名称、检疫证明编号、数量等信息。具体办法由国务院农业农村主管部门制定。运载工具在装载前和卸载后应当及时清洗、消毒。"

（1）托运人必须提供检疫证明方可托运 这一规定是本法为托运人设定的一项法定义务。这项法定义务包括以下含义：一是这项义务是强制性的。二是托运人必须无条件地履行这项义务，托运人不能通过和承运人约定等方式改变这项义务；托运人只能绝对地遵守这一规定。三是托运人如果不履行这项法定义务，则应承担相应的法律责任。

阅读资料：

所谓强制性是指托运人在运输动物、动物产品时必须提供检疫证明；不提供者不能托运。

（2）承运人必须凭检疫证明方可承运 这一规定是本法为承运人设定的一项法定义务。

同上述托运人的法定义务一样。

（3）装运动物及其产品的运载工具　一般有机械消毒法和化学消毒法两种。对运载工具达到消毒要求后，出具农业农村部监制的全国统一使用的《动物及动物产品运载工具消毒证明》。

5. 无规定动物疫病区

根据《中华人民共和国动物防疫法》第五十四条规定："输入到无规定动物疫病区的动物、动物产品，货主应该按照国务院农业农村主管部门的规定向无规定动物疫区所在地动物卫生监督机构申报检疫，经检疫合格的，方可进入。"

6. 异地引种检疫监督

种用动物在动物疫病防治中占有重要地位。加强种用动物及其产品的检疫管理是疫病防治中不可缺少的环节。这是由种用动物的特点决定的：一是种用动物价值高，生存时间长。二是种用动物繁殖后代，在传播疫病特别是种源性疫病方面影响面很大。一旦种用动物患病或者保菌带毒，会成为长期的传染源，同时会通过精液、胚胎、种蛋垂直传播给后代，造成疫病扩大传播。

加强对异地引种的检疫管理，是贯彻预防为主的方针，控制动物疫病传播的重要措施。

跨省、自治区、直辖市引进乳用动物、种用动物及其精液、胚胎、种蛋的，应当向输入地省、自治区、直辖市动物卫生监督机构申请办理审批手续，并依法取得检疫证明。跨省、自治区、直辖市引进的乳用动物、种用动物到达输入地后，货主应当按照国务院兽医主管部门的规定对引进的乳用动物、种用动物进行隔离观察。

第四节　动物诊疗

动物诊疗是指动物疾病的预防、诊断、治疗和动物剐骟、绝育手术等经营性活动。新修订的《中华人民共和国动物防疫法》，对规范动物诊疗行为做出了具体的规定。

一、动物诊疗的管理机构

农业农村部负责全国动物诊疗机构的监督管理。县级以上地方人民政府兽医主管部门负责本行政区域内动物诊疗机构的管理。县级以上地方人民政府兽医主管部门所属的动物卫生监督机构负责本行政区域内动物诊疗机构的监督执法工作。

二、动物诊疗机构设立条件

① 有与动物诊疗活动相适应并符合动物防疫条件的场所。

② 有固定的动物诊疗场所，且使用面积不少于60平方米。

③ 动物诊疗场所选址应远离学校、幼儿园、医院、机关、宾馆、饭店、商场等公共服务场所；距离畜禽养殖场、屠宰场、动物交易场所和动物产品加工经营场所不少于200米。

④ 动物诊疗场所设有独立的对外出入口，出入口不得设立在居民住宅楼内或院内，不得与同一建筑物其他用户共用通道。

⑤ 具有 1 名以上执业兽医。

⑥ 具有布局合理的诊疗室、手术室、药房等设施。

⑦ 具有诊断、手术、消毒、冷藏、常规化验、污水处理等设备。

⑧ 具有完善的诊疗服务、疫情报告、卫生消毒、兽药处方、药物和无害化处理等管理制度。

三、设立动物诊疗机构的申请材料

① 动物诊疗许可证申请表。

② 动物诊疗场所地理方位图、室内平面图和各功能区布局图。

③ 动物诊疗场所使用权证明。

④ 法定代表人（负责人）身份证明和执业兽医资格证书复印件。

⑤ 设施设备清单。

⑥ 管理制度文本。

⑦ 执业兽医和服务人员的健康证明材料。

⑧ 有与动物诊疗活动相适应的兽医器械和设备。

发证机关受理申请后，应当在 20 个工作日内完成对申请材料的审核，并派人对动物诊疗场所进行实地考察。经审核和实地考察，符合规定条件的，发证机关应当向申请人颁发动物诊疗许可证；不符合条件的，书面通知申请人，并说明理由。

四、动物诊疗许可证管理

① 动物诊疗许可证应当载明诊疗机构名称、诊疗活动范围、从业地点和法定代表人（负责人）等事项。动物诊疗许可证格式由农业农村部统一规定。

② 动物诊疗机构设立分支机构的，应当另行办理动物诊疗许可证。

③ 动物诊疗机构变更名称或法定代表人（负责人）的，应当向原发证机关申请办理变更手续。

④ 动物诊疗机构变更从业地点、诊疗活动范围的，应当按照本办法规定重新办理动物诊疗许可手续，申请换发动物诊疗许可证。

⑤ 动物诊疗许可证不得伪造、转让、变造、出租、出借。动物诊疗许可证遗失的，应当及时向原发证机关申请补发。

五、执业兽医制度

参照国际通行做法，我国建立了兽医行业准入制度，规定执业兽医是指从事动物诊疗和动物保健等经营性活动的兽医人员，明确参加执业兽医资格考试的条件，确立从事动物诊疗活动的注册程序，并规定执业兽医必须参加动物疫病的预防、控制和扑灭活动。《中华人民共和国动物防疫法》中规定，凡从事动物诊疗活动的机构必须要有相适应的执业兽医。

① 国家实行执业兽医资格考试制度，具有兽医相关专业大学专科以上学历的，可以申请参加执业兽医资格考试；考试合格的，由省、自治区、直辖市人民政府兽医主管部门颁发执业兽医资格证书。

② 从事动物诊疗的，还应当向当地县级人民政府兽医主管部门申请注册。执业兽医资

格考试和注册办法由国务院兽医主管部门和国务院人事行政部门制定。

六、乡村兽医管理

从现阶段养殖业饲养模式来说，我国以家庭为主的散养的比例依然很大。对于乡村兽医服务人员，如果都要按照执业兽医的标准，都须有一定的学历、一定资格，不太可行。因此《中华人民共和国动物防疫法》规定，乡村兽医服务人员可以在乡村从事动物诊疗服务活动，具体管理办法由国务院兽医主管部门制定。

> **阅读资料：**
>
> 乡村兽医是指尚未取得执业兽医资格，经登记在乡村从事动物疫病的预防、诊断、治疗和动物劁骟、绝育手术、人工授精等动物诊疗服务活动的人员。

国家实行乡村兽医登记制度，符合下列条件之一的，可以向县级人民政府农业农村主管部门申请乡村兽医登记：①已取得中等以上兽医相关专业学历的；②已取得《动物疫病防治员》职业技能鉴定证书的；③在乡村从事动物诊疗服务连续工作 5 年以上的；④经县级人民政府农业农村主管部门培训合格的。

第五节 监督管理

动物卫生监督机构是代表国家行使动物卫生监督职能的执法机构，根据《中华人民共和国动物防疫法》授权，我国的动物卫生监督机构包括两种情况：一种情况是县级以上人民政府所属的动物卫生监督机构；另一种情况是军队和武装警察部队动物卫生监督职能部门。

一、动物卫生监督的内容

动物卫生监督机构依照《中华人民共和国动物防疫法》规定，对动物饲养、屠宰、经营、隔离、运输以及动物产品生产、经营、加工、贮藏、运输等活动中的动物防疫实施监督管理。主要包括以下三项内容：

1. 动物疫病的预防工作

包括饲养、经营动物和生产、经营动物产品的单位和个人的动物疫病的计划免疫、预防工作；动物饲养场的扑灭动物疫病工作；使动物、动物产品的运载工具、垫料、包装物符合国务院兽医主管部门规定的动物防疫条件的工作；对染疫动物及其排泄物、染疫动物的产品、病死或者死因不明的动物尸体的处理工作；保存、使用、运输动物源性致病微生物的预防工作等。

2. 动物疫病的控制和扑灭工作

主要包括发现患有疫病或者疑似疫病动物的单位和个人向当地动物防疫监督机构进行报告的工作；县级以上地方人民政府组织有关部门和单位对发生的一类动物疫病采取隔离、扑杀、销毁、消毒、紧急免疫接种等强制性控制、扑灭措施和迅速扑灭疫病、通报毗邻地区的工作；县级以上地方人民政府对发生的二类动物疫病根据需要组织有关部门和单位采取隔离、扑杀、销毁、消毒、紧急免疫接种、限制易感染的动物、动物产品及有关物品出入等控制、扑灭措施的工作；县级、乡级人民政府对发生的三类动物疫病按照动物疫病预防计划和国务院兽医主管部门的有关规定组织防治和净化工作；发生动物疫情时，航空、铁路、公路、水路等运输部门应当优先运送控制、扑灭疫情的人员和有关物资，电信部门应当及时传递动物疫情报告的工作等。

3. 动物和动物产品的检疫工作

主要包括生猪等动物的定点屠宰、集中检疫工作；国内异地引进种用动物及其精液、胚胎、种蛋的单位与个人应办理检疫审批手续的工作；检疫不合格的动物、动物产品的处理工作等。

二、执行监督任务所采取的措施

① 对动物、动物产品按照规定采样、留验、抽检。

② 对染疫或者疑似染疫的动物、动物产品及相关物品进行隔离、查封、扣押和处理。

③ 对依法应当检疫而未经检疫的动物实施补检。

④ 对依法应当检疫而未经检疫的动物产品，具备补检条件的实施补检，不具备补检条件的予以没收销毁。

⑤ 查验检疫证明、检疫标志和畜禽标识。

⑥ 进入有关场所调查取证，查阅、复制与动物防疫有关的资料。

三、执法人员的注意事项

（1）官方兽医执行动物防疫监督检查任务，应当出示行政执法证件，佩戴统一标志 官方兽医执行监督检查任务时有出示证件的义务。官方兽医是代表国家监督实施《中华人民共和国动物防疫法》及其有关法律、法规、规章的执法人员。该工作人员所行使的职权是《中华人民共和国动物防疫法》和其他有关法律、法规、规章所赋予的，其执法行为具有行政执法的特点。

阅读资料：

所谓出示证件，是指向被监督检查的单位和人员出示由兽医主管部门颁发的工作证件。出示证件后被监督检查的单位和个人应当支持、配合。所谓支持、配合，是指被监督检查的单位和个人应当依照监督检查人员的合法要求提供方便，比如如实提供有关的资料、提供监督检查的场所等。但是，如果官方兽医不出示证件，有关单位和人员可以拒绝其监督检查。

（2）动物卫生监督机构及其工作人员不得从事与动物防疫有关的经营性活动，进行监督检查不得收取任何费用 动物防疫属于公益性职能，如果动物卫生监督机构及其工作人员参与动物防疫有关的经营性活动，则执法的公正性易引起社会质疑。动物卫生监督机构及其工作人员执行监督检查是代表国家的一种执法行为，其执法过程中所需要的有关费用由国家拨付，如果收取费用，则会增加被监督检查单位和个人的负担，甚至可能造成乱执法的现象发生。为此，本法为动物防疫监督机构及其人员设定了这项法定义务，如果不履行这项法定义务而收取费用，有关单位和个人有权拒绝。

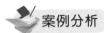 **复习思考题**

1. 我国动物疫病防治的方针是什么？对强制免疫动物采取哪些管理办法？

2. 请问什么是无规定疫病区？建立无规定疫病区对动物产品出口有什么重要意义？

3. 具备什么条件方可参加执业兽医资格考试？

4. 我国已建立起公开透明的动物疫情公布制度。请问《中华人民共和国动物防疫法》对动物疫情的报告、认定和公布有哪些要求？

5. 讨论：某区兽医卫生监督检验所接到群众举报，××镇农民李某最近在自家阉割仔猪后未打防疫针却佩戴使用过的防疫耳标，随即对阉割仔猪进行销售。请求对李某进行查处，维护当地畜禽销售秩序。请问，此行为违反了哪些规定？应如何处理？

案例分析

【案情介绍一】

2013 年 3 月 1 日早 8 时左右，某市动物卫生监督所接到市 110 报警中心电话，称某配货站附近有一车外地运输过来的猪皮。经该所执法人员现场查验，证实此车肉皮近七吨，系从某省运输过来，货值近七万余元人民币（4.25 元/斤），运输费用 5025 元，未附有动物产品检疫合格证明。该所执法人员对此车肉皮下达了《登记保存通知书》，并对此行为展开立案调查。

【案例评析】

此案为典型的运输未附有检疫证明动物产品案。此类案件的处理应注重如下几点：

（1）取证。依据《中华人民共和国动物防疫法》对此类案件进行调查取证时，要注意法律责任部分限定的罚则取证点。第七十八条规定："违反本法规定，屠宰、经营、运输的动物未附有检疫证明，经营和运输的动物产品未附有检疫证明、检疫标志的，由动物卫生监督机构责令改正，处同类检疫合格动物、动物产品货值金额百分之十以上百分之五十以下罚款；对货主以外的承运人处运输费用一倍以上三倍以下罚款。"行政处罚机关在做出行政处罚前，合理的适用裁量幅度就需要调查如下几个取证点：①动物或动物产品的货值；②承运人是否就是货主；③如若不是，运费是多少。佐证后，依据罚则计算货值百分之十以上百分之五十以下罚款的实际金额，以及运费一倍以上三倍以下的实际金额。核定准确后行政处罚机关在裁量幅度范围内实施行政处罚。

（2）对屠宰、经营、运输动物和生产、经营、加工、贮藏、运输动物产品不能提供有效检疫证明的案件中应该注意两种情况：①补检合格的依据《中华人民共和国动物防疫法》第七十八条予以处理处罚。②补检不合格的应依据《中华人民共和国动物防疫法》第七十六条进行处理处罚，不具备补检条件的依据第五十九条第四项规定对动物产品予以没收销毁。

【案情介绍二】

2013 年 7 月 25 日，××市××区动物卫生监督所接到××市公安局××分局巡警举报：查扣一辆号码为××的白色桑塔纳旅行车，车内装有死猪 9 头。接到举报后，该区动物卫生监督所决定立案查处，组织 2 名执法人员立即赴现场进行核查。执法人员在出示执法证件，表明身份后，进行现场检查。发现号码为××的白色桑塔纳旅行车内装有死猪 9 头，其中大母猪 1 头，小猪 8 头，死猪皮上有红色出血点和淤血斑。经过对当事人林某询问得知，车上的 9 头死猪是他从邻区××村一猪场墙外捡到的，准备拉回家喂狗。执法人员制作了现场勘验笔录、询问笔录，复印了林某的身份证、驾驶证，查封扣押了林某运输的 9 头死猪。9 头死猪的质量为 288 千克，当时市场上同类检疫合格生猪价格为每千克 16 元。

【案例评析】

根据以上事实，该所认为林某运输死因不明的猪的行为违反了《中华人民共和国动物防疫法》第二十五条第一款第五项的规定。同年 7 月 28 日区动物卫生监督所执法人员向林某送达了行政处罚事先告知书，告知林某享有陈述申辩、申请听证的权利。当事人林某在收到行政处罚事先告知书 3 日内未进行陈述申辩和申请听证。8 月 1 日经区动物卫生监督所集体讨论通过，依据《中华人民共和国动物防疫法》第七十六条的规定，责令当事人林某改正运输死因不明猪的行为并作出行政处罚决定：①没收死因不明猪 9 头；②按照同类检疫合格货值一倍金额进行罚款，即处以罚款 4608 元。

执法人员于 2013 年 8 月 1 日将行政处罚决定书直接送达给当事人林某。并将没收的 9 头死因不明的猪进行了无害化处理，至此本案已全部执行完毕。

第五章　重大动物疫情管理

 思政与职业素养目标

重大动物疫情严重影响社会安定，甚至威胁国家安全和经济发展。畜牧从业人员应具有高度的国家意识和社会意识，正确处理企业（个人）私利与国家、社会的关系。

学习目标

1. 了解重大动物疫情应急条例等出台的背景及实施的意义。
2. 掌握重大动物疫情的应急处理程序和措施。
3. 了解重大动物疫情相关条例的法律责任。

第一节　重大动物疫情应急管理

一、概述

针对近几年重大动物疫情防控工作中出现的新情况、新问题，对预防、控制、扑灭高致病性禽流感的经验进行了总结，进一步明确各级人民政府及其有关部门在重大动物疫情应急工作中的职责，建立起信息畅通、反应快捷、指挥有力、控制有效的重大动物疫情快速反应机制，提高各级政府和全社会应对和处置高致病性禽流感等重大动物疫情的能力。为此，农业农村部起草并颁布了《重大动物疫情应急条例》（下文简称《条例》），该条例的公布实施，标志着我国预防和控制、扑灭高致病性禽流感等重大动物疫情的工作进入了一个新的阶段。

1. 重大动物疫情的概念

重大动物疫情是指高致病性禽流感等发病率或者死亡率高的动物疫病突然发生，迅速传播，给养殖业生产安全造成严重威胁、危害，以及可能对公众身体健康与生命安全造成危害的情形，包括特别重大动物疫情。口蹄疫、疯牛病、狂犬病、炭疽、马传贫等也属于此范围。

动物疫情是动物疫病经过迅速传播、危害畜牧业和人民健康的社会状态，而动物疫病仅是一个传染病概念，是动物疫情的一部分。国家掌握动物疫情控制的基本手段，即进行疫情监测，分析疫病流行规律，达到早发现、快速反应的要求。

2. 重大动物疫情应急工作的组织

人民政府、应急指挥部、兽医主管部门、动物防疫监督机构及有关部门等 5 个主体。其中，人民政府和应急指挥部是两个管理主体，是"司令部"，而兽医主管部门、有关部门、动物防疫监督机构是三个实施主体，是"战斗部队"。两个管理主体中，人民政府负责决策，应急指挥部具体负责指挥，如人民政府决定疫点、疫区、受威胁区、发布封锁令，而应急指挥部决定对疫情现场采取处置措施；三个实施主体中兽医主管部门负责组织实施，动物防疫监督机构负责现场实施，如现场疫情调查核实、临时隔离疫点、采集病料、疫情确诊和报告、组建预备队、疫源追踪、流行病学调查、疫情监测、处置后验收、行政处罚等，有关部门如财政、计划、公安、工商、卫生等配合实施。两个管理主体、三个实施主体，按照职责分工各司其职，分别完成疫情的监测、报告、公布和应急处理。

二、应急准备

重大动物疫情出现的突然性、发展的迅猛性和危害的严重性，要求各级人民政府居安思危，在平时就必须做好充分的资金、物资储备以及人员和技术等方面的应急准备，这是预防、控制和扑灭突发的重大动物疫情的前提、基础和保障。

1. 重大动物疫情应急预案主要内容

建立应急预案制度。《条例》规定了县级以上人民政府应当制定本行政区域的重大动物疫情应急预案，报上一级人民政府兽医主管部门备案。县级以上人民政府兽医主管部门，应当制定应急预案的实施方案。

《条例》第十条规定了重大动物疫情应急预案的主要内容包括应急指挥部的职责、组成以及成员单位的分工；重大动物疫情的监测、信息收集、报告和通报；动物疫病的确认、重大动物疫情的分级和相应的应急处理工作方案；重大动物疫情疫源的追踪和流行病学调查分析；预防、控制、扑灭重大动物疫情所需资金的来源、物资和技术的储备与调度；重大动物疫情应急处理设施和专业队伍建设。

2. 重大动物疫情应急工作的组织实施

（1）建立物资储备制度 根据高致病性禽流感等重大动物疫情防治工作的实践经验，《条例》第十一条规定，国务院有关部门和县级以上地方人民政府及其有关部门，应当按照重大动物疫情应急预案的要求，确保做好疫苗、药品、设施设备和防护用品等物资的储备。

（2）建立应急预备队制度 应急预备队是控制和扑灭重大动物疫情的重要力量，《条例》第十三条规定，县级以上地方人民政府根据重大动物疫情应急需要，可以成立应急预备队，在重大动物疫情应急指挥部的指挥下，具体承担疫情的控制和扑灭任务。应急预备队由当地兽医行政管理人员、动物防疫工作人员、有关专家、执业兽医等组成；必要时，可以组织动员社会上有一定专业知识的人员参加。公安机关、中国人民武装警察部队应当依法协助其执行任务。应急预备队应当定期进行技术培训和应急演练。

三、监测、报告和公布

建立和完善疫情检测、报告制度，是发现和迅速控制重大动物疫情的重要途径和手段。健全疫情公布制度，体现了我国政府对重大动物疫情处置的公开、透明和对公众身体健康与生命安全的高度负责。疫情的检测、报告和公布对于启动应急机制，迅速控制和扑灭突发重大动物疫情也具有重要的意义。

《条例》规定了任何单位和个人发现动物群体发病或死亡，有立即向当地县（市）动物防疫监督机构报告的义务，乡镇人民政府、居委会有协助搜集疫情的义务，以及动物防疫监督机构现场调查核实，采集病料的规定，从源头上加强了动物疫情的统一管理；并结合疫情报告、确认、公布和通报程序，形成疫情统一管理的严密结构。

1. 重大动物疫情的监测

（1）建立网络和预防控制体系制度 《条例》规定：县级以上地方人民政府应当建立和完善重大动物疫情检测网络和预防控制体系，特别强调要加强动物防疫基础设施和乡镇动物防疫组织建设，并保证其正常运行，提高对重大动物疫情的应急处理能力。

（2）建立重大动物疫情监测制度 《条例》第十五条规定：国家建立突发重大动物疫情监测、报告网络体系，由动物防疫监督机构负责重大动物疫情的监测，饲养、经营动物和生产、经营动物产品的单位和个人应当配合，不得拒绝和阻碍。

2. 重大动物疫情的报告及报告内容

（1）建立重大动物疫情报告制度 《条例》第十六条规定：从事动物隔离、疫情监测、疫病研究与诊疗、检验检疫以及动物饲养、屠宰加工、运输、经营等活动的有关单位和个人，发现动物出现群体发病或者死亡的，应当立即向所在地的县（市）动物防疫监督机构报告。

（2）建立重大动物疫情确认程序、权限和公布制度 《条例》第十九条规定：重大动物疫情由省级人民政府兽医主管部门认定；必要时，由国务院兽医主管部门认定。重大动物疫情由国务院兽医主管部门按照国家规定的程序，及时准确公布，其他任何单位和个人不得公布，从而保证了疫情公布的及时性和准确性。

《条例》第十七条规定：县（市）动物防疫监督机构接到报告后，应当立即赶赴现场调查核实。初步认为属于重大动物疫情的，应当在 2 小时内将情况逐级报省、自治区、直辖市动物防疫监督机构，并同时报所在地人民政府兽医主管部门；兽医主管部门应当及时通报同级卫生主管部门。省、自治区、直辖市动物防疫监督机构应当在接到报告后 1 小时内，向省、自治区、直辖市人民政府兽医主管部门和国务院兽医主管部门所属的动物防疫监督机构报告。省、自治区、直辖市人民政府兽医主管部门应当在接到报告后 1 小时内报本级人民政府和国务院兽医主管部门。重大动物疫情发生后，省、自治区、直辖市人民政府和国务院兽医主管部门应当在 4 小时内向国务院报告。

《条例》第十八条规定了重大动物疫情报告的内容：疫情发生的时间、地点；染疫、疑似染疫动物种类和数量、同群动物数量、免疫情况、死亡数量、临床症状、病理变化、诊断情况；流行病学和疫源追踪情况；已采取的控制措施；疫情报告的单位、负责人、报告人及联系方式。

3. 重大动物疫情的公布、病料采集及通报

① 重大动物疫情由国务院兽医主管部门按照国家规定的程序，及时准确公布；其他任何单位和个人不得公布重大动物疫情。

② 重大动物疫情应当由动物防疫监督机构采集病料，其他单位和个人采集病料的，应

当具备《条例》第二十一条的条件。

③ 从事重大动物疫病病原分离的，应当遵守国家有关生物安全管理规定，防止病原扩散。

④ 建立重大动物疫情通报制度。国务院兽医主管部门应当及时向国务院有关部门和军队有关部门以及省、自治区、直辖市人民政府兽医主管部门通报重大动物疫情的发生和处理情况。尤其是发生重大动物疫情可能感染人群时，卫生主管部门应当对疫区内易受感染的人群进行监测，并采取相应的预防控制措施。同时规定，疫情发生地人民政府和毗邻地区的人民政府要通力合作，相互配合。卫生主管部门和兽医主管部门应当及时相互通报情况。有关单位和个人对重大动物疫情不得瞒报、谎报、迟报，不得授意他人瞒报、谎报、迟报，不得阻碍他人报告。

⑤ 在重大动物疫情报告期间，有关动物防疫监督机构应当立即采取临时隔离控制措施；必要时，当地县级以上地方人民政府可以做出封锁决定并采取扑杀、销毁等措施。有关单位和个人应当执行。

四、应急处理

重大动物疫情的应急处理是一项复杂、艰巨的工作，关系到控制、扑灭重大动物疫情目标的实现，条例对此规定了四项制度。

1. 应急处理制度

（1）建立应急指挥系统制度 农业农村部在国务院统一领导下，负责组织、协调全国突发重大动物疫情应急处理工作。县级以上地方人民政府兽医行政管理部门在本级人民政府统一领导下，负责组织、协调本行政区域内突发重大动物疫情应急处理工作。重大动物疫情发生后，县级以上地方人民政府兽医主管部门应当立即划定疫点、疫区和受威胁区，调查疫源，向本级人民政府提出启动重大动物疫情应急指挥系统、应急预案和对疫区实行封锁的建议，有关人民政府应当立即做出决定。

（2）应急预案的启动制度 《条例》规定：重大动物疫情发生后，由兽医主管部门提出建议，本级人民政府决定启动应急预案。条例同时明确规定了疫点、疫区、受威胁区的划分，以及应当分别采取的应急处理措施。应急处理机构包括以下两个：

① 动物防疫监督机构 主要负责突发重大动物疫情报告，现场流行病学调查，开展现场临床诊断和实验室检测，加强疫病监测，对封锁、隔离、紧急免疫、扑杀、无害化处理、消毒等措施的实施进行指导、落实和监督。

② 出入境检验检疫机构 负责加强对出入境动物及动物产品的检验检疫、疫情报告、消毒处理、流行病学调查和宣传教育等。

（3）政府和群众性自治组织的协助和配合制度 《条例》规定，乡镇人民政府、村民委员会、居民委员会应当组织力量，向村民、居民宣传动物疫病防治的相关知识，协助做好疫情信息的收集、报告和各项应急处理措施的落实工作。

（4）单位和个人的配合制度 对重大动物疫情采取控制和扑灭措施，既需要政府的全力投入、统一指挥，也需要有关单位和个人的积极配合。因此，重大动物疫情发生地的人民政府和毗邻地区的人民政府应当通力合作，相互配合，做好重大动物疫情的控制、扑灭工作。条例规定重大动物疫情应急处理中采取的隔离、扑杀、销毁、消毒、紧急免疫接种等控制、扑灭措施，有关单位和个人必须服从，拒不服从的，由公安机关协助执行。

2. 应急处理措施

（1）疫点、疫区和受威胁区划定　重大动物疫情发生后，县级以上地方人民政府兽医主管部门应当立即划定疫点、疫区和受威胁区，调查疫源，向本级人民政府提出启动重大动物疫情应急指挥系统、应急预案和对疫区实行封锁的建议，有关人民政府应当立即做出决定。疫点、疫区和受威胁区的范围应当按照不同动物疫病病种及其流行特点和危害程度划定，具体划定标准由国务院兽医主管部门制定。

> 阅读资料：
>
> 　　疫点：患病动物所在的地点划定为疫点，疫点一般是指患病禽类所在的禽场（户）或其他有关屠宰、经营单位。
>
> 　　疫区：以疫点为中心的一定范围内的区域划定为疫区，疫区划分时注意考虑当地的饲养环境、天然屏障（如河流、山脉）和交通等因素。
>
> 　　受威胁区：疫区外一定范围内的区域划定为受威胁区。

（2）疫区和受威胁区应当采取的措施　对疫点应当采取以下措施：扑杀并销毁染疫动物和易感染的动物及其产品；对病死的动物、动物排泄物、被污染饲料、垫料、污水进行无害化处理；对被污染的物品、用具、动物圈舍、场地进行严格消毒。

① 在疫区周围设置警示标志，在出入疫区的交通路口设置临时动物检疫消毒站，对出入的人员和车辆进行消毒。

② 扑杀并销毁染疫和疑似染疫动物及其同群动物，销毁染疫和疑似染疫的动物产品，对其他易感染的动物实行圈养或者在指定地点放养，役用动物限制在疫区内使役。

③ 对易感染的动物进行监测，并按照国务院兽医主管部门的规定实施紧急免疫接种，必要时对易感染的动物进行扑杀。

④ 关闭动物及动物产品交易市场，禁止动物进出疫区和动物产品运出疫区。

⑤ 对动物圈舍、动物排泄物、垫料、污水和其他可能受污染的物品、场地，进行消毒或者无害化处理。

对受威胁区采取下列措施：对易感染的动物进行监测；对易感染的动物根据需要实施紧急免疫接种。

第二节　高致病性禽流感的防制

高致病性禽流感是由 A 型禽流感病毒的高致病力亚型毒株引起的一种急性、高度传染性疾病。禽流感病毒极易发生变异，可能造成病毒在人群中感染和传播。近年来，高致病性禽流感疫情呈明显扩大态势，国内水禽广泛带毒，病毒污染面广，特别是进入秋冬季以后，候鸟向南迁徙，家禽调运频繁，极易造成疫情传入和暴发。为做好应对秋冬季可能突发的高致病性禽流感疫情，把高致病性禽流感可能带来的影响和损失降到最低限度，根据《重大动物疫情应急条例》和《国家突发重大动物疫情应急预案》，特制定《全国高致病性禽流感应急预案》。

一、发现疫情报告时间

任何单位和个人发现禽类发病急、传播迅速、死亡率高等异常情况，应及时向当地动物防疫监督机构报告。动物防疫监督机构在接到报告或了解情况后，立即派工作人员到现场调查核实，怀疑是高致病性禽流感的，应在 2 小时以内将情况逐级报到省级兽医主管部门。经确认后，应立即上报同级人民政府和国务院兽医主管部门，国务院兽医主管部门应当立即向国务院报告。

二、疫情的确认和分级

1. 疫情的确认

高致病性禽流感疫情按程序认定。

① 动物防疫监督机构接到疫情报告后，立即派出 2 名以上具备相关资格的防疫人员到现进行临床诊断，提出初步诊断意见。

② 对怀疑为高致病性禽流感疫情的，及时采集病料送省级动物防疫监督机构实验室进行检测，对未免疫禽群应用琼脂凝胶免疫扩散试验（AGID）和血凝抑制试验（HI）进行血清学检测（水禽不能采用 AGID），对免疫禽群应用反转录聚合酶链反应（RT-PCR）进行病原学检测，诊断结果为阳性的，可确认为高致病性禽流感疑似病例。

③ 对疑似病例必须派专人将病料送国务院兽医主管部门指定的实验室做病毒分离与鉴定，进行最终确诊。

④ 国务院兽医主管部门根据最终确诊结果，确认高致病性禽流感疫情，并及时予以公布。

2. 疫情的分级

根据突发高致病性禽流感疫情可控性、严重程度和影响范围分类。原则上按照突发高致病性禽流感疫情的严重性和紧急程度，从重到轻划分为特别严重（Ⅰ级）、严重（Ⅱ级）、较重（Ⅲ级）和一般（Ⅳ级）四级。

特别严重高致病性禽流感疫情（Ⅰ级）：在 21 日内，相邻省份有 10 个以上县（市）发生高致病性禽流感疫情；或在 1 个省（区、市）行政区域内有 20 个以上县（市）发生或 10 个以上县（市）连片发生疫情；或在数省内呈多发态势，并感染到人，继续大面积扩散、蔓延。

严重突发高致病性禽流感疫情（Ⅱ级）：在 21 日内，1 个省（区、市）行政区域内有 2 个以上市（地）发生高致病性禽流感疫情；或在 1 个省（区、市）行政区域内有 20 个疫点或者 5 个以上、10 个以下县（市）连片发生疫情。

较重突发高致病性禽流感疫情（Ⅲ级）：在 21 日内，在 1 个市（地）行政区域内 2 个以上县（市）发生高致病性禽流感疫情，或疫点数达到 3 个以上，或高致病性禽流感毒种发生丢失。

一般突发高致病性禽流感疫情（Ⅳ级）：高致病性禽流感疫情在 1 个县（市）行政区域内发生。

根据《全国高致病性禽流感应急预案》规定，各级政府兽医主管部门要根据动物疾病预防控制机构提供的监测信息，按照重大动物疫情的发生、发展规律和特点，分析其危害程度、可能的发展趋势，及时做出相应级别的预警，依次用红色、橙色、黄色和蓝色，分别表示特别严重、严重、较重和一般四个预警级别。一旦发生疑似重大动物疫情，必须在 2 小时内上报。

三、应急指挥系统和部门分级

1. 启动应急指挥系统

指挥机构由本级人民政府主管领导任总指挥，成员由政府有关部门、军队、武警部队及有关单位负责人组成。指挥机构办公室设在同级人民政府兽医主管部门，具体负责日常工作。

突发重大疫情时，事发地的县级、市（地）级、省级人民政府及其有关部门按照分级响应的原则做出应急响应。发生一级疫情时，国务院应急指挥机构启动全国应急预案；发生二级疫情时，省级人民政府应急指挥机构启动省级应急预案；发生三级疫情时，疫情发生地（市）、县人民政府应急指挥机构启动相应的应急预案。

2. 部门分工

高致病性禽流感应急工作由政府统一领导，有关部门分工负责。

① 县级以上人民政府兽医主管部门应当制定疫点、疫区、受威胁区的处理方案负责疫情监测、流行病学调查、疫源追踪，对发病动物及同群动物的扑杀进行技术指导，组织实施检疫、消毒、无害化处理和紧急免疫接种。

② 发展改革、财政、科技、交通运输、卫生、公安、工商行政管理、出入境检验检疫等有关部门以及应急指挥机构成员单位，应当在各自的职责范围内负责做好应急所需的物资储备、应急处理经费落实、防治技术攻关研究、应急物资运输、防止对人的感染、社会治安维护、动物及其产品市场监管、口岸检疫、防疫知识宣传等工作。人民解放军、武警部队应当支持和配合驻地人民政府做好疫情防制的应急工作。

四、防制措施

1. 高致病性禽流感疫情的控制原则

一旦发现疫情，要按照"早、快、严"的原则坚决扑杀，彻底消毒，严格隔离，强制免疫，坚决防止疫情扩散。

（1）"早" 是指加强高致病性禽流感疫情监测，做到"早发现、早诊断、早报告、早确认"，确保禽流感疫情的早期预警预报。

① "早发现" 国家动物疫情测报中心、各省级疫情测报中心、各动物疫情测报站和边境动物疫情监测站，对高致病性禽流感疫情进行监测和流行病学调查，做出疫情预测预报，及时发现突发疫情及隐患。重点地区的监测包括边境地区、发生过疫情的地区、养殖密集区、候鸟活动密集区等。每次组织监测结束，14 天内提出汇总、分析和评估动物疫情报告，预测疫情流行态势，并根据疫情分析结果，完善相应防控对策和措施。同时，及时向社会发布禽流感疫情预警信息。任何单位和个人发现禽类发病急、死亡率高等突发重大动物疫情及其隐患，应当 24 小时内向当地动物防疫监督机构报告。

② "早诊断" 各有关实验室要熟练疫情监测和诊断技术，规范程序，切实提高快速诊断能力，确保及时、准确和规范。如采取 HI、AGID、RT-PCR、病毒分离与鉴定技术进行诊断，也可根据临床诊断指标如急性发病死亡、脚鳞出血、鸡冠出血或发绀、头部水肿、肌肉和其他组织器官广泛性严重出血等症状，以及血清学、病原学诊断指标进行诊断。

③"早报告" 各地动物疫情防疫监督机构在接到疫情报告或了解可疑疫情后，应立即派人员到现场进行初步调查核实的同时，向当地兽医主管部门报告。怀疑是高致病性禽流感疫情的，应在 2 小时内将情况逐级报到省级兽医主管部门。经确认为高致病性禽流感疑似病例后，应立即上报同级人民政府和国务院兽医主管部门。国务院兽医主管部门应当在疫情确认后，在采取应急措施的同时，向国务院报告。对各地群众举报和各种渠道反映的疫情信息，48 小时内必须进行核查，确保不漏掉任何可疑情况。

④"早确认" 高致病性禽流感疫情按以下时限和程序认定。

a. 各级动物防疫监督机构接到可疑疫情报告后，应当立即派出 2 名以上具备兽医相关资格人员赶赴现场进行临床诊断，必要时可请省级动物防疫监督机构派人协助诊断，提出初步诊断意见。

b. 对怀疑为高致病性禽流感疫情的，应当及时采集病料送省级动物防疫监督机构实验室检测，对未免疫禽群应用 AGID 和 HI 进行血清学检测（AGID 不适于水禽），对免疫禽群应用 RT-PCR 进行病原学检测，结果为阳性的，可确认为高致病性禽流感疑似病例。

c. 对高致病性禽流感疑似病例，以及省级动物防疫监督机构不能确诊的在采取严格隔离封锁措施的同时，按规定将病料样立即送国家禽流感参考实验室或国务院兽医主管部门指定实验室进行病原学检测，进行最终确诊。

d. 国家禽流感参考实验室或国务院兽医主管部门指定实验室的确诊结果，要在 2 小时内报告国务院兽医主管部门。

e. 国务院兽医主管部门根据最终确诊结果，确认高致病性禽流感疫情，并及时予以公布。

（2）"快" 是指健全应急反应机制，快速行动、及时处理，确保突发疫情处置的应急管理。

① 疑似疫情的应急处置

a. 样品的采集、保存及运输。按照国家规定时限、程序和内容，采集、保存和运输样品，送国家禽流感参考实验室或国务院兽医主管部门指定实验室进行检测和诊断。

b. 疑似疫情处置的生物安全措施。对判定为疑似高致病性禽流感疫情的，按规定及时上报国务院兽医主管部门。同时，对疑似疫情疫点立即采取严格的隔离封锁、扑杀和消毒措施；严禁疑似疫情疫点内其他动物及其产品的移动；严格限制有关人员以及车辆、饲料、禽蛋托盘、饮水与喂料器皿、排泄物等一切可能污染物品的流动；对疑似疫情疫点进行全面彻底消毒；对当地活禽及其产品交易市场加强监管，防止疫情扩散蔓延。立即组织对当地家禽和猪场开展流行病学调查，尽快确诊疫情，及时分析疫源和可能扩散、流行的情况。对仍可能存在的传染源，以及在最长疫情潜伏期 21 天和发病期间售出的禽类及其产品，可疑污染物（包括粪便、垫料、饲料）等进行追踪调查。

② 确诊疫情的应急处置

a. 疫情确诊后，立即按国家应急预案进行紧急处置，所在地县级以上兽医主管部门在 2 小时内，划定疫点、疫区和受威胁区，报请本级人民政府对疫区实行封锁，人民政府接到报告后，应立即做出决定。对决定实行封锁的，发布封锁令，内容包括封锁的起始时间、封锁范围和对疫区管理等，并要求各项封锁措施在 12 小时实施到位。

b. 疫区内所有禽类及其产品按规定处理后，经过 21 天以上，未发现新的病例，经省级动物防疫监督机构按照国家规定标准，及时对疫点、疫区和受威胁区组织验收合格后，由当地兽医主管部门向原发布封锁令的人民政府申请解除封锁。

c. 疫区封锁解除时，省级兽医主管部门应报告国务院兽医主管部门。国务院兽医主管部门在接到疫区封锁解除的报告后，应及时向社会发布疫区封锁解除消息。

③ 实行联防联控　农业农村部与卫生、质检、工商、林业、科技、财政等部门之间密切协调，建立和完善长效防控合作机制、联防联控。流通环节要严厉查处逃避检疫，以及运输加工、贩卖病死禽只及其产品的违法行为。严禁捕捉野鸟、减少野生候鸟与家禽和人的接触，降低禽流感病毒向人传播的风险。加强禽流感防控科技投入，联合开展科技攻关。继续完善合作机制，交流动物疫情信息和监测结论等技术资料数据，资源共享，提高对突发疫情的应对能力。

(3)"严"　是指规范疫情处置，做到坚决果断，全面彻底，严格处置，确保疫情控制在最小范围，确保疫情损失降到最小。

① 样品采集、保存及运输

a. 样品采集要求：至少从 5 只病禽和病死禽中采集病料样品（发病群不足 5 只则全部采样）。样品应包括泄殖腔（新鲜粪尿样）棉拭子和气管棉拭子（置于缓冲液中）；气管和肺的混样；肠管及内容物的混样；肝、脾、肾和脑等其他组织样品（不能混样）。组织样品、气管棉拭子单独放入容器，容器中盛放含有抗生素的 pH 值为 7.0～7.4 的 PBS 液。抗生素的选择应视当地情况而定，组织和气管拭子悬液中加入青霉素（2000IU/毫升）和链霉素（2 毫克/毫升），或庆大霉素（50 微克/毫升）。肠管及内容物、粪便样品和泄殖腔棉拭子所用的抗生素浓度应提高 5 倍（加入抗生素后 PBS 液的 pH 值应调至 7.0～7.4）。

b. 血样：分别采集至少 10 个病禽的（急性发病期血清，如发病群不足 10 只则全部采样），并要求单独存放，不能混合。

c. 采集样品时，应采集双份作备份。

② 样品保存要求　样品应密封于防渗漏的容器中保存，如塑料袋或瓶。样品若能在 24 小时内送到实验室，可冷藏运输。否则，应冷冻后运输。暂时不用或备份样品应冷冻（最好 -70℃或以下）保存。

③ 样品运输要求

a. 内包装要求：不（渗）透水的主容器；不（渗）透水的辅助包装；必须在主容器和辅助包装之间填充吸附材料，吸附材料必须充足，能够吸收主容器内所有的液体。多个主容器装入一个辅助包装时，必须将它们分别包裹。

b. 外包装要求：强度应充分满足对于其容器、重量及预期使用方式的要求。

c. 禽流感病料包装要求：冻干物资主容器必须是火焰封口的玻璃安瓿或是用金属封口的胶塞玻璃瓶；液体或固体物质，如在环境温度或较高温度下运输只可用玻璃、金属或塑料容器作为主容器。必须采用可靠的防漏封口，如热封带缘的塞子或金属卷边封口。如果使用旋盖，必须用胶带加固；如在制冷或冷冻条件下运输，冰、干冰或其他冷冻剂必须放在辅助包装周围，按规定放在由一个或多个完整包装件组成的合成包装中内部要有支撑物，当冰或干冰消耗后，仍可把辅助包装固定在原位置上。如果使用冰，包装必须不（渗）透水。如果使用干冰，外包装必须能保持良好的性能；在冷冻剂消耗后，应仍能承受航空运输中的温度和压力。用于禽流感病料的主容器或辅助包装，在 -40～55℃的温度范围内必须承受不低于 95 千帕的内部压差而无渗漏。

2. 疫区的划定与解除

(1) 分析疫源与发布封锁令 根据流行病学调查结果，分析疫源及其可能扩散、流行的情况。对仍可能存在的传染源，以及在疫情潜伏期和发病期间售出的禽类及其产品、可疑污染物（包括粪便、垫料、饲料）等应立即开展追踪调查。

兽医行政管理部门报请本级人民政府对疫区实行封锁，人民政府在接到报告后，应立即做出决定。决定实行封锁的，发布封锁令。

(2) 对疫点、疫区、受威胁区采取的措施

① 疫点、疫区、受威胁区的划定

a. 将病禽所在禽场（户）或其他有关屠宰、经营单位划为疫点；散养的，将病禽所在自然村划为疫点。

b. 以疫点为中心，将半径 3 千米内的区域划为疫区。

c. 将距疫区周边 5 千米内的区域划为受威胁区。

② 疫点内应采取的措施 扑杀所有的禽只，并对所有病死禽、被扑杀禽及其禽类产品按国家规定标准进行无害化处理；对禽类排泄物、被污染饲料、垫料、污水等进行无害化处理；对被污染的物品、交通工具、用具、禽舍、场地进行严格彻底消毒，并消灭病原。在疫点出入口设立消毒哨卡，24 小时值班，禁止人、畜禽、车辆进出和禽类产品及其他可能污染物品移出。在特殊情况下需要进出时，须经当地兽医主管部门批准，并经过严格消毒后进出。

③ 疫区内应采取的措施 扑杀疫区内所有禽类，在疫区周围设置警示标志，在出入疫区的交通路口设置动物检疫消毒站 24 小时值班，对出入的车辆和有关物品进行消毒。必要时，经省级人民政府批准，可设立临时监督检查站，执行对禽类的监督检查任务；关闭禽类及其产品交易市场，禁止易感活禽类进出和易感染禽类产品和其他可疑污染物运出；家畜全部圈养；对禽类排泄物、被污染饲料、垫料、污水等按国家规定标准进行无害化处理；对被污染的物品、交通工具、用具、禽舍、场地进行严格彻底消毒，并消灭病原；根据需要，由县级以上人民政府决定对疫区实行封锁。

④ 受威胁区应采取的措施 对所有易感染禽类采用国家批准使用的疫苗进行紧急强制免疫接种，并建立完整的免疫档案；对禽类实行疫情监测，掌握疫情动态。关闭疫点周围13 千米范围的所有禽类及其产品交易市场。

(3) 解除封锁 疫情发生后，按要求划分了疫点、疫区和受威胁区，并按规定进行严格的处理后，经过 21 天以上监测未发现新的传染源，且关闭疫点周围 13 千米范围内禽类及其产品交易市场，且记录完整、规范、档案齐全。解除封锁前，省级动物防疫监督机构对疫点、疫区和受威胁区组织的检查评估合格，由当地兽医主管部门向发布封锁令的人民政府申请解除封锁。

① 解除封锁对疫点、疫区、受威胁区的要求

a. 对疫点的要求：全部禽类按要求及时予以扑杀；病死禽、被扑杀禽及禽类产品，以及禽类排泄物、被污染的饲料、垫料、污水等进行了无害化处理；被污染的物品、交通工具、用具、禽舍、场地等进行了严格清洗消毒；对潜伏期和发病期间售出、流出疫区的禽类及其产品、可疑污染物（包括粪便、垫料、饲料）等进行了追踪调查并进行了无害化处理，确保这些物品没有引起疫情扩散。

阅读资料：

无害化处理可以选择深埋、焚化、焚烧等方法，饲料、粪便也可以发酵处理。在处理过程中，应防止病原扩散，涉及运输、装卸等环节要避免洒漏，对运输装卸工具要彻底消毒。

① 深埋。深埋点应远离居民区、水源和交通要道，避开公众视野，标示清楚；坑的覆盖土层厚度应大于 1.5 米，坑底铺垫生石灰，覆盖土前再撒一层生石灰。坑的位置和类型应有利于防洪。禽鸟尸体置于坑中后，浇油焚烧，然后用土覆盖，与周围持平。填土不要太实，以免尸腐产气造成气泡冒出和液体渗漏。饲料、污染物以及禽蛋等置于坑中，喷洒消毒剂后掩埋。

② 焚烧。焚化根据疫情所在地实际情况，在充分考虑环境保护的情况下，采用浇油焚烧或焚尸炉焚化等焚烧方法进行。

③ 发酵。饲料、粪便、垫料等可在指定地点堆积，20℃以上环境条件下密封发酵至少 42 天。

b. 对疫区的要求：设置了警示标志，动物检疫消毒站或临时监督检查站，消毒措施符合要求；对疫区内所有禽类及其产品按规定处理后，经过 21 天以上，未发现新的病例。同时按要求实施了封锁措施，未发现易感禽及其产品进出；禽类排泄物、被污染的饲料、垫料、污水等进行了无害化处理；被污染的交通工具、用具、禽舍场地等场所和物品进行了彻底的清洗消毒。

c. 对受威胁区的要求：所有易感禽类采用国家批准使用的疫苗进行紧急免疫；紧急免疫 14 天后，随机采集血清样品抽检，应用 HI 进行抗体水平监测，每批禽群或每栋（舍）30 份样，抗体效价大于 4lg2 为合格；经免疫效果监测不合格的，必须加强免疫 1 次。经监测，未发现高致病性禽流感疫源。

② 解除封锁的验收程序　每位验收人员必须按照由外围到疫点的顺序组织验收，并做好自身防护。同时，要求解除疫区封锁后，当地兽医主管部门要继续加强疫情监测，开放疫点周围 13 千米范围内的活禽市场；疫区在解除封锁后，该区域养殖场必须空舍 6 个月以上，并经检测合格后，方可重新饲养禽类。

第三节　病死及死因不明动物处置办法

动物尸体管理是动物性产品社会化大生产的有机组成部分，它不仅关系到畜牧业的产业安全，而且关系到社会经济、公共卫生安全、环境安全等。为规范病死及死因不明动物的处置，消灭传染源，防止疫情扩散，保障畜牧业生产和公共卫生安全，根据《中华人民共和国动物防疫法》等有关规定，制定《病死及死因不明动物处置办法》（下文简称《办法》）。本办法适用于饲养、运输、屠宰、加工、贮存、销售及诊疗等环节发现的病死及死因不明动物的报告、诊断及处置工作。

一、病死及死因不明动物尸体的危害

动物尸体尤其是死亡原因不明的动物尸体存在着极大的危险，烈性传染病、毒物极有可能潜在于这些尸体中，不予处理或处理不当都会引发扩散、传播。这些危害可能是直接的，也可能是间接的。直接接触甚至食用而被感染或二次中毒、三次中毒，间接接触被尸体污染的车辆、工具、水源、场地、衣物、空气等都可能受到伤害。

（1）危害食品安全 以反刍动物尸体做原料的饲料酿成了疯牛病。2005 年见诸大众媒体的几起人畜共患病都牵扯到了畜禽尸体，四川绵阳一起人感染猪链球菌事件死亡 38 人，造成很大的经济损失，严重危害健康。

（2）危害环境安全 未经处理的动物尸体腐烂变质，污染空气，产生恶臭，令人生厌。动物尸体还可以富集重金属、毒物，污染其接触的土壤、水等，再经农作物进入食物链，产生循环往复的生态危害。炭疽杆菌在病死动物体内不能形成芽孢，一旦暴露于空气中就会形成对外界环境有强大抵抗力的芽孢，芽孢形成后，可以在土壤中存活几十年，被污染的土壤、牧地、水源可以成为持久的疫源地。

二、病死及死因不明尸体的诊断、报告与处理

对病死或死因不明动物尸体的处理，《办法》第四、五、六条规定：任何单位和个人不得随意处置及出售、转运、加工和食用病死或死因不明动物；所在地动物防疫监督机构接到报告后，应立即派工作人员到现场做初步诊断分析，能确定死亡病因的，应按照国家相应动物疫病防治技术规范的规定进行处理。对非动物疫病引起死亡的动物，应在当地动物防疫监督机构指导下进行处理；对病死但不能确定死亡病因的，当地动物防疫监督机构应立即采样送县级以上动物防疫监督机构确诊。对尸体要在动物防疫监督机构的监督下进行深埋、化制、焚烧等无害化处理。

《办法》第七条规定：对发病快、死亡率高等重大动物疫情，要按有关规定及时上报，对死亡动物及发病动物不得随意进行解剖，要由动物防疫监督机构采取临时性的控制措施，并采样送省级动物防疫监督机构或农业农村部指定的实验室进行确诊。如疑似炭疽病例，不可做尸体剖检。

对怀疑是外来病或者是国内新发疫病，应立即按规定逐级报至省级动物防疫监督机构，对动物尸体及发病动物不得随意进行解剖。

对病死及死因不明动物尸体的处理，不仅要考虑生物安全性，按相关处理程序进行，还要保护相关工作人员安全，采取有效措施做好个人防护和消毒工作。

同时，建立动物尸体管理的补偿激励机制。按国际惯例，农户的禽畜因疫情被扑杀，政府应给予补贴。养殖户、场扑杀禽畜后只要得到合理的补偿，就不会出现瞒报情况。

三、病死及死因不明动物尸体的无害化处理

对病死但不能确定死亡病因的，当地动物防疫监督机构应立即采样送县级以上动物防疫监督机构确诊。对尸体要在动物防疫监督机构的监督下进行深埋、化制、焚烧等无害化处理。

阅读资料：

（1）2003 年 8 月 22 日，广州市白云区某奶牛场电杀了 83 头疑似结核病奶牛，并做了无害化处理，这在广州尚属首次。

（2）香港每日约有 18 吨动物尸体，来自渔农自然护理署辖下动物管理中心（狗房）、禽畜农场、私人及公共兽医诊所、屠房、路边收集、爱护动物协会、香港赛马会、海洋公园等，为此设立了专门的动物尸体处置设施，该设施的处置量设计约为每日 35 吨，以妥善地处置动物尸体。

自暴发疯牛病以来，各国都已视肉骨粉为"毒物"。英国鉴于欧洲一些国家已有对家庭垃圾焚烧处理后用作建筑材料的先例，拟在水泥加工中以动物骨粉充作石砾代用品。有关专家已着手对动物尸体废料焚烧物做成的水泥成品的物理性质和机械强度（包括是否可能释放有害物质）等方面进行试验。此法不仅可为"动物尸体"找到新的归属和出路，同时也可节省大量水泥，减少水泥厂的污染。

随着《中华人民共和国动物防疫法》的宣传贯彻执行和广大人民群众思想觉悟的提高，对一些病死、死因不明或染疫畜禽及其产品进行无害化处理成为动物卫生监督部门的一项重要工作。

 **复习思考题**

　　1. 如何对重大动物疫情进行监测、报告？
　　2. 如何控制高致病性禽流感疫情？
　　3. 如何对动物及动物产品进行产地检疫和屠宰检疫？
　　4. 试述我国建立免疫档案及疫病可追溯体系的意义。
　　5. 讨论：××村王某借用邻村张某的《种畜禽生产经营许可证》，从同村养牛专业户家中收购 2 头奶牛，出售给外来求购奶牛者，收入 2 万元。请问，此行为违反了哪些规定？应如何处理？

案例分析

【案情介绍】

2013 年 5 月 27 日，辽宁省动物卫生监督所接到大连港口动物防疫监督检查站的汇报："检查站工作人员在监督检查时发现鞍山市××养殖专业合作社蔡某从山东烟台向我省引入肉种鸡。蔡某所持有的《同意引入动物决定书》的日期存在涂改，怀疑是变造的。"

鉴于此案情节复杂，并涉及跨省界调运，辽宁省动物卫生监督所于 2013 年 5 月 27 日展开立案调查。

经现场检查及提取报批单位《同意引入动物决定书》备案件，证实违法行为人蔡某变造《同意引入动物决定书》行为成立，未办理审批手续跨省引入种用动物行为成立。有调查笔录、录像资料、《同意引入动物决定书》备案件作证，违法行为人蔡某对其违法事实供认不讳。

辽宁省动物卫生监督所依据《中华人民共和国动物防疫法》第七十七条第二款及《辽宁省人民政府关于加强全省无规定动物疫病区外引动物管理的通告》之规定，向蔡某下达了《行政处罚事先告知书》《行政处罚听证告知书》。蔡某放弃陈述申辩以及听证的权利。省监督所执法人员经领导批示行政处罚意见书后，对蔡某下达《行政处罚决定书》，作出如下行政处罚：①责令改正；②罚款五千元人民币。行政处罚执行后，辽宁省动物卫生监督所责令鞍山市千山区动物卫生监督所对引入动物实施隔离观察。

【案例评析】

（1）未办理审批手续，跨省引入种用动物的行为违反了《中华人民共和国动物防疫法》第四十六条"跨省、自治区、直辖市引进乳用动物、种用动物及其精液、胚胎、种蛋的，应当向输入地省、自治区、直辖市动物卫生监督机构申请办理审批手续，并依照本法第四十二条的规定取得检疫证明。跨省、自治区、直辖市引进乳用动物、种用动物到达输入地后，货主应当按照国务院兽医主管部门的规定对引进的乳用动物、种用动物进行隔离观察"以及《辽宁省人民政府关于加强全省无规定动物疫病区外引动物管理的通告》之规定。由于蔡某的变造行为严重违反了报批报验制度，但并未造成重大经济损失，故行政处罚额度定位为五千元人民币。

（2）行政处罚执行后，对动物的处理是类似案件容易疏忽的地方。动物卫生行政处罚的目的就是为了纠正违法行为，并弥补人民群众的经济损失，防止造成疫病扩散，所以对行政处罚后的动物处理尤为重要。

（3）此案运用行政处罚程序中的一般程序，由于对公民的罚款额度为五千元，所以必须告知违法行为人听证的权利，并下达《行政处罚听证告知书》。

第六章 兽药管理

 思政与职业素养目标

在兽药生产、经营领域内打假扶正，加强诚信意识和法律意识，保障养殖业健康发展，在畜牧养殖领域严格兽药使用管理，确保畜产品安全。

学习目标

1. 了解兽药的概念分类；兽药管理的对象、范围和目的；新兽药注册申请的程序；兽药生产企业应具备的条件；兽药生产许可证制度；对兽药的包装与标签的要求。

2. 掌握批准文号的含义；掌握兽药经营企业应当具备的条件、GMP制度、《兽药经营许可证》的申领程序；掌握兽药的安全使用规定。

第一节 兽药管理概述

一、兽药的概念与分类

兽药就是对动物具有药用功能的物质。兽药是一种特殊商品，它既有一般商品的属性，又有区别于其他商品的特殊性。在研制、生产、流通、使用过程中有特殊的要求和规律，表现在：兽药质量必须符合国家规定的兽药质量标准；兽药消费的专一性很强，只能凭兽医处方与兽药说明书或在兽医指导下使用；使用兽药必须考虑经济成本和效益。

1. 兽用生物制品

兽用生物制品是应用天然或人工改造的微生物、寄生虫、生物毒素或生物组织及代谢产物为原材料，采用生物学、分子生物学或生物化学等相关技术制成的，用于预防、诊断和治疗动物疫病或改变动物生产性能的兽药制剂。如供预防传染病、寄生虫病用的疫苗和类毒素，供免疫学诊断用的诊断液及供治疗用的抗毒素、抗血清、干扰素等。

2. 中药

中药，即我国的传统医药，包括中药材和中成药。中药材的种类极多，按其来源分植物、动物和矿物三大类。中成药为依据一定处方和加工方法将中药材制成一定剂型、规格的可直接应用的制剂，因而中成药又称中药制剂。

3. 化学药品

化学药品指具有一定化学结构，经化学方法制备的药物。根据其化学性质可分为无机药品与有机药物；根据来源可分为天然药物与合成药物。化学药品的种类繁多，是兽药的重要组成部分。

4. 抗生素

抗生素是生物（包括动物、植物、微生物）在其生命活动中产生的（或用化学、生物、生化方法衍生的），能在低浓度下选择性地抑制或影响其他生物机体的物质。

5. 生化药品

生化药品，即生物化学药品的简称，是参与动物机体正常代谢的一类重要物质。它包括多肽及蛋白质、氨基酸、酶、核酸与核苷酸、黏多糖、脂类及维生素等。最初的生化药品主要从动植物中提取，现在很多生化药品可经过化学合成制得。

6. 特殊药品

特殊药品是依据国家规定必须进行特殊管理的一类药品，如麻醉药品、精神药品、毒性药品、外用药品、放射性药品等。由于这些药品具有的特殊毒副作用及可能对社会治安、人体健康造成不良影响，在兽药管理中实行特殊管理。对于这些特殊兽药，国家规定了比一般兽药更为严格的管理措施，必须遵照执行。

二、兽药管理的主管机关和目的

兽药管理是指各级兽医管理部门代表国家依法对全社会的兽药工作进行组织与管理的活动。

在我国，兽药是一种特殊的商品，属于国家专控。因此，只要是兽药，不管是国产的还是进口的，不管是生产、经营、使用，还是与之有关的兽药标签、说明书和广告等，有关单位和个人都必须服从兽医主管部门的管理，自觉遵守有关管理法规，共同维护全社会的兽药工作秩序。

1. 兽药管理的主管机关

兽医行政管理部门是兽药的法定管理机关，凡属兽药管理事务均应由兽医主管部门管理。我国的兽药行政管理体系从中央到地方共分四级，即农业农村部、省、市、县四级管理体系。同时还设置了监察机构，即兽药质量监督检验机构，规定了县级以上人民政府兽医主管部门负责兽药残留检测的行政管理工作。

2. 兽药管理的目的

兽药管理的目的是保证兽药质量，有效防治动物疾病，促进畜牧业的发展和维护人体健康。

兽药用于防治、诊断动物疾病或者调节其生理功能，直接为畜牧业生产服务，保障畜牧业生产的正常发展，但是同时兽药又与人体健康密切相关。人们很早就知道一些动物疾病可以传染给人类，也就是所谓的人畜共患病。目前已知 200 多种动物传染病和 150 多种动物寄生虫病中有 200 多种可以传染给人，如狂犬病、炭疽、布鲁氏菌病、流行性乙型脑炎、弓形虫病、旋毛虫病等均严重影响人体健康，甚至危及生命。因而管理好兽药，保证足够的兽药品种、数量和质量来防治和扑灭这些动物疫病，自然也就维护了人体的健康。

三、兽药管理的基本制度

1. 对兽药的生产和经营实行注册审批制度

包括对兽药生产、经营企业《兽药生产许可证》《兽药经营许可证》的审批。同时《兽药管理条例》还规定，生产经营兽药必须获得兽药批准证明文件。兽药批准证明文件是指兽药产品批准文号、进口兽药注册证书、允许进口兽药生物制品证明文件、出口兽药证明文件、新兽药注册证书等文件。

2. 国家实行兽药储备制度

即发生重大动物疫情、灾情或其他突发事件时，国务院兽医管理部门可以紧急调用国家储备的兽药；必要时，也可以调用国家储备以外的兽药。

3. 确立了对兽药使用实行处方药和非处方药分类管理的制度

兽用处方药是指凭兽医处方方可购买和使用的兽药。兽用非处方药是指由国务院兽医主管部门公布的，不需要凭兽医处方就可以自行购买并按照说明书使用的兽药。

4. 建立了新兽药研制管理和安全监测制度

为尽量减少新兽药可能给人类、动物和环境带来的危害和风险，《兽药管理条例》规定：新兽药研制者必须符合一定的条件，研制新兽药应进行安全性评价，并在临床试验前经省级以上人民政府兽医主管部门批准。临床试验完成后，研制者应当向国务院兽医主管部门提交新兽药样品和相关资料，经评审和复核检验合格的，方可取得新兽药注册证书。根据保证动物产品质量安全和人体健康的需要，国务院兽医主管部门可以在新兽药投产后对其设定不超过5年的监测期，监测期内不批准其他企业生产或者进口该新兽药。

5. 规定了兽药生产、经营质量管理规范制度

要求兽药生产、经营企业严格按照兽药质量管理规范组织生产和经营。兽药生产企业所需的原料、辅料和兽药的包装应当符合国家标准或兽药质量要求；兽药出厂应当经质量检验合格，并附具内容完整的标签或说明书；兽药经营企业应当建立购销记录，购进兽药应当做到兽药产品与标签或说明书、产品质量合格证核对无误，销售兽药应当向购买者说明兽药的功能主治、用法、用量和注意事项。

6. 建立了用药记录制度、休药期制度和兽药不良反应报告制度

为了确保动物产品质量安全，维护人民的身体健康，《兽药管理条例》要求兽药使用单位遵守兽药安全使用规定并建立用药记录制度，不得使用假、劣兽药以及农业农村部规定的禁用药品和其他化合物，不得在饲料和动物饮水中添加激素类药品和其他禁用药品；有休药期规定的兽药用于食用动物时，饲养者应当向购买者或者屠宰者提供准确、真实的用药记录，购买者或者屠宰者应当确保动物及其产品在用药期、休药期内不用于食品消费，禁止销售含有违禁药物或者兽药残留量超标的食用动物产品；兽药生产、经营企业，兽药使用单位和开具处方的兽医人员发现可能与兽药使用有关的严重不良反应时，应当立即向当地人民政府兽医主管部门报告。

第二节　新兽药的研制管理

新兽药是指未曾在中国境内上市销售的兽用药品，包括我国新研制的兽药原料药品及其制剂。新兽药的研制是指对兽药原料、兽药原料药品及其制剂进行开发和研制的活动。兽药新制剂是指用国家已批准的兽药原料药品新研制、加工出的兽药制剂。已经批准生产的兽药制剂，凡改变处方、剂型、给药途径和增加新适应证的，亦属兽药新制剂。

国家对依法获得注册的、含有新化合物的兽药申请人提交的自己所取得且未披露的实验数据和其他数据实施保护。除公共利益需要或已采取措施确保该类信息不会被不正当地进行商业使用外，兽药注册机关不得披露本条款规定的数据。同时还规定，新兽药自注册之日起6年内，对其他申请人未经已获得注册兽药的申请人同意，使用前款规定的数据申请兽药注册的，兽药注册机关不予注册。但是，其他申请人提交自己所取得的数据的除外。

一、研制新兽药应当具备的条件

研制新兽药应当具备的基本条件，《兽药管理条例》有明确规定，同时要遵守农业部令2005年第55号公布的《新兽药研制管理办法》。

遵循研制新兽药基本要求的法律规定，确保新兽药的质量合格并且安全、有效。《兽药管理条例》第七条规定：研制新兽药，应当具有与研制相适应的场所、仪器设备、专业技术人员、安全管理规范和措施。研制新兽药应当进行安全性评价。从事兽药安全性评价的单位，应当经国务院兽医管理部门认定，并遵守兽药非临床质量研究管理规范和兽药临床试验质量管理规范。

1. 安全性评价

新兽药安全性评价系指在临床前研究阶段，通过毒理学研究等对一类新化学药品和抗生素对靶动物和人的健康影响进行评估的过程。对研制的新化合物能够作为新兽药用于动物之前，必须保证该化合物对动物、使用者、生产者都是安全的，对环境没有污染；用于食品动物的，还必须保证对动物性食品不构成危害，对所治疗的动物疾病有效。从事兽药安全性评价的单位，应当经国务院兽医管理部门认定。未经国务院兽医管理部门认定的任何单位和个人都不得进行兽药安全性评价。同时在研制新兽药时如果有能力，可以由研制单位自己来完成对新兽药的安全性评价，但必须取得安全性评价资格认可。没有安全性评价条件和能力的可以委托具有GLP、GCP资质认可的单位来完成。其目的是可以更公正、科学地评价新化合物的安全性。

2. 遵守"两个规范"

具有法律资格，从事兽药安全性评价的单位，必须遵守《兽药非临床研究质量管理规范》和《兽药临床试验质量管理规范》。

（1）**《兽药非临床研究质量管理规范》**　是指国际上通称的Good Laboratory Practice，简称GLP，是关于兽药非临床研究实验设计、操作、记录、报告和监督等一系列行为和实验室条件的规范。通常包括对组织机构和工作人员、实验设施、仪器设备和实验材料的规定，要求制定标准操作规程，对实验方案、实验动物和资料档案都有明确规定。其目的在于通过对兽药研究的各方面规范管理，来保证兽药安全性评价数据的真实性和可靠性。

（2）《兽药临床试验质量管理规范》 是指国际上通称的 Good Clinical Practice，简称 GCP。它是关于评价兽药临床疗效和安全性进行的系统性研究，以证实或揭示试验用兽药的作用及不良反应等，目的是确定试验用兽药的疗效与安全性。该规范是临床试验过程的标准规定，包括方案设计、组织、实施、监察、稽查、记录、分析总结和报告。

二、新兽药的安全性评价

1. 研制新兽药，应当进行安全性评价

安全性评价过程包括急性中毒、亚慢性中毒、致突变、生殖毒性（含致畸）和慢性毒性（含致癌）试验以及用于食用动物时日允许摄入量（ADI）和最高残留限量（MRL）的确定。

2. 对承担新兽药安全性评价单位的资格要求和试验要求

承担新兽药安全性评价的单位除在具有农业农村部认定的资格的同时，还要求执行《兽药非临床研究质量管理规范》，并参照农业农村部发布的有关技术指导原则进行试验。采用指导原则以外的其他方法和技术进行试验的，应当提交能证明其科学性的证明。根据农业部（1990）农（牧）函字第 4 号文件规定，由中国兽药监察所、北京农业大学（现中国农业大学）、兽医大学军事兽医研究所（现吉林大学农学部）和江苏农学院（现扬州大学）4 个单位为我国新兽药特殊毒性试验（致畸、致突变、致癌试验，即"三致试验"）法定承担单位。

由于有的新兽药的毒副作用在使用后的较长时间内才表现出来。因此，《兽药管理条例》第二十一条规定：国务院兽医管理部门，根据保证动物产品质量安全和人体健康的需要，可以对新兽药设立不超过 5 年的监测期；在监测期内，不得批准其他企业生产或者进口该新兽药。生产企业应当在监测期收集该新兽药的疗效、不良反应等资料，并及时报送国务院兽医管理部门。

三、新兽药的审批与注册

新兽药的注册，应当履行《兽药管理条例》第九条和第十条的法律规定以及《兽药注册办法》和农业部第 442 号公告的具体要求。其中明确规定在中华人民共和国境内从事新兽药和进口兽药的生产经营活动都必须注册，由农业农村部负责全国兽药注册工作。农业农村部兽药审评委员会负责新兽药和进口兽药注册资料的评审工作。中国兽医药品监察所和农业农村部指定的其他兽药检验机构承担兽药注册的复核检验工作。

研制单位完成研制任务后，应按规定向国务院兽医管理部门申报，申报的新兽药经国务院兽医管理部门受理，兽药检验机构质量复核，技术审评合格并取得《新兽药注册证书》后，才是合法的兽药，才能生产、经营、使用。

1. 新兽药申报需经程序

（1）申报 临床试验完成后，新兽药研制者向国务院兽医管理部门提出新兽药注册申请时，应当提交该新兽药的样品和下列资料：

① 名称、主要成分、理化性质。

② 研制方法、生产工艺、质量标准和监测方法。

③ 药理和毒理试验结果、临床试验报告和稳定性试验报告。

④ 环境影响报告和污染防治措施。

研制用于食用动物的新兽药，还应当按照国务院兽医管理部门的规定进行兽药残留试验并提供休药期、最高残留限量标准、残留检测方法及其制定依据等资料。

申报单位应如实向兽医审批部门提交有关资料，不得弄虚作假。申报期间不得以中试名义扩大产品使用规模及从事商业性销售。

（2）受理 受理即国务院兽医管理部门对研制单位的申报资料进行初审，并做出是否接受申请的决定。初审的重点是检查研制单位报送的资料内容是否齐全、是否确实、是否符合研制要求的有关规定。国务院兽医管理部门应当自收到申请之日起 10 个工作日内，将决定受理的新兽药资料送其设立的兽药评审机构进行评审，将新兽药样品送其制定的检验机构复核检验。对于初审不合格，不予受理的申报资料应向申报单位说明原因，退回全部资料。如发现并经查实有伪造、欺骗、弄虚作假或有违反有关规定的，依法进行处理。

（3）复核试验 复核试验是指兽药研制单位向国务院兽医管理部门提交申请，经初审合格，同意受理后，将新兽药样品送指定的检验机构进行考核与验证。质量复核检验的目的是检验兽药是否与所提供的质量标准草案中的各项指标相符，是否与我国兽药质量标准有关规定相符。研制单位应协同兽药检验机构进行复核试验，并将新兽药及兽药新制剂的质量标准草案和复核试验报告送交国务院兽医管理部门。

（4）技术评审 技术评审是指对新兽药进行全面的技术审查评定。国务院兽医管理部门应当自收到申请之日起 10 个工作日内，将决定受理的新兽药资料送其设立的兽药评审机构进行评审。兽药评审委员会的成员由科研、管理、生产、教学、医药等方面的专家组成，在兽药技术知识方面具有较高的权威性。对新兽药进行评审是兽药评审委员会的主要职责之一。通过评审，兽药评审委员会应判明新兽药研制全过程的理论依据、技术措施及相应结论是否适当，并对该兽药做出最终技术评审结论。

（5）审批 新兽药通过符合试验和技术评审后，由农业农村部审核批准，发布其质量标准，并发给《新兽药注册证书》。不合格的，应当书面通知申请人。审批应在自收到评审和复核检验结论之日起 60 个工作日内完成。

2. 新兽药批准文号的申请

① 申请自己研制的已获得《新兽药注册证书》的兽药产品批准文号，且该产品样品系申请人自己生产的，申请人除提交基本资料以外还应当向农业农村部提交《新兽药注册证书》复印件一式一份、标签和说明书样本一式一份。

农业农村部自受理之日起 20 个工作日内完成审查。审查合格的，核发产品批准文号，公布标签和说明书；不合格的，书面通知申请人，并说明理由。

② 申请自己研制的已获得《新兽药注册证书》的兽药产品批准文号（该产品样品并非申请人自己生产而系他人生产）应向农业农村部提交下列资料：

a.《新兽药注册证书》复印件一式一份；如果是中外合资企业应提供《进口兽药注册证书》复印件一式一份。

b. 标签和说明书样本一式一份。

c. 所提交样品的自检报告一式两份。

d. 转让合同书原件一份；农业农村部自受理之日起 5 个工作日内将样品送兽药检验机构进行检验，并自收到检验结论之日起 15 个工作日内完成审查。审查合格的，核发产品批准文号，公布标签和说明书；不合格的，书面通知申请人，并说明理由。

第三节　兽药生产管理

兽药生产是指将原料加工制作成供临床应用的兽药制剂的活动。兽药生产的全过程可分为将原料加工成原料药的原料药生产阶段和将原料药加工成制剂的制剂生产阶段。原料经加工制得的含药用成分较高的产品，即原料药。原料药一般不直接应用于临床，需进一步加工成供临床应用的制剂。如玉米这种原料，经加工制得葡萄糖这种原料药的过程为原料药生产阶段。葡萄糖一般不直接应用于临床，需要再把葡萄糖原粉加工成供临床应用的单方或者复方制剂，这一过程就是制剂生产阶段。兽药生产企业，是指专门生产兽药的企业和兼产兽药的企业，包括从事兽药分装的企业。

一、兽药生产企业的管理

为保证兽药产品的质量，兽药生产企业必须具备与生产兽药的品种、规模相适应的基本条件。我国在《兽药管理条例》和《兽药生产质量管理规范》（GMP）中有关兽药生产企业必须具备的基本条件均有明确规定，主要包括以下几个方面：

1. 人员素质

人员素质是确保企业正常生产和确保产品质量的重要因素。《兽药管理条例》第十一条规定：兽药生产企业必须具有与所生产的兽药相适应的兽医学、药学或各相关专业的技术人员。在《兽药生产质量管理规范》中，对兽药生产管理负责人、质量管理负责人、兽药生产管理部门的负责人、质量管理部门的负责人、直接从事兽药生产操作和质量检验人员以及从事生产辅助性工作的人员素质要求均有明确的规定。比如，要求兽药生产企业主管兽药生产管理的负责人和质量管理的负责人，应具有制药或相关专业大专以上学历，有兽药生产和质量管理工作经验。质量检验人员应经省级兽药监察所培训，经考核合格后持证上岗。质量检验负责人的任命和变更应报省级兽药监察所备案。

2. 厂房、设施及卫生环境

《兽药管理条例》规定：兽药生产企业必须具备"与所生产的兽药相适应的厂房、设备"。《兽药生产质量管理规范》中，要求厂房的设计、建设及布局应合理，应达到相应的建筑质量标准、安全标准及卫生标准。比如，要求厂房及仓储区应有防止昆虫、鼠类及其他动物进入的设施。厂房应便于进行清洁工作。非洁净室（区）厂房的地面、墙壁、天棚等内表面应平整、清洁、无污迹、易清洁。洁净室（区）内表面应平整光滑、耐冲击、无裂缝、接口严密、无颗粒物脱落，并能耐受清洗和消毒，墙壁与地面的交界处宜呈弧形或采取其他措施，地面应平整光滑、无缝隙、耐磨、耐腐蚀、耐冲击，易除尘清洁。洁净室应根据生产要求提供足够的照明，主要工作室的最低照度不得低于150勒克斯。

3. 设备

兽药生产企业必须具备与所生产产品相适应的生产设备和检验设备。设备的设计、造型和安装应符合生产要求，使用、维修、清洁、保养应有相应的规程和管理记录。设备的设计、选型、安装应符合生产要求，易于清洗、消毒或灭菌，便于生产操作和维修、保养，并能防止差错和减少污染。

与兽药直接接触的设备表面应光洁、平整、易清洗或消毒、耐腐蚀，不与兽药发生化学变化或吸附兽药。设备所用的润滑剂、冷却剂等不得对兽药或容器造成污染。主要生产和检验设备、仪器、衡器均应建立设备档案，内容包括生产厂家、型号、规格、技术参数、说明书、设备图纸、备件清单、安装位置及施工图，以及检修和维修保养内容及记录、验证记录、事故记录等。

4. 质量检验机构

兽药生产企业必须具备能对所生产的兽药进行质量检验的机构和人员，并有相应的仪器和设备。兽药质量检验机构不得附设在企业生产技术机构之内。质量检验机构直属厂长领导。兽用生物制品生产企业质量检验机构的负责人具有质量否决权，生物制品车间质检室的负责人的任免需征得所在省、自治区、直辖市畜牧厅（局）及中国兽医药品监察所的同意。

5. 管理制度

兽药生产企业应有完整的生产管理、质量管理文件以及各类管理制度和记录。生产管理文件主要包括生产工艺规程、岗位操作法或标准操作规程、生产记录等。产品质量管理文件主要包括产品的申请和审批文件；物料、中间产品和成品质量标准、企业内控标准及其检验操作规程；产品质量稳定性考察；批检验记录、检验原始记录和检验报告单。各类制度及记录包括如下内容。

① 企业管理、生产管理、质量管理、生产辅助部门的各项管理制度。
② 厂房、设施和设备的使用、维护、保养、检修等制度和记录。
③ 物料验收、发放管理制度和记录。
④ 生产操作、质量检验、产品销售、用户投诉等制度和记录。
⑤ 环境、厂房、设备、人员、工艺等卫生管理制度和记录。
⑥ 不合格品管理、物料退库和报废、紧急情况处理、"三废"处理等制度和记录。
⑦ 管理规范和生产技术培训等制度和记录。

二、《兽药生产许可证》的管理

国家对兽药的生产实行生产审批制度，审批制度是国家对兽药生产企业实施管理的重要行政措施，世界上很多国家都通过立法规定了对兽药生产企业的审批制度。《兽药生产许可证》的申办、审批程序如下。

1. 申请

符合规定条件的申请人，可向省、自治区、直辖市人民政府兽医管理部门提出申请，并附具符合规定条件的证明材料。需提供的资料有《兽药生产许可证申请表》《兽药 GMP 合格证书》。

2. 审查

省、自治区、直辖市人民政府兽医管理部门，应当自收到申请之日起 40 个工作日内完成审查。

3. 发证

经审查合格的，发给兽药生产许可证；不合格的，应当书面通知申请人。申请人凭兽药生产许可证办理工商登记手续。

兽药生产许可证应当载明生产范围、生产地点、有效期和法定代表人姓名、住址等事项。兽药生产许可证有效期为 5 年。有效期届满，需要继续生产兽药的，应当在许可证有效期届满前 6 个月到发证机关申请换发兽药生产许可证。

申请换发新证的程序与原申请程序相同。换发新证的企业必须按有关管理规定，进行自查、整顿、写出总结，报发证机关审查。经发证机关验收合格的，换发新证；验收不合格的限期整顿，逾期仍不合格的，不再发证。现在要求所有的兽药生产企业和兽用生物制品生产车间必须取得兽药 GMP 合格证。

兽药生产企业变更生产范围、生产地点的，应当依照《兽药管理条例》第十一条的规定申请换发兽药生产许可证；变更企业名称、法定代表人的，应当在办理工商变更登记手续后15 个工作日内，到发证机关申请换发兽药生产许可证。

兽药生产企业停业生产超过 6 个月或者关闭的，由原发证机关责令其交回兽药生产许可证。

三、兽药产品批准文号的管理

《兽药管理条例》第十五条规定：兽药生产企业生产兽药，应当取得省级以上人民政府兽医行政管理部门核发的产品批准文号。兽药产品批准文号是农业农村部根据兽药国家标准、生产工艺和生产条件批准特定企业生产特定兽药产品时核发的兽药批准证明性文件。

1. 兽药产品批准文号的申请与核发

农业农村部负责全国兽药产品批准文号的核发工作。兽药生产企业生产兽药，应当取得农业农村部核发的产品批准文号。申请人应当向农业农村部提交自己生产的连续三个批次的样品和下列资料：《兽药产品批准文号申请表》一式两份、《兽药生产许可证》复印件一式两份、《兽药 GMP 证书》复印件一式两份。

申请除生物制品以外的已有兽药国家标准的兽药产品批准文号的，还应提交标签和说明书样本一式两份、样品的自检报告一式两份。

农业农村部自受理之日起 5 个工作日内将样品送兽药检验机构进行检验，并自收到检验结论之日起 15 个工作日内完成审查。审查合格的，核发产品批准文号，公布标签和说明书；不合格的书面通知申请人，并说明理由。

兽药产品批准文号有效期为 5 年，有效期届满后，需继续生产的，兽药生产企业应当在有效期届满前 6 个月前按原批准程序向原审批机关提出产品批准文号的换发申请。申请换发生物制品批准文号的，可不再提供样品。

兽药生产企业异地新建车间、改变生产场地生产兽药的，应当另行申请兽药产品批准文号。对已结束监测期的除生物制品以外的兽药，兽药生产企业可根据规定申请换发产品批准文号。

2. 兽药产品批准文号的编制格式

根据《兽药产品批准文号管理办法》规定，兽药产品批准文号的编制格式为：兽药类别简称＋年号＋企业所在地省份（自治区、直辖市）序号＋企业序号＋兽药品种编号。

① 兽药类别简称：药物添加剂的类别简称为"兽药添字"；血清制品、疫苗、诊断制品、微生态制品等的类别简称为"兽药生字"；中药材、中成药、化学药品、抗生素、生化药品、放射性药品、外用杀虫剂和消毒剂等的类别简称为"兽药字"。

② 年号用 4 位数字表示，即核发产品批准文号时的年份。

③ 企业所在地省份序号用 2 位阿拉伯数字表示，由农业农村部规定并公告。

④ 企业序号按省份排序，用 3 位阿拉伯数字表示，由农业农村部公告。

⑤ 兽药品种编号用 4 位阿拉伯数字表示，由农业农村部规定并公告。

四、兽药质量管理

兽药质量管理包括建立完整的质量管理制度、原材料的质量管理、加工过程的质量管理、包装的质量管理、出厂检验管理以及出厂后在销售过程中跟踪服务管理等。

1. 兽药物料的质量管理

兽药生产的物料包括原料、辅料、包装材料等。原材料主要包括起始原材料、工业用水和包装材料等。

起始原材料包括作为加工对象的主要原材料和在加工过程中需添加的辅料。原材料的质量是确保产品质量的关键和前提。《兽药管理条例》第十七条规定：生产兽药所需的原料、辅料，应当符合国家标准或者所生产兽药的质量要求。直接接触兽药的包装材料和容器应当符合药用要求。起始原材料的质量管理必须按照国家标准进行采购、检验、验收、贮藏、保养、登记和质量监测等。

工业用水也必须达到规定的质量标准，并进行定期监测。根据产品工艺规程选用的工艺用水，应符合质量标准，并定期检验，检验有记录。同时应根据验证结果规定检验周期。包装材料和容器的质量管理也必须符合包装不同兽药所要求的质量标准，以确保药品质量。

2. 兽药加工过程的质量管理

兽药加工过程的质量管理是对兽药在加工制造过程中的工艺规程管理、工序检验管理和生产记录管理进行全面质量监控的过程。《兽药生产质量管理规范》规定：兽药生产企业应制定生产工艺规程、岗位操作法或标准操作规程，并不得随意更改。

① 工艺规程是指把原材料或半成品加工成成品的生产技术操作程序。兽药生产企业生产每个兽药品种都必须有相应的工艺规程。在申办生产批准文号时，工艺规程就必须作为资料之一报国务院兽医管理部门审批。工艺规程一旦确定就不得任意改变，任何擅自改变生产工艺规程的行为，都违反兽药管理规定，并应受到相应的制裁。

② 工序检验是对加工生产过程的每一道工序、每一个环节按规定的质量标准进行检验的过程。这种检验包括生产人员的"自检""互检"和专职检验人员的"专检"。其目的是为了及时发现生产中的质量问题，达到质检机构和生产人员共同参与质量管理，最终保证生产全过程的产品质量的目的。

③ 生产记录是反映生产情况的重要文字资料，大体包括原材料、成品的数量、质量；工艺方法，水、电、机器的运行情况以及车间、班、组的生产情况等。有了完整、准确的生产记录才能对生产情况进行客观的统计、分析，使决策者和生产人员都对所完成工作的数量和质量做到胸中有数，以便及时发现生产中存在的问题，以及为后来所发生的质量事故和生产事故提供有关历史证据。因此《兽药管理条例》第十六条规定：兽药生产企业应当建立生产记录，生产记录应当完整、准确。

3. 包装的质量管理

兽药只有经过包装才能进行运输和贮存，包装质量同样是影响兽药质量的重要因素。兽药的包装包括包装本身，包装上的封签、标签及内附的说明书。兽药管理法规对包装的质量做了很多具体规定。

① 《兽药管理条例》第二十条规定：兽药包装应当按照规定印有或者贴有标签，附具说明书，并在显著位置注明"兽用"字样。

② 兽药的标签和说明书经国务院兽医管理部门批准并公布后，方可使用。

③ 兽药的标签和说明书，应当以中文注明兽药的通用名称、成分及其含量、规格、生产企业、产品批准文号（进口兽药注册证号）、产品批号、生产日期、有效期、适应证或者功能主治、用法、用量、休药期、禁忌、不良反应、注意事项、运输贮存保管条件及其他应当说明的内容。有商品名称的还应注明商品名称。

④ 除前款规定的内容外，兽用处方药的标签和说明书还应当印有国务院兽医管理部门规定的警示内容。其中兽用麻醉药品、精神药品、毒性药品和放射性药品还应当印有国务院兽医管理部门规定的特殊标志；兽用非处方药的标签或者说明书还应当印有国务院兽医管理部门规定的非处方药标志。

4. 兽药产品出厂检验管理

《兽药管理条例》第十八条规定：兽药出厂前应当经过质量检验，不符合质量标准的不得出厂。兽药出厂应当附有产品质量合格证。禁止生产假、劣兽药。由此可见，出厂检验是兽药生产企业必须遵守的一项制度，是生产企业质量检验最后一个重要的环节。而且出厂的检验必须由企业质检机构专职质量检验人员进行，对生产人员所生产的最终产品进行检验和验收，执行企业的质量管理制度。

5. 兽药产品销售与收回管理

影响兽药质量的因素是多方面的，但对一个兽药生产企业来说，兽药不仅要在生产过程中把好质量关，而且在销售和使用过程中保存和使用不当，也会影响到兽药的质量，从而影响到兽药的销售和兽药生产企业的生存。因此，《兽药生产质量管理规范》规定，兽药生产企业应建立兽药产品销售与回收的管理制度，要求企业做到如下各点。

(1) 每批成品均应有销售记录　根据销售记录能追查每批兽药的售出情况，必要时应能及时全部追回。销售记录内容应包括品名、剂型、批号、规格、数量、收货单位和地址、发货日期等。

(2) 销售记录应保存至兽药有效期后 1 年　未规定有效期的兽药，其销售记录应保存3 年。

(3) 兽药生产企业应建立兽药退货和收回的书面程序，并有记录　兽药退货和收回记录内容应包括品名、剂型、批号、规格、数量、退货和收回单位及地址、退货和收回原因及日期、处理意见。因质量原因退货和收回的兽药制剂，应在企业质量管理部门监督下销毁，涉及其他批号时，应同时处理。

6. 建立兽药生产企业自检机制

《兽药生产质量管理规范》规定，兽药生产企业应制定自检工作程序和自检周期，设立自检工作组，并定期组织自检。自检工作组应由质量、生产、销售等管理部门中熟悉专业及本规范的人员组成。自检工作每年至少 1 次。应按自检工作程序对人员、厂房、设备、文件、生产、质量控制、兽药销售、用户投诉和产品收回的处理等项目和记录定期进行检查，已证实与本规范的一致性。自检应有记录。自检完成后应形成自检报告，内容包括自检的结果、评价和结论以及改进措施和建议，自检报告和记录应归档。

第四节　兽药经营企业的管理

兽药经营企业是指以兽药为经营对象的企业。在我国，兽药经营企业的种类很多，从经营对象专门化程度看，有的是专门经营兽药，有的则是兼营兽药；从经营药品的来源上看，有的是经营国产兽药，有的经营进口兽药，或二者均经营；从企业的所有制形式上看，有国家、集体、个人及其他多种所有制形式。但是不管企业属于何种类型，只要是在我国境内经营兽药，都要遵守相关的兽药管理法规。兽药的质量与经营过程也是密切相关的，所以对兽药经营的管理其目的是保证兽药的质量，更好地防治动物疫病。

一、经营兽药企业应当具备的条件

为了保证兽药在经营过程中的质量，兽药经营企业应具备一定的基本条件。因此兽药管理法规对兽药经营企业应具备的基本条件做出了详细的规定。这些规定在《兽药管理条例》中有详细说明。为了保证兽药在经营过程中的质量，兽药经营企业应具备一定的基本条件。其基本内容如下。

（1）质量管理机构或者人员经营兽药的企业　应当具备与所经营的兽药相适应的质量管理机构或者人员。直接从事兽药采购、保管、销售、调剂、检验业务的应是药剂师、兽医技术员以上的技术人员。非药学、兽医学技术人员必须经核发《兽药经营许可证》的兽医管理部门或其指定单位，进行兽药经营知识考核合格后，方准从事兽药经营业务活动。

（2）经营场所、设备及仓储设施

①　兽药经营企业必须有与经营业务相适应的营业室、库房、货架、货位、柜台等，不准露天存放药品。

②　营业场所和库房应整洁卫生，并有消防安全措施。药品的堆码、存放和陈列要整齐。

③　兽药的存放和保管场所，必须符合各类药品的理化性质要求和特殊管理需要。应有防污染、防虫蛀、防鼠、防尘、防潮、防霉变等设施。需避光、低温贮存的药品，应有专用设备。特殊管理的药品应按有关规定执行。

④　要备有标准的计量器具、清洁无毒的售药工具和包装物料。

（3）质量管理制度　兽药经营企业收购、保管、销售兽药，必须建立健全质量检查和入库验收、在库保养、出库验发、销售核对等制度。

二、兽药经营企业的职责

1. 依法经营的职责

要求兽药经营企业必须符合兽药经营质量管理规范的要求，县级以上地方人民政府兽医管理部门负责对经营企业进行监督检查，并公布检查结果。销售兽用处方药的，应当遵守兽用处方药管理办法。销售兽用中药材的，应当注明产地。兽药经营企业变更经营范围、经营地点的，应当依照本条例第二十二条的规定申请换发兽药经营许可证，申请人凭换发的兽药经营许可证办理工商变更登记手续；变更企业名称、法定代表人的，应当在办理工商变更登记手续后15个工作日内，到原发证机关申请换发兽药经营许可证。

2. 保证兽药质量的职责

兽药经营企业有责任保证所经营的药品符合质量标准，不经营假劣兽药。在销售兽药的时候经营者有责任向用户说明兽药的用法、用量、注意事项，这就要求兽药经营企业认真把好进货关，按照兽药经营质量管理规范的要求从进货、运输、保管、销售各个方面把好质量关。定期对销售人员进行职业培训以适应行业发展的需要。兽药经营企业购销兽药，应当建立购销记录。购销记录应当载明兽药的商品名称、通用名称、剂型、规格、批号、有效期、生产厂商、购销单位、购销数量、购销日期和国务院兽医行政管理部门规定的其他事项。

兽药经营企业应当建立兽药保管制度，采取必要的冷藏、防冻、防潮、防虫、防鼠等措施，保持所经营兽药的质量。

兽药入库、出库，应当执行检查验收制度，并有准确记录。

三、兽药经营许可证制度

《兽药经营许可证》是国家在兽药管理中施行的一项重要管理制度之一。开办兽药经营企业均应申办《兽药经营许可证》。《兽药经营许可证》的申请、审批、发证程序如下。

1. 申请

符合规定条件的申请人可向市或县人民政府兽医主管部门提出申请，并附具符合规定条件的证明材料；经营兽用生物制品的，应当向省、自治区、直辖市人民政府兽医主管部门提出申请，并附具符合规定条件的证明材料。

2. 审批

县级以上地方人民政府兽医管理部门，应当自收到申请之日起30个工作日内完成审查。

3. 发证

审查合格的，发给兽药经营许可证；不合格的，应当书面通知申请人。兽药经营许可证应当载明经营范围、经营地点、有效期和法定代表人姓名、住址等事项。

兽药生产企业如果经营非本厂生产的兽药产品，必须申请办理《兽药经营许可证》。兽医医疗单位开设兽药商店经营兽药批发零售业务或在城乡集市贸易市场上销售兽药的，必须按规定领取《兽药经营许可证》。

兽药经营许可证有效期为5年。期满后需申领新证的，应在许可证有效期满前6个月到发证机关重新换发兽药经营许可证。重新申请的程序与原申请程序相同。重新申请时应按规定进行自查、整顿、写出总结，报发证机关审查，经发证机关验收合格的，换发新证；验收不合格的，限期改进，逾期仍不合格的，不再发证。

兽药经营企业停止经营超过6个月或者关闭的，由发证机关责令其交回兽药经营许可证。

四、兽药经营企业的兽药质量管理

兽药的质量管理是兽药经营企业业务管理的主要内容之一。兽药经营企业搞好兽药质量管理是搞好文明经营、提高服务水平、提高企业信誉及提高企业经济效益的重要措施，同时也是保证正常的兽药社会秩序及保证畜牧兽医事业正常发展的重要措施。因而，兽药经营企业必须搞好兽药质量管理。兽药经营企业应当遵守国务院兽医管理部门制定的兽药经营质量管理规范。兽药经营企业的兽药质量管理涉及兽药经营的各个环节，包括采购、运输、贮存、销售、记录，各环节的质量管理互相联系。

1. 采购

采购是指兽药经营企业或个体兽药经营者向兽药生产企业或向兽药批发企业购买兽药的行为。采购兽药的质量管理关键是必须按兽药质量标准进行验收。检查验收内容包括兽药名称、规格、生产企业、生产批号、有效期、检验合格证、批准文号、包装以及外观质量等。检查验收的原则包括以下几点。

① 必须是兽医主管部门审核批准并发给《兽药生产许可证》的生产企业生产的兽药。

② 必须是经兽医主管部门正式批复的有批准文号的兽药产品。

③ 必须有注册商标。

④ 质量稳定，符合规定的兽药质量标准。

⑤ 包装和标志应符合有关规定和贮运要求。

2. 运输

运输是兽药经营中的第二个重要环节。兽药通过运输才能从生产地到达销售地。运输过程中的兽药质量管理主要包括以下几个方面。

① 兽药生产企业、兽药经营企业和运输部门应相互配合，恰当选择运输路线和运输方式，及时、准确、安全、经济地完成从发货地至收货地的运输。

② 对有特殊运输要求的兽药，如危险品、易燃、易爆、腐蚀品，需冷藏、怕冻、怕压等兽药，应按特殊规定进行运输。

③ 兽药商品的运输包装，应符合国家有关规定和保证兽药质量的要求。包装应有明显的运输标记，内容包括品名（贵重商品用代号）、规格、内装数量、批号、出厂日期、有效期、每件重量、体积、生产单位、到站（港）、收发货单位名称和指示标记。

3. 贮存

兽药经运输到达目的地后及在消费者购买之前，均有一个在库房的贮存阶段。兽药的贮存是兽药经营中的一个重要环节，也是质量管理的重要环节。

(1) 入库验收 入库验收是库房管理人员与采购、运输人员之间进行商品责任交接的必经程序。兽药的入库验收除按一般商品入库验收制度进行外，还应对将入库兽药的质量进行验收。入库时进行质量验收的内容与原则与购买兽药时相同。凡质量不合格的兽药不得入库，根据具体情况，通知发货单位、运输单位、采购人员及主管领导，明确责任，并按有关规定对不合格兽药进行处理。

(2) 在库保养 兽药在库房存放中，需要不断地进行管理，因而经营企业必须建立科学、严格的库房管理制度，明确责任人员，并严格遵照执行，以保证在库兽药的质量。兽药的种类很多，各种兽药需要的保管条件不同。对一般兽药而言，要求在避光、阴凉、干燥条件下贮藏。有特殊要求的，如低温、怕冻、怕压、易燃、易爆、有腐蚀性、有放射性等，应按有关规定保存。各类兽药应按类别堆码存放，应做到防混乱、防污染、防虫蛀、防鼠、防尘、防潮、防霉变及保证库房安全等。库房管理人员应对贮存兽药进行定期检查，发现过期失效和变质的，应及时按规定销毁。

(3) 出库验发 除按一般商品出库验发制度执行外，还应对将出库的兽药进行质量验发，对兽药质量进行出库验发的项目与入库验收时相同。不合格的兽药不得出库销售。

4. 销售

销售的兽药必须保证质量，核对无误。销售人员应能正确说明兽药的作用、用途、用法、用量和注意事项。对处方所列的药品不得擅自更改或代用；对有配伍禁忌或超过剂量的处方应拒绝调配；必要时可经处方兽医师更改或重新签字。不得夸大宣传。兽药经营企业销售兽用中药材的，应当注明产地。

禁止兽药经营企业经营人用药品和假、劣兽药。禁止将兽用原料药拆零销售或者销售给兽药生产企业以外的单位和个人。禁止未经兽医开具处方销售国务院兽医管理部门规定实行处方药管理的兽药。

5. 记录

记录包括购销记录和出入库记录。《兽药管理条例》第二十八条规定：兽药经营企业购销售药，应当建立购销记录。购销记录应当载明兽药的商品名称、通用名称、剂型、规格、批号、有效期、生产厂商、购销单位、购销数量、购销日期和国务院兽医管理部门规定的其他事项。《兽药管理条例》第二十九条规定：兽药入库、出库，应当执行检查验收制度，并有准确记录。

第五节　兽药进出口管理

兽药的进口是指兽药经营企业根据国内兽药市场的需要，经过合法途径，从国外购买兽药的行为。兽药的出口是指兽药生产、经营企业通过合法途径，根据国家对兽药生产和使用情况的需要，将中国国内生产的兽药卖给国外经营者或消费者的行为。在中国加入世界贸易组织（WTO）后，国内外兽药生产企业和经营企业，都加大了兽药的进出口业务。因此，必须加强兽药进出口管理，才能维护好兽药的正常生产、经营、使用秩序。

一、兽药进口的管理

其他国家兽药生产企业生产的兽药首次向中国销售前，必须向中国申请，并按规定提供资料和样品，经审核合格，同意进口的，发给《进口兽药注册证书》。

取得证书的方可在中国销售，未经注册的其他国家的兽药一律不得在中国境内销售、分装、使用和进行商业性宣传。

1. 进口兽药注册申请

《兽药管理条例》及《进口兽药注册管理办法》规定，境外企业不得在中国直接销售兽药。境外企业在中国销售兽药，应当依法在中国境内设立销售机构或者委托符合条件的中国境内代理机构。首次向中国出口的兽药，由出口方驻中国境内的办事机构或者其委托的中国境内代理机构向国务院兽医管理部门申请注册，并提交下列资料和物品。

① 生产企业所在国家（地区）兽药管理部门批准生产、销售的证明文件。

② 生产企业所在国家（地区）兽药管理部门颁发的符合兽药生产质量管理规范的证明性文件。

③ 兽药的制作方法、生产工艺、质量标准、检测方法、药理和毒理试验结果、临床试验报告、稳定性试验报告及其他相关资料，用于食用动物的兽药的休药期、最高残留检测方法及其制定依据等资料。

④ 兽药的标签和说明书样本。

⑤ 兽药的样品、对照品、标准品。

⑥ 环境影响报告和污染防治措施。

⑦ 涉及兽药安全性的其他资料。

⑧ 申请兽药制剂进口注册，必须提供用于生产该制剂的原料药和辅料、直接接触兽药的包装材料和容器合法来源的证明文件。原料药尚未获得农业农村部批准的，须同时申请原料药注册，并报送有关的生产工艺、质量指标和检验方法等研究资料。

⑨ 申请进口兽药注册所报送的资料应当完整、规范，数据必须真实、可靠。引用文献资料应当注明著作名称、刊物名称及卷、期、页等；外文资料应当按照要求提供中文译本。

⑩ 申请进口注册的兽用化学药品，应当在中华人民共和国境内指定的机构进行相关临床试验和残留检测方法验证；必要时，农业农村部可以要求进行残留消除试验，以确定休药期。

申请进口注册的兽药属于生物制品的，农业农村部可以要求在中华人民共和国境内指定的机构进行安全性和有效性试验。

申请向中国出口兽用生物制品的，还应当提供菌（毒、虫）种、细胞等有关材料和资料。

2. 进口兽药的审批发证

（1）申请的受理 农业农村部自收到申请之日起 10 个工作日内组织初步审查，经初步审查合格的，予以受理，并书面通知申请人。予以受理的，将进口兽药注册申请资料送农业农村部兽药评审委员会进行技术评审，并通知申请人提交复核检验所需的连续三个生产批号的样品和有关资料，送指定的兽药检验机构进行复核检验。但有下列情形之一的进口兽药注册申请，不予受理。

① 农业农村部已公告在监测期，申请人不能证明数据为自己取得的兽药。

② 经基因工程技术获得，未通过生物安全性评价的灭活疫苗、诊断制品之外的兽药。

③ 我国规定的一类疫病以及国内未发生疫病的活疫苗。

④ 来自疫区可能造成疫病在中国境内传播的兽用生物制品。

⑤ 申请资料不符合要求，在规定期间内未补正的。

⑥ 不予受理的其他情形。

（2）审核 农业农村部兽药评审委员会应当自收到资料之日起 120 个工作日内提出评审意见，报送农业农村部。

评审中需要补充资料的，申请人应当自收到通知之日起 6 个月内补齐有关数据；逾期未补正的，视为自动撤回注册申请。兽药检验机构应当在规定时间内完成复核检验，并将检验报告书和复核意见送达申请人，同时报农业农村部和农业农村部兽药审评委员会。初次样品检验不合格的，申请人可以再送样复核检验一次。农业农村部自收到评审和复核检验结论之日起 60 个工作日内完成审查。在审查过程中，国务院兽医管理部门可以对向中国出口兽药的企业是否符合兽药生产质量管理规范的要求进行考查，并有权要求该企业在国务院兽医管理部门指定的机构进行该兽药的安全性和有效性试验。必要时，可派人员进行现场核查。

（3）发证 审查合格的，发给《进口兽药注册证书》，并发布该兽药的质量标准和产品标签、说明书；不合格的，应当书面通知申请人。国内急需兽药、少量科研用兽药或者注册兽药的样品、对照品、标准品的进口，按照国务院兽医管理部门的规定办理。中国香港、澳门和台湾地区的生产企业申请注册的兽药，审查合格的，发给《兽药注册证书》。

兽用生物制品进口后，应当依照规定进行审查核对和抽查检验。其他兽药进口后，由当地兽医管理部门通知兽药检验机构进行抽查检验。

农业农村部对申请进口注册的兽药进行风险分析经风险分析存在安全风险的，不予注册。同时禁止进口下列兽药：药效不确定、不良反应大以及可能对养殖业、人体健康造成危害或者存在潜在风险的；来自疫区可能造成疫病在中国境内传播的兽用生物制品；经考查生产条件不符合规定的；国务院兽医管理部门禁止生产、经营和使用的。

《进口兽药注册证书》的有效期为 5 年。有效期届满，需要继续向中国出口兽药的，应当在有效期届满前 6 个月到原发证机关申请再注册。

二、兽药出口的管理

向中国境外出口兽药，进口方要求提供兽药出口证明文件的，国务院兽医管理部门或者企业所在地的省、自治区、直辖市人民政府兽医管理部门可以出具出口兽药证明文件。国内防疫急需的疫苗，国务院兽医管理部门可以限制或者禁止出口。

第六节　兽药使用管理

国家对兽药的管理包括研制、生产、经营和使用四个环节。兽药的使用管理是兽药管理的最后一个环节。加强兽药使用管理，目的是保证兽药的使用安全、提高兽药的使用效果，减少对环境的污染。使用安全是指对用药动物的毒副作用较小，对环境无污染，对人体健康无危害。

一、兽药安全使用规定

1. 按规定采购与贮存兽药

兽药使用单位或个人购买兽药只能从取得了《兽药生产许可证》的兽药生产企业，或取得了《兽药经营许可证》的经营企业购买兽药，不得经非法销售渠道购买兽药。对购进的兽药，必须执行检查验收制度，检查验收的原则和内容与兽药经营企业采购兽药相同。不符合质量标准的兽药不得购买。购回兽药的贮存和管理与兽药经营单位的兽药在库保养措施相同。

2. 正确选用兽药种类

兽药使用者临床用药前应首先选用适当的诊断方法，有准确的诊断结论及正确的用药目的。兽药使用者应熟悉所选兽药的药理作用、用途、用法、用量、配伍禁忌、休药期和可能出现的毒副反应等。越是高水平的兽医就越能准确诊断疾病，准确选用兽药种类、剂量和使用方法。

3. 临用前检查兽药质量

临用前检查药品质量的内容首先是检查将使用的兽药是否是假兽药、劣兽药、国家禁止生产、经营的兽药及未经批准进口的兽药。其次是核实将使用的药物是否在有效期之内，包装是否破损，片剂、粉剂等是否出现变色、潮解、结块、贴壁、松片、发霉，水针剂是否出现沉淀、混浊等变质、失效现象。凡有上述情况的，不得使用。

4. 兽用处方药和非处方药的使用

修订版《兽药管理条例》规定实行兽用处方药和非处方药分类管理制度。兽用处方药应按兽医师处方规定的动物对象、药品名称、用药剂量和用药方法进行投药。若处方中有配伍禁忌或其他违背了药物使用规定的，应拒绝使用，或请处方兽医重新审定签字后再使用。兽用非处方药虽可不经兽医处方，但使用时应严格按说明书规定的适用动物、用法、用量进行投药。

5. 用药中及用药后对动物进行观察

用药过程中及用药后对动物进行观察，目的是看动物是否因用药而引起了毒副反应，以便及时采取解救措施。兽医人员应熟悉药物可能出现的毒副反应，以及熟悉这些毒副反应的解救方法尽可能减少损失。尤其对以前从未用过的兽药，如新的厂家生产的兽药、新兽药、新的批号、试销药物等更应引起重视。

6. 出现毒副反应的处理

出现毒副反应后，应立即停止用药。对动物健康和生命有影响的，应立即实施解救措施。若出现异常毒副反应，应重新核对用药是否出现差错，尤其是用药剂量和配伍禁忌，重新检查同批药物的质量，封存全部该批药物，记录毒副反应情况。对引起严重毒副反应的应立即报告当地兽医管理部门。对那些用药后虽无毒副反应，但也确无疗效的兽药，应同样报告兽医管理部门及提供同批药物。

7. 用药记录

《兽药管理条例》第三十八条规定：兽药使用单位应当遵守国务院兽医管理部门制定的兽药安全使用规定，并建立用药记录。用药记录的内容主要包括兽药名称、生产企业、使用动物种类、使用剂量、用药起止时间、用药效果及有无毒性反应等。用药记录可帮助使用者考核药品质量及在发生有关争议后提供用药情况证明。但记录应真实、准确，不得弄虚作假，尤其对有休药期的动物用药记录更为重要。《兽药管理条例》第四十条规定：有休药期规定的兽药用于食用动物时，饲养者应当向购买者或者屠宰者提供准确、真实的用药记录；购买者或者屠宰者应当确保动物及其产品在用药期、休药期内不被用于食品消费。

8. 禁止使用的兽药

根据《兽药管理条例》的规定，禁止使用的兽药包括以下几类。

① 禁止使用假、劣兽药以及国务院兽医管理部门规定禁止使用的药品和其他化合物。

② 禁止在饲料和动物饮用水中添加激素类药品和国务院兽医管理部门规定的其他禁用药品。

③ 禁止将人用药品用于动物。

④ 国务院兽医管理部门规定实行处方药管理的兽药，未经兽医开具处方禁止使用。

二、兽药残留监控

1. 兽药使用监督

食品动物在应用兽药后，兽药的原型及其代谢物等可能蓄积或残存在动物的细胞、组织或器官内，或进入泌乳动物的乳、产蛋家禽的蛋中，这就是兽药残留。

兽药残留对人类健康的危害作用，一般来说并不表现为急性毒性作用。但是如果人体经常摄入低剂量的同样残留物，在体内蓄积就有可能表现为变态反应与过敏反应、细菌耐药性、致畸作用、致突变作用和致癌作用，以及激素样作用等多方面危害。

　　为了控制动物及动物产品中兽药的残留，《兽药管理条例》做了一些规定，主要内容包括兽药使用须建立用药记录制度、禁止使用假劣兽药和违禁兽药、遵守休药期规定、建立动物及动物产品中兽药残留监控制度和残留检测公布制度以及动物产品销售的法律规定等。

　　在兽药使用监督管理中应注意以下问题。

　　① 兽药使用单位和使用者须掌握兽药知识。

　　② 兽医管理部门的公共服务信息一定要畅通，要让公众了解相关信息。

　　③ 使用单位一定要建立遵守休药期规定。

　　④ 兽药使用单位不得使用假劣兽药、违禁药品、人用药品，也不得用原料药直接饲喂动物。

　　⑤ 县级以上兽医管理部门要认真执行动物产品中兽药残留量的检测工作。

2. 动物及动物源性食品中残留物质监控计划

　　兽药在食品中残留问题受到了食品立法委员会（CAC）、食品添加剂立法委员会等有关国际性组织的高度重视。为防止动物性食品中可能出现的药物残留损害人体健康，1984年在CAC的倡导下，由联合国粮农组织和世界卫生组织联合发起并于1986年10月正式成立了"食品中兽药残留立法委员会"（CCRVDF），该组织制定了动物组织及产品中兽药最高残留限量（MRLVD）法规及休药期法规。为了提高我国畜产品质量和促进畜产品出口贸易，保证食品安全，农业农村部与国家出入境检验检疫局共同制定了"中华人民共和国动物及动物源食品中残留物质监控计划"。

三、绿色食品兽药使用准则

1. 兽药使用的基本准则

　　① 绿色食品生产者应供给动物充足的营养，提供良好的饲养环境，加强饲养管理，采取各种措施以减少应激，增强动物自身的抗病力。

　　② 应按照《中华人民共和国动物防疫法》的规定，防治动物疾病，力争不用或少用药物。必须使用兽药进行疾病的预防、治疗和诊断时，应在兽医的指导下进行。

　　③ 兽药的质量应符合《中华人民共和国兽药典》《兽药质量标准》《兽用生物制品质量标准》和《进口兽药质量标准》的规定。

　　④ 兽药的使用应符合《兽药管理条例》的有关规定。

　　⑤ 所用兽药应来自具有生产许可证和产品标准文号并通过农业农村部GMP验收的生产企业，或者具有《进口兽药登记许可证》的供应商。

2. 生产AA级绿色食品的兽药使用原则

生产AA级绿色食品的兽药按GB/T 19630.1执行。

3. 生产A级绿色食品的兽药使用原则

　　① 优先使用AA级和A级绿色食品生产资料的兽药产品。

　　② 允许使用国家兽医管理部门批准的微生态制剂和中药制剂。

　　③ 允许使用高效、低毒和对环境污染低的消毒剂对饲养环境、厩舍和器具进行消毒。

　　④ 允许使用无MRLS（最高残留限量标准）要求或无停药期要求或停药期短的兽药。使用中应注意以下几点。

　　a. 应遵守规定的作用与用途、使用对象、使用途径、使用剂量、疗效和注意事项。

b. 停药期应按农业农村部发布的《停药期规定》严格执行。

c. 最终残留应符合《动物性食品中兽药最高残留限量》的规定。

⑤ 禁止使用表 6-1 中的兽药。

表 6-1　生产 A 级绿色食品禁止使用的兽药

序号	种类		兽药名称	禁止用途
1	β-兴奋剂类		克仑特罗、沙丁胺醇、莱克多巴胺、西马特罗及其盐、酯及制剂	所有用途
2	激素类	性激素类	己烯雌酚、己烷雌酚及其盐、酯及制剂	所有用途
			甲基睾丸酮、丙酸睾酮、苯丙酸诺龙、苯甲酸雌二醇及其盐、酯及制剂	促生长
		具有雌激素样作用的物质	玉米赤霉醇、去甲雄三烯醇酮、醋酸甲孕酮及制剂	所有用途
3	催眠、镇静类	安眠酮及制剂		所有用途
		氯丙嗪、地西泮(安定)及其盐、酯及制剂		促生长
4	抗生素类	氨苯砜	氨苯砜及制剂	所有用途
		氯霉素类	氯霉素及其盐、酯(包括琥珀氯霉素)	所有用途
		硝基化合物	硝基酚钠、硝呋烯腙及制剂	所有用途
		磺胺类及其增效剂	磺胺噻唑、磺胺嘧啶、磺胺二甲嘧啶、磺胺甲噁唑、磺胺对甲氧嘧啶、磺胺间甲氧嘧啶、磺胺地索辛、磺胺喹噁啉、三甲氧苄氨嘧啶及其盐和制剂	所有用途
		喹诺酮类	诺氟沙星、环丙沙星、氧氟沙星、培氟沙星、洛美沙星及其盐和制剂	所有用途
		喹恶啉类	卡巴氧、喹乙醇及制剂	所有用途
		抗生素滤渣	抗生素滤渣	所有用途
5	抗寄生虫类	苯并咪唑类	噻苯咪唑、丙硫苯咪唑、甲苯咪唑、硫苯咪唑、磺苯咪唑(OFZ)、丁苯咪唑、丙氧苯咪唑、丙噻苯咪唑(CBZ)及制剂	所有用途
		抗球虫类	二氯二甲吡啶酚、氨丙啉、氯苯胍及其盐和制剂	所有用途
		硝基咪唑类	甲硝唑、地美硝唑及其盐、酯及制剂等	促生长
		氨基甲酸酯类	甲萘威、呋喃丹(克百威)及制剂	杀虫剂
		有机氯杀虫剂	六六六(BHC)、滴滴涕(DDT)、林丹(丙体六六六)、毒杀芬(氯化烯)及制剂	杀虫剂
		有机磷杀虫剂	敌百虫、敌敌畏、皮蝇磷、氧硫磷、二嗪农、倍硫磷、毒死蜱、蝇毒磷、马拉硫磷及制剂	杀虫剂
		其他杀虫剂	杀虫脒(克死螨)、双甲脒、酒石酸锑钾、锥虫胂胺、孔雀石绿、五氯酚酸钠、氯化亚汞、硝酸亚汞、醋酸汞、吡啶基醋酸汞	杀虫剂

注：引自《绿色食品标准汇编》，中国绿色食品发展中心编。

⑥ 禁止使用药物饲料添加剂。

⑦ 禁止使用酚类消毒剂，产蛋期不得使用酚类和醛类消毒剂。

⑧ 禁止为了促进畜禽生产而使用抗生素、抗寄生虫药、激素和其他生长促进剂。

⑨ 禁止使用未经国务院兽医管理部门批准作为兽药使用的药物。

⑩ 禁止使用用基因工程方法生产的兽药。

4. 兽药使用记录

① 建立并保存消毒记录，包括消毒剂种类、批号、生产单位、剂量、消毒方式、消毒频率和时间等。

② 建立并保存动物的免疫程序记录，包括疫苗种类、使用方法、剂量、批号、生产单位等。

③ 建立并保存患病动物的治疗记录，包括患病家畜的畜号或其他标志、发病时间及症状、药物种类、使用方法及剂量、治疗时间、疗程、所用药物的商品名称及主要成分、生产单位及批号等。

④ 所用记录资料应在清群后保存两年以上。

第七节　兽药监督管理

兽药监督是指畜牧兽医行政主体及其所属的兽药监察机构对管理相对人遵守兽药法规及对下级机构及其工作人员实施兽药管理的行政监督活动。兽药监督是兽药管理的重要组成部分，是主管机关、监察机构和工作人员的行政职责。兽药监督的目的是保护合法行为及制裁违法行为，使下级机关和工作人员正确执行兽药法规，使管理相对人自觉遵守兽药法规，为兽药法规的顺利实施提供保障。

一、兽药监督管理机构

1. 县级以上畜牧兽医行政管理部门

《兽药管理条例》第三条指出，国务院兽医管理部门负责全国的兽药管理工作，县级以上兽医管理部门负责本行政区域内的兽药监督管理工作。第四十四条中还指出，县级以上兽医管理部门行使兽药监督管理权。这就是说，县级以上兽医管理部门，经法规授权具有对兽药行使监督管理的权利。

2. 兽药监察机构

国家和省、自治区、直辖市的兽药监察机构协助兽医管理部门，分别负责全国和本辖区的兽药质量监督、检查工作。兽药监察机构是国家对兽药质量进行监督、检验、鉴定的法定专业技术机构。其检验、鉴定结果具有技术上和法律意义上的权威性，为行政管理部门的兽药监督提供技术保障。《兽药管理条例》第四十四规定：兽药检验工作由国务院兽医管理部门和省、自治区、直辖市人民政府兽医管理部门设立的兽药检验机构承担。这里的兽医管理部门设立的兽药检验机构，即兽药监察机构。该条同时还规定，国务院兽医管理部门，可以根据需要认定其他检验机构承担兽药检验工作。

为了确保兽药监督的质量，《兽药管理条例》第五十四条规定：各级兽医管理部门、兽药检验机构及其工作人员，不得参与兽药生产经营活动，不得以其名义推荐、监制、监销兽药。

二、兽药标准

我国的兽药标准，即兽药国家标准，不再设立兽药专业标准和兽药地方标准。《兽药管理条例》第四十五条规定：国家兽药典委员会拟定的、国务院兽医管理部门发布的其他兽药质量标准为兽药国家标准。

《中华人民共和国兽药典》由兽药典委员会制定、修订，农业农村部审批、发布。国务院兽医管理部门发布的其他兽药质量标准主要包括《中华人民共和国兽药规范》和《中华人民共和国兽用生物制品质量标准》。

三、假兽药、劣兽药

1. 假兽药

《兽药管理条例》第四十七条规定，有下列情形之一的，为假兽药。

① 以非兽药冒充兽药或者以他种兽药冒充此种兽药的。

② 兽药所含成分的种类、名称与兽药国家标准不符合的。

有下列情形之一的，按照假兽药处理。

① 国务院兽医管理部门规定禁止使用的。

② 按照本条例规定应当经审查批准而未经审查批准即生产、进口的，或者依照本条例规定应当经抽查检验、审查核对而未经抽查检验、审查核对即销售、进口的。

③ 变质的。

④ 被污染的。

⑤ 所标明的适应证或者功能主治超出规定范围的。

2. 劣兽药

《兽药管理条例》第四十八条规定，有下列情形之一的，为劣兽药。

① 成分含量不符合兽药国家标准或者不标明有效成分的。

② 不标明或者更改有效期或者超过有效期的。

③ 不标明或者更改产品批号的。

④ 其他不符合兽药国家标准，但不属于假兽药的。

四、禁止事项

为了保证兽药的质量，防治动物疾病，促进养殖业的发展，维护人体健康，《兽药管理条例》规定了很多禁止事项。这些禁止事项主要包括以下几个方面。

① 禁止无相关证明性文件而生产或者销售兽药；禁止生产、销售假、劣兽药。

② 禁止将兽用原料药拆零销售或者销售给兽药生产企业以外的单位和个人。

③ 禁止未经兽医开具处方销售、购买、使用国务院兽医管理部门规定实行处方药管理的兽药。

④ 禁止进口《兽药管理条例》第三十六条规定的兽药及禁止出口《兽药管理条例》第三十七条规定的兽药。

⑤ 禁止使用国务院兽医管理部门规定禁止使用的药品和其他化合物。

⑥ 禁止在饲料和动物饮水中添加激素类药品和国务院兽医管理部门规定的其他禁用药品。

⑦ 禁止将人用药品用于动物。

⑧ 禁止销售含有违禁药物或者兽药残留量超过标准的食用动物产品。

⑨ 禁止买卖、出租、出借兽药生产许可证、兽药经营许可证和兽药批准证明文件。

这里所称的兽药批准证明文件，是指兽药产品批准文号、进口兽药注册证书、允许进口兽用生物制品证明文件、出口兽药证明文件、新兽药注册证书等文件。

五、兽药不良反应报告制度

国家实行兽药不良反应报告制度。兽药生产企业、经营企业、兽药使用单位和开具处方的兽医人员发现可能与兽药使用有关的严重不良反应，应当立即向所在地人民政府兽医管理部门报告。收到举报的兽医管理部门应立即派专人调查取证给出处理意见或者逐级上报。借此可以淘汰经过实践证明不安全的兽药品种。

 复习思考题

1. 生产、经营兽药应取得哪些证明性文件？

2. 生产兽药必须具备哪些基本条件？怎样申办兽药生产许可证？

3. 开办兽药经营企业应具备什么条件？

4. 什么是兽药经营许可证制度？审批程序是怎样的？

5. 讨论

（1）黑龙江省某市动物卫生监督检验所接到电话举报，说在其生活的居民楼的一楼有人在生产兽药，每天噪声扰民。检查人员到达后，发现其大门紧锁，但是里面机器轰鸣，仍在生产。检查人员对该厂进行了查封，并没收了其产品，处以罚金。请分析该案例并说出处罚依据是什么。

（2）养猪户陈某饲养的牛病了，在村里的兽医诊所治疗两周，打针、吃药，用了青霉素和多种复方药，仍不见好转，眼看着牛越来越瘦，没有了治愈的希望，张某非常着急，村里的兽医建议他赶快找个屠户卖肉换点钱，陈某听从兽医的劝告，果然寻找到一个屠户，低价收购了病牛，杀掉卖肉。请问此行为违反了哪些规定？应如何处理？

（3）某县某镇畜牧兽医工作站，于2013年1月份至2014年2月25日期间，从某饲料兽药经营处购进鸭病毒性肝炎活疫苗、鸭瘟弱毒冻干活疫苗等多种疫苗用于销售，总计3190瓶，销售达81072.50元。

经调查取证，当事人销售的上述兽药疫苗系假冒某省农业科学院兽医研究所厂名厂址的产品，其行为违反了《中华人民共和国产品质量法》第三十七条的规定。依据《中华人民共和国产品质量法》第五十三条的规定，该县工商局责令当事人立即停止上述违法行为，并没收其剩余假冒药品181支，罚款80000元上缴国库。

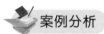 **案例分析**

【案情介绍一】

2012年12月29日，某县动物防疫监督所依法对王某的养猪场进行检查，对生猪尿液抽样并装瓶封存，由王某之妻李某在《抽样单》上签名。当日，该所将生猪尿液送往某市兽药监察所进行检验。12月30日，某市兽药监察所对送检的生猪尿液采用国际上承认的"盐酸克仑特罗"专用检测试剂盒进行检验后，出具了检验报告，认定送检尿液中"盐酸克仑特罗"（俗称瘦肉精）检测结果为阳性，并已超过《某省地方标准（DB 35/430—2001）》的最高限量。

2013年1月5日，该市农业局对林某涉嫌使用"盐酸克仑特罗"进行立案调查。

【案例评析】

（1）首先，某市农业局是行政主体，能以自己的名义作出处罚决定并独立承担责任。其次，根据《兽药管理条例》第四十四条的规定，县级以上人民政府畜牧兽医行政管理部门有权对使用禁用兽药的行为人进行行政处罚。因此，某市农业局有权查处王某涉嫌使用国家明令禁用的"盐酸克仑特罗"的行为。

（2）《兽药管理条例》第三十九条规定：禁止使用国务院畜牧兽医行政管理部门明文规定禁止使用的兽药。而盐酸克仑特罗是一种严重危害畜产品安全和人体健康的物质，为违禁药物，并明令禁止在饲料和畜牧生产中使用。王某的行为显然违反了原《兽药管理条例》的规定。根据该条例第六十二条的规定，畜牧兽医行政管理部门有权责令停止使用，没收其药物，可以并处1万元以上5万元以下的罚款。某市农业局正确适用了法律，对王某作出停止使用盐酸克仑特罗并处以35000元罚款的处罚决定。而由于没有查获盐酸克仑特罗，故某市农业局没有作出没收盐酸克仑特罗的决定。

【案情介绍二】

2006年5月10日，执法人员在检查某兽药经营公司（简称A公司）时发现，A公司正在经营江西B公司生产的清宁菊注射液20盒和保定C公司生产的荆防败毒散32袋。其中清宁菊注射液的说明书中标明的主治功能有"用于家畜链球菌病"等，批准文号是赣兽药字（2003）Z015060，生产日期是2006年3月22日，有效期至2008年8月，包装标明的兽药GMP证书编号是（2005）兽药GMP证字212号；荆防败毒散的批准文号是冀兽药字（2000）Z195331，生产日期是2006年1月22日。该单位当场未能出示以上兽药GMP证书、批准文号、标签和说明书的批准证明文件。

【案例评析】

在进一步的调查取证工作中，A公司提供了上述两种兽药的GMP证书、批准文号、标签和说明书的证明材料。经认真核对发现：其经营的清宁菊注射液使用说明中所标注的"用于家畜链球菌病"的功能，在该兽药的标签和说明书的批准证明文件中并没有注明，即说明了清宁菊注射液所表明的功能主治超出了规定范围；其经营的荆防败毒散的批准文号是河北省畜牧局2000年8月审批的，应当于2005年8月前换发新的批准文号，而该兽药生产日期是2006年1月22日，按照农业农村部的有关规定，此种兽药应当于2005年12月31日停止生产，即其经营的荆防败毒散属于依法应当审查批准而未经审查批准即生产的。因此，根据《兽药管理条例》第四十七条第二款第（二）、第（五）项规定，该单位经营的以上两种兽药应按照假兽药进行处理。

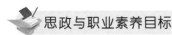

第七章 饲料和饲料添加剂管理

📖 **思政与职业素养目标**

　　禁用饲料添加剂以及饲料添加剂残留危害严重影响国民食品安全和身心健康，行政执法人员要廉洁自律，自觉抵制不法企业、商人的腐蚀、利诱，严格执行法纪，确保百姓餐桌安全。

📖 **学习目标**

　　1. 了解饲料和饲料添加剂法规规定的法律责任，绿色食品饲料及饲料添加剂使用准则，饲料法规制定及执行部门，首次进口饲料、饲料添加剂的申请程序。

　　2. 掌握饲料法规相关名词术语，饲料及饲料添加剂新产品审定申请程序，我国关于饲料及饲料添加剂企业申请、生产、经营使用的相关规定。

第一节　概　　述

　　随着饲料工业的诞生和发展，世界各国相继制定饲料法规。例如美国政府 1900 年之前就开始制定饲料法规 [美国的饲料立法实施管理机构为食品和药物管理局（Food and Drug Administration，FDA），饲料相关法规包括在《联邦食品、药物、化妆品法令》（FFDCA）内]。中国饲料工业始于 20 世纪 70 年代末期，1999 年 5 月，国务院发布了《饲料和饲料添加剂管理条例》，这标志着我国饲料法规的正式建立，使我国饲料和饲料添加剂生产、销售、使用真正走向法制化管理的轨道。我国饲料业逐步从畜牧业中分离出来，形成了集配合饲料加工业、饲料原料及添加剂工业、饲料加工机械工业、科研及教学、监督管理体系为一体的独立、完整的工业体系，进入了国民经济 10 强行业。

　　《饲料和饲料添加剂管理条例》经 2017 年 3 月 1 日中华人民共和国国务院令第 676 号公布。该《条例》分总则，审定和登记，生产、经营和使用，法律责任，附则 5 章 51 条，自 2017 年 3 月 1 日起施行。

　　《饲料和饲料添加剂管理条例》的修改体现了三个原则：一是与世界贸易组织（WTO）规则接轨，增设了知识产权保护制度。二是以保证饲料安全为重点，实行饲料生产、经营和使用全程管理。增加了饲料和饲料添加剂使用管理制度、饲料添加剂安全使用规范制度。三是行政处罚和刑事处罚相衔接，进一步制定和完善了法律责任制度。

一、本法规中饲料和饲料添加剂的包含范围

1. 饲料及其相关概念

（1）饲料 按照《饲料和饲料添加剂管理条例》（国务院令第 609 号）（以下简称《条例》）第一章第二条的规定，饲料是指经工业化加工、制作的供动物食用的饲料，包括单一饲料、添加剂预混合饲料、浓缩饲料、配合饲料和精料补充料。

（2）配合饲料 配合饲料是指应能满足饲养动物营养需要（除水分以外）的配合饲料，产品的保质期一般在 4 周以下。

（3）浓缩饲料 浓缩饲料是由蛋白质饲料、矿物质饲料、微量元素、维生素和非营养性添加剂等按一定比例配制的均匀混合物。

（4）添加剂预混料 添加剂预混料是由一种或多种饲料添加剂与载体或稀释剂按一定比例扩大稀释后配制的预混物。

（5）精料补充料 精料补充料是为补充以粗饲料、青饲料、青贮饲料为基础的草食动物的营养，而用多种饲料原料按一定比例配制的饲料。

2. 饲料添加剂及相关概念

（1）饲料添加剂 按照《条例》第一章第二条的规定：饲料添加剂是指在饲料加工、制作、使用过程中添加的少量或微量物质，包括营养性饲料添加剂和一般饲料添加剂。饲料添加剂的品种目录由国务院农业行政主管部门制定并公布。

（2）营养性饲料添加剂 指用于补充饲料营养成分的少量或者微量物质，包括饲料级氨基酸、维生素、矿物质微量元素、酶制剂、非蛋白氮等。

（3）一般饲料添加剂 指为保证或者改善饲料品质、提高饲料利用率而掺入饲料中的少量或者微量物质。

（4）药物饲料添加剂 指为预防、治疗动物疾病而掺入载体或者稀释剂的兽药的预混物，包括抗球虫药类、驱虫剂类、抑菌促生长类等。

二、执行和制定本法规的部门

1. 制定与执行饲料、饲料添加剂法规的机构

（1）制定与执行饲料、饲料添加剂法规的机构 按《条例》规定，国务院农业行政主管部门负责全国饲料、饲料添加剂的管理工作。县级以上地方人民政府负责饲料、饲料添加剂管理的部门（以下简称饲料管理部门），负责本行政区域内的饲料、饲料添加剂的管理工作。

《条例》第一条明确规定加强对饲料、饲料添加剂的管理是本条例的立法宗旨之一，本条进一步明确对饲料和饲料添加剂的管理是县级以上各级人民政府的一项重要职责。这是因为，饲料已成为国民经济发展的一个重要行业，而且它关系到养殖业的发展和人民的身体健康，县级以上各级人民政府不仅要承担起促进饲料行业发展的重任，而且要加强对饲料和饲料添加剂产品质量的监督工作，保障和不断提高饲料和饲料添加剂产品质量。

（2）饲料、饲料添加剂管理部门职责 依照《条例》和国务院有关规定，饲料管理部门的主要职责如下。

① 草拟饲料管理法律、法规并组织实施。

② 制定、实施饲料行业发展政策、规划、计划。

③ 制定饲料管理规章、饲料行业标准。

④ 审定饲料、饲料添加剂新品种。

⑤ 颁发生产许可证、核发产品批准文号、颁发进口产品登记证。

⑥ 实施行业监督管理，组织监督抽查工作。

⑦ 开展国际交流与技术合作。

2. 我国饲料行政管理体制

（1）对饲料和饲料添加剂实行统一归口管理 根据本条的规定，国家对饲料和饲料添加剂的管理实行统一归口管理体制，而不是分部门管理体制。

根据本条规定，中央这一级的饲料管理部门为国务院农业行政主管部门，即农业农村部。这样规定是依据国务院规定的职责分工，并结合多年来我国饲料管理工作实际来确定的。1985年2月国务院批准国家经委成立饲料工业办公室，这是新中国成立以来我国设立的第一个负责饲料管理工作的全国性机构。1987年12月国务院批复同意将设在国家经委的饲料工业办公室划归农业农村部，更名为全国饲料工业办公室。从此以后，国务院农业行政主管部门一直担负起管理全国饲料工作的职责，国务院也在有关文件中予以明确。1994年国务院确定的农业农村部"三定"方案就规定，全国饲料工业办公室会同有关部门制定饲料工业的发展战略、规划和政策、法规，重大技术改造并审发生产许可证，协助组织全国饲料监督和质量检验工作，对饲料工业进行行业管理。1998年机构改革后，国务院又明确农业农村部负责饲料标准制定和监督、饲料许可证发放工作，同时取消了以前国务院有关行政主管部门的饲料管理职能。

（2）新法规完善了政府、饲料管理部门的监管职责 进一步明确政府及饲料管理部门的监管职责，完善责任机制，对于保证饲料质量安全具有重要意义。为此，在现行条例规定的饲料管理部门监管职责的基础上，对条例作了以下完善。

① 增加了地方人民政府的监管职责。规定：县级以上地方人民政府统一领导本行政区域饲料、饲料添加剂的监督管理工作，建立健全监督管理机制，保障监督管理工作的开展。

② 完善了饲料管理部门的职责。规定：农业农村部和省级饲料管理部门应当对饲料、饲料添加剂质量安全状况进行监测，根据监测情况发布饲料、饲料添加剂质量安全预警信息；农业农村部和县级以上地方人民政府饲料管理部门应当加强宣传，指导养殖者安全、合理使用饲料、饲料添加剂。

③ 增加了饲料管理部门不依法履行职责的法律责任。规定：农业农村部、县级以上地方人民政府饲料管理部门或者其他行使监督管理权的部门及其工作人员，不履行本条例规定的职责或者滥用职权、玩忽职守、徇私舞弊的，对直接负责的主管人员和其他直接责任人员，依法给予处分；直接负责的主管人员和其他直接责任人员构成犯罪的，依法追究刑事责任。

3. 饲料、饲料添加剂执法依据

①《饲料和饲料添加剂管理条例》。

② 国家法律：《产品质量法》《行政处罚法》《行政复议法》等。

③ 国家强制性标准：《饲料卫生标准》和《饲料标签》标准。

④ 农业农村部规章：主要有《饲料添加剂和添加剂许可证、批准文号管理办法》《饲料药物添加剂使用规范》《动物源性饲料产品安全卫生管理办法》《禁止在饲料和动物饮用水中使用的药物品种目录》等。

⑤ 地方性法规或规章：各省、市、自治区人民代表大会及其常委会或人民政府制定适用于辖区饲料业执法监管的地方性法规或规章。

⑥ 最高人民法院和最高人民检察院《关于办理非法生产、销售、使用禁止在饲料和动物饮用水中使用的药品等刑事案件具体应用法律若干问题的解释》等。

4.《条例》明确的主要管理制度

① 新饲料、新饲料添加剂品种审定公布制度。

② 饲料、饲料添加剂进口登记制度。

③ 饲料添加剂、添加剂预混合饲料生产许可证制度。

④ 饲料添加剂和添加剂预混合饲料产品批准文号制度。

⑤ 饲料和饲料添加剂生产记录和产品留样观察制度。

⑥ 标签制度。

⑦ 质量监督抽查制度。

⑧ 法律责任制度。

第二节　生产、经营和使用管理

一、饲料、饲料添加剂企业登记申请

1. 饲料、饲料添加剂企业设立条件

(1) 配合饲料企业应具备的条件

① 设立企业条件审查的必要性　饲料是经工业化加工的、直接供动物食用的"粮食"，其质量好坏直接关系到动物的健康和养殖产品质量。饲料添加剂是相对特殊的工业产品，一般不能直接饲喂动物，开发和生产饲料添加剂不仅涉及环境条件和加工工艺及其设备，而且与生产人员的综合素质密切相关。我国医药、兽药、食品和农药等与安全、卫生有关的法律法规都规定了企业设立条件和登记程序。

② 饲料企业应具备的条件　《条例》对饲料企业的审查是其办理企业登记的前置条件。本条明确规定，除应符合普通法规对工业企业要求的一般设立条件外，还必须符合特别法规对饲料和饲料添加剂加工企业的五个条件。如《中华人民共和国公司法》（以下简称《公司法》）第一章总则第八条第二款规定：法律、行政法规对设立公司规定必须报经审批的，在公司登记前依法办理审批手续。《中华人民共和国公司登记条例》（以下简称《登记条例》）第三章登记事项第十条规定：公司登记事项应当符合法律、行政法规的规定。不符合法律、行政法规规定的，公司登记机关不予登记。从《公司法》和《登记条例》对公司登记的要求看，必须优先符合特别法规的管理规定。

根据《饲料和饲料添加剂管理条例》规定，设立饲料、饲料添加剂生产企业，除应当符合有关法律、行政法规规定的企业设立条件外，还应当具备下列条件：a. 有与生产饲料、饲料添加剂相适应的厂房、设备、工艺及仓储设施；b. 有与生产饲料、饲料添加剂相适应的专职技术人员；c. 有必要的产品质量检验机构、检验人员和检验设施；d. 生产环境符合国家规定的安全、卫生要求；e. 污染防治措施符合国家环境保护要求。

(2) 添加剂预混料许可证企业应具备的条件　申办许可证企业应当达到规定的条件，包括企业生产管理人员要求、生产场地要求、生产设备和质量检验要求等。按照农业农村部

2012 年 5 月 1 日实施的《饲料添加剂和添加剂预混合饲料生产许可证管理办法》的规定，企业应具备的基本条件包括如下几个方面。

① 人员　企业主要负责人必须具备专业知识、生产经验及组织能力；技术负责人必须具有大专以上文化程度或中级以上技术职称，熟悉动物营养、饲料配方技术及生产工艺，从事相应专业工作 2 年以上；质量管理及检验部门的负责人，必须具有大专以上或中级以上技术职称，从事相应工作 3 年以上；生产企业特有工种从业人员必须具有高中以上文化程度或相应程度，经职业技能培训，取得相应的职业资格证书。

② 生产场地　厂房建筑布局合理，生产区、办公区、仓储区、生活区要分开；生产车间布局应符合生产工艺流程的要求，工序衔接合理；要有适宜的操作间和场地，能合理放置设备和物料，防止不同物料混放和交叉污染；应有适当的除尘、通风、照明及消防设施，以保证安全生产；仓储与生产能力相适应，符合防水、防潮、防火、防鼠害的要求。

③ 生产设备　应具有与生产产品相适应的生产设备；生产设备应符合生产工艺流程，便于维护和保养；生产设备完好；生产环境有洁净要求的，须有空气净化设施和设备。

④ 质量检验　必须设立质检部门，质检部门直属企业负责人领导；质检部门应设立仪器室（区）、检验操作室（区）和留样观察室（区）；具有相应的检验仪器，能对生产全过程的产品质量进行监控；对需使用大型精密仪器的检验项目，可以委托有能力化验的质检机构代检；有严格的质量检验操作规程；质检部门要有详细的检验记录和检验报告。

⑤ 管理制度　企业应当建立以下管理制度：岗位责任制度；生产管理制度；检验化验制度；标准及质量保证制度；安全卫生制度；产品留样观察制度；计量管理制度。

⑥ 卫生环境　厂区卫生环境应符合国家卫生环保法律、法规的规定。

2. 配合饲料企业申请审批程序

（1）申报程序　申请新建饲料企业，首先到当地工商管理部门提出申请，办理相关手续。然后到饲料管理部门，提交申请饲料生产许可证相关资料，经当地饲料管理部门审核，由省级饲料管理部门核发生产许可。最后在工商管理部门注册。

饲料生产许可审批流程：企业提出申请→材料受理审核→市局专家初步现场考核→符合条件上报省有关部门（不符合条件的依法告知）→省统一发证→市局发证并备案。

（2）饲料生产登记证审批规程

① 审批事项　对配合饲料、浓缩饲料、精料补充料等饲料生产企业审核验收，验收合格后报省级饲料管理部门核发《饲料生产企业审查登记证》。

② 审批依据　《饲料和饲料添加剂管理条例》等法规。

③ 审批程序　对配合饲料、浓缩饲料、精料补充料等饲料生产企业审核验收，验收合格后报省级饲料管理部门核发《饲料生产企业审查登记证》。

申办《饲料生产企业审查登记证》需提供如下资料（一式三份）。

a. 企业办证申请。b. 饲料生产企业审查登记申请书。c. 企业情况介绍。d. 生产检验设备清单。e. 企业主要管理人员和特有工种人员名单（包括学历证书、专业技术资格证书、职业技能鉴定证书复印件）。f. 厂区布局图。g. 生产工艺流程图。h. 主要管理制度（包括岗位责任、生产管理、检验化验、质量保证、安全卫生、产品留样观察、标准计量管理和不合格品处理制度等八项制度）。

3. 饲料添加剂企业申请审批程序

（1）添加剂预混料的产品批准文号　生产许可证与批准文号的关系。生产许可证是对企业的，批准文号是对产品而言的。企业开业时，要先办理生产许可证，有了许可证才能生产；生产的产品经过检验，取得批准文号后，才能出厂销售，即"一企一证，一品一号"。

生产饲料添加剂和添加剂预混合饲料的企业在取得生产许可证后，还要向省级饲料管理部门申请产品批准文号，没有批准文号的饲料添加剂和添加剂预混合饲料产品不准销售。目前，我国药品、食品、化妆品、兽药等已执行了批准文号制度。

按照规定，企业应当向省级饲料管理部门提出申请。企业提出申请时，应当同时提交相关资料和样品：产品批准文号申请表，生产许可证复印件，三个批次的产品样品，配方和生产工艺，产品质量标准及检验方法，标签和产品使用说明书样稿，送检样品的自检报告，饲喂效果报告。申请新饲料添加剂、新添加剂预混合饲料产品批准文号还应当提供农业农村部核发的新饲料添加剂、新添加剂预混合饲料证书。省级饲料管理部门在受理申请后 30 个工作日内做出是否核发批准文号的决定。省级饲料管理部门受理申请后，要委托省级以上饲料质量检测机构对产品质量进行复核检验。

为确保新饲料添加剂、新添加剂预混合饲料产品质量及其稳定性，根据农业农村部的规定要对这些新产品实行为期两年的试生产期。试生产期内，由省级饲料管理部门核发试生产产品批准文号。试生产产品批准文号有效期为 2 年。有效期满需继续生产的，企业要在有效期满前 6 个月内向省级饲料管理部门重新申请，经审查符合规定的，核发正式批准文号。正式生产的产品批准文号有效期为 5 年。有效期满需继续生产的，企业要在期满前 6 个月内重新申办产品批准文号。

（2）注意事项

① 对饲料添加剂、添加剂预混合饲料以外的其他饲料的生产不实行许可证管理，也不要求申办批准文号；对所有饲料、饲料添加剂的经营也不实行许可证管理。饲料的经营是放开的，主要通过市场监督进行事后管理。

② 生产许可证由农业农村部统一发放，其他部门和省级以下饲料管理部门没有发证权。产品批准文号的核发权在省级饲料管理部门。

（3）申请程序

① 企业先向饲料管理部门领取并填写《生产许可证申请书》，按照申请书要求，将企业申报材料报省级饲料管理部门。

② 省级饲料管理部门在收到申报材料后 10 个工作日内做出是否受理的决定。受理申请的，省级饲料管理部门成立评审组，在受理后 20 个工作日内，对企业申报材料进行审核和实地考核；考核合格的，评审组签署意见后报省级饲料管理部门，由省级饲料管理部门将企业申报材料报农业农村部。

③ 农业农村部在收到申报材料后 20 个工作日内，做出是否批准的决定。

按照农业农村部的规定，企业申报材料包括：申请书，企业情况介绍，生产设备清单，产品目录及产品配方，检验仪器设备清单，企业主要管理技术人员和特殊工种人员名单，厂区布局图，生产工艺流程。

二、饲料、饲料添加剂企业生产管理

1. 管理制度

（1）生产记录和产品留样观察制度 生产记录和产品留样观察制度是饲料企业管理的基本制度。执行生产记录和产品留样观察制度的目的是保证企业生产过程的统一性和连续性，在出现产品质量争议的情况下，生产记录和留样又是重要的证据。近年来的饲料质量诉讼情况表明，由于企业的生产记录和留样观察不完整，不仅给企业自身造成损失，也给赊销现象普遍存在的饲料产品带来隐患。

（2）企业建立自检制度的规定

① 企业建立检验制度的必要性　"生产者应对其生产的产品质量负责"。这是《产品质量法》对生产者的产品质量责任的明确规定。企业内部的产品质量检验是保证饲料产品质量的最基本的前提条件。因此，《条例》中规定企业应当对其生产的产品进行质量检验。但不同的饲料和饲料添加剂企业应具备与其生产产品相适应的检测化验人员和设备。如饲料添加剂和添加剂预混合饲料生产企业需具备天平、干燥箱、马弗炉、紫外分光光度计、酸度计等5种基本检测化验仪器。一些大型精密仪器因价格昂贵、操作复杂、使用较少，就需要委托具有能力的检验机构代为检验。

② 检验合格证　经检验合格的产品，应当附具产品质量检验合格证，既是对饲料产品生产者的要求，也是对饲料产品销售者的提示，更是对饲料产品消费者的一种承诺和保证。合格的产品才能出厂，保证了产品在出厂前一定要经抽样检验。

2. 企业标准

（1）企业标准的意义　企业所执行的产品标准是企业依法组织生产的依据，也是饲料管理部门进行管理的依据。制定好企业标准，对于保护畜牧业生产企业或养殖户的利益，保护企业自身利益有着重要意义。

（2）相关法规　企业标准的制定，主要依据《标准化法》《产品质量法》等及相关行业标准。

（3）企业标准的审核　企业标准上报市饲料主管部门，并组织专家论证。根据专家意见修改后，饲料主管部门审批，送技术监督部门备案。

（4）企业标准编制的原则与程序

① 编写原则

a. 执行国家有关法律法规，严格执行国家强制标准；b. 保证食品安全和动物健康；c. 有利于饲料工业发展，促进养殖业进步；d. 吸收先进技术，提高产品质量；e. 格式正确，语言简练、规范；f. 技术指标合理。

② 编写程序

a. 指定专门技术人员负责起草；b. 调查研究，广泛收集相关资料，起草标准；c. 企业内部征求意见；d. 送审；e. 编制报批稿；f. 审批发布；g. 备案；h. 修订和复审。

3. 标签管理

饲料、饲料添加剂标签既是生产者产品质量信誉的承诺，又是产品质量监督管理制度的一项重大改革。经营者可以根据标签标注的内容安排产品的安全贮运、适时销售；用户可以通过标签了解饲料、饲料添加剂产品的质量状况，便于正确使用和贮运；饲料管理部门可以根据标签内容判断饲料、饲料添加剂产品质量，是打击假冒伪劣饲料、饲料添加剂产品的重要依据。1993年我国就制定了《饲料标签》标准，并作为强制性国家标准予以实施。本条规定吸收了该标准多来年的一些做法，同时又根据实际执行中的一些情况予以完善。本条例颁布实施后，有关部门已根据本条的规定对1993年的《饲料标签》标准做了修订，制定出新的标准，即 GB 10648—2013《饲料标签》，该标准已于2014年7月1日起实施。

（1）标签的含义 饲料标签是以文字、符号、数字、图形说明饲料、饲料添加剂和饲料原料内容的一切附签或其他说明物。本条规定也适用于商品饲料、饲料添加剂和饲料原料（包括进口产品），不包括可饲用原粮、药物饲料添加剂和养殖者自行配制使用的饲料。

（2）标签附具方式 本条规定饲料、饲料添加剂的包装上应当附具标签。附具可以有两种方式：一是直接将标签印制在饲料、饲料添加剂的包装袋、瓶、箱以及其他包装形式的容器或包装物上；二是单独印制纸签、塑料签（或其他制品签），粘贴或附吊在饲料、饲料添加剂包装容器上，也可缝于袋口。应在不打开包装的情况下，能看到完整的标签内容。

（3）主要内容 本条就标签的主要内容做了规定，包括卫生要求，产品名称，产品成分分析保证值，原料组成，产品标准编号，使用说明，净含量，生产日期，保质期，贮存条件及方法，行政许可证明文件编号，生产者、经营者的名称和地址，标签缺少其中任何一项内容，都属于不符合要求的标签。下面就有关内容具体说明。

① 卫生要求 饲料、饲料添加剂和饲料原料应符合相应卫生要求。饲料和饲料原料应标有"本产品符合饲料卫生标准"字样，以明示产品符合 GB 13078 的规定。

② 产品名称 饲料添加剂应标注"饲料添加剂"字样，其通用名称应与《饲料添加剂品种目录》中的通用名称一致。饲料原料应标注"饲料原料"字样，其通用名称应与《饲料原料目录》中的原料名称一致。新饲料、新饲料添加剂和进口饲料、进口饲料添加剂的通用名称应与农业农村部相关公告的名称一致。

混合型饲料添加剂的通用名称表述为"混合型饲料添加剂＋《饲料添加剂品种目录》中规定的产品名称或类别"，如"混合型饲料添加剂　乙氧基喹啉""混合型饲料添加剂　抗氧化剂"。

饲料（单一饲料除外）的通用名称应以配合饲料、浓缩饲料、精料补充料、复合预混合饲料、微量元素预混合饲料或维生素预混合饲料中的一种表示，并标明饲喂对象。可在通用名称前（或后）标示膨化、颗粒、粉状、块状、液体、浮性等物理状态或加工方法。

在标明通用名称的同时，可标明商品名称，但应放在通用名称之后，字号不得大于通用名称。

③ 产品成分分析保证值 它体现了产品的内在质量特征，其保证值的高低则体现了产品质量的优劣。生产者根据规定的保证值项目，对其产品成分作出明示承诺和保证，保证在保质期内，采用规定的分析方法均能分析得到的、符合标准的产品成分值。

④ 原料组成 表明用来加工饲料产品使用的主要原料名称以及添加剂、载体、稀释剂名称。"主要原料"系指用来加工的、决定饲料品质的原料，以及起重要作用的添加剂原料（如硒原料），用来替代某种营养成分的特殊替代品（如尿素）或用于诱发畜禽特殊生理功能的物品（如调味剂）均应作为添加剂，作为主要原料予以标明。

⑤ 产品标准编号 饲料和饲料添加剂产品应标明产品所执行的产品标准编号。实行进口登记管理的产品，应标明进口产品复核检验报告的编号；不实行进口登记管理的产品可不标示此项。

几种特殊标签：饲料添加剂的标签，还应当标明使用方法和注意事项。加入药物饲料添加剂的饲料的标签，还应当标明"含有药物饲料添加剂"字样，并标明其法定名称、含量、使用方法及注意事项。饲料添加剂、添加剂预混合饲料的标签，还应当注明产品批准文号和生产许可证号。

⑥ 使用说明 配合饲料、精料补充料应标明饲喂阶段。浓缩饲料、复合预混合饲料应

标明添加比例或推荐配方及注意事项。饲料添加剂、微量元素预混合饲料和维生素预混合饲料应标明推荐用量及注意事项。

⑦ 净含量　指内装物的实际质量（俗称重量）。2005 年国家市场监督管理总局发布的《定量包装商品计量监督管理办法》第二十二条第四款对"净含量"定义为：去除包装容器和其他包装材料后内装商品的量。包装类产品应标明产品包装单位的净含量；罐装车运输的产品应标明运输单位的净含量。固态产品应使用质量标示；液态产品、半固态或黏性产品可用体积或质量标示。以质量标示时，净含量不足 1 千克（kg）的，以克（g）作为计量单位；净含量超过 1 千克（kg）［含 1 千克（kg）］的，以千克（kg）作为计量单位。以体积标示时，净含量不足 1 升（L）的，以毫升（mL）作为计量单位；净含量超过 1 升（L）［含 1 升（L）］的，以升（L）作为计量单位。

⑧ 生产日期　《产品质量法》第二十七条第四款规定："限期使用的产品，标明生产日期和安全使用期或失效日期"。饲料、饲料添加剂为限期使用的产品，必须在标签上标明生产日期和保质期，不得以出厂日期代替生产日期。生产日期采用国际通用的表示方法，如 2014-08-01，表示 2014 年 8 月 1 日。

⑨ 保质期　指在规定的贮存条件下，保证饲料、饲料添加剂产品质量的期限。在此期限内，产品的成分、外观等应符合该产品生产所执行标准的各项质量指标要求，也符合饲料、饲料添加剂卫生标准的要求。保质期的确定可按国家标准规定；没有规定的，生产者可视产品的特性，经科学试验确定。本条规定用"保质期为____天（日）"或"____月"或"____年"或"保质期至：____年____月____日"表示。进口产品中文标签标明的保质期应与原产地标签上标明的保质期一致。

⑩ 贮存条件及方法　应标明贮存条件及贮存方法。

⑪ 行政许可证明文件编号　实行行政许可管理的饲料和饲料添加剂产品应标明行政许可证明文件编号。

⑫ 生产者、经营者的名称和地址　实行行政许可管理的饲料和饲料添加剂产品，应标明与行政许可证明文件一致的生产者名称、注册地址、生产地址及其邮政编码、联系方式；不实行行政许可管理的，应标明与营业执照一致的生产者名称、注册地址、生产地址及其邮政编码、联系方式。集团公司的分公司或生产基地，除标明上述相关信息外，还应标明集团公司的名称、地址和联系方式。进口产品应标明与进口产品登记证一致的生产厂家名称以及与营业执照一致的在中国境内依法登记注册的销售机构或代理机构名称、地址、邮政编码和联系方式等。

⑬ 其他　动物源性饲料应标明原动物名称。乳和乳制品之外的动物源性饲料应标明"本产品不得饲喂反刍动物"字样。加入药物饲料添加剂的饲料产品，应在产品名称下方以醒目字体标明"本产品加入药物饲料添加剂"字样，并标明所添加药物饲料添加剂的通用名称、药物饲料添加剂的有效成分含量、休药期及注意事项。

委托加工产品，除标明本章规定的基本内容外，还应标明委托企业的名称、注册地址和生产许可证编号。定制产品，应标明"定制产品"字样，除标明本章规定的基本内容外，还应标明定制企业的名称、地址和生产许可证编号。定制产品可不标示产品批准文号。进口产品应用中文标明原产国名或地区名。转基因产品的标示应符合相关法律法规的要求。

4. 包装及说明书

（1）饲料、饲料添加剂的包装　饲料和饲料添加剂的包装根据实际需要，分为袋装、桶装、瓶装和散装等几种，袋装又包括麻袋、化纤编织袋和纸袋、塑料袋等不同品种和规格的包装方式。对于包装的总体要求是安全、卫生。其目的一是要能够保证产品质量的稳定，不会因包装的原因导致有效成分散失或减少；二是要能够保证产品的运输、贮藏的安全，不会因其破损，造成与其他有毒、有害物质的交叉污染；三是保证消费者使用过程中的方便和安全。

（2）包装物不得重复使用，生产方和使用方另有规定的除外　包装物不得重复使用是饲料行业通行的做法，是一个普遍原则。

5. 安全卫生管理

饲料安全及卫生管理主要是饲料添加剂、动物性饲料原料等相关法规及《饲料卫生标准》。

对于一些认证产品，无公害食品生产、绿色食品生产等，通过相应的行业标准管理。

三、饲料、饲料添加剂的经营使用

1. 经营条件

广义的经营概念是筹划并管理，但《条例》中的经营概念则限于饲料产品的营销和买卖的行为。因为在本条例相关条款中还会遇到经营的概念，因此需要在这里明确。

① 有与经营饲料、饲料添加剂相适应的仓储设施。

② 有具备饲料、饲料添加剂使用、贮存、分装等知识的技术人员。

③ 有必要的产品质量管理制度。

2. 经营许可申请审批

（1）饲料、饲料添加剂经营许可审批流程　企业提出申请→县区主管部门受理审核材料→市主管部门专家初步现场考核→符合条件（不符合条件依法告知）→县区主管部门发证→备案。

（2）饲料、饲料添加剂经营许可审批规范

① 审批事项　对饲料、饲料添加剂经营企业初步审核验收，验收合格后报市级饲料管理部门。

② 审批依据　《饲料和饲料添加剂管理条例》等法律法规。

③ 审批程序　对饲料、饲料添加剂经营企业初步审核后，报市级饲料管理部门审核验收，市级饲料管理部门验收合格后授权县局颁发《饲料、饲料添加剂经营许可证》。申办经营许可证企业需提供如下资料（一式三份，A4纸打印）：a. 企业办证申请。b. 饲料、饲料添加剂经营许可证申请书：企业情况介绍；有具备饲料、饲料添加剂使用、贮存、分装等知识的技术人员；必要的产品质量管理制度；企业布局图。

3. 饲料、饲料添加剂使用管理

① 经营饲料、饲料添加剂的企业，进货时必须核对产品标签、产品质量合格证。

禁止经营无产品质量标准、无产品质量合格证、无生产许可证和产品批准文号的饲料、饲料添加剂。

② 禁止生产、经营停用、禁用或者淘汰的饲料、饲料添加剂以及未经审定公布的饲料、饲料添加剂。禁止经营未经国务院农业行政主管部门登记的进口饲料、进口饲料添加剂。

③ 使用饲料添加剂应当遵守国务院农业行政主管部门制定的安全使用规范。

④ 饲料、饲料添加剂在使用过程中，证实对饲养动物、人体健康和环境有害的，由国务院农业行政主管部门决定限用、停用或者禁用，并予以公布。

⑤ 禁止对饲料、饲料添加剂作预防或者治疗动物疾病的说明或者宣传。但是，饲料中加入药物饲料添加剂的，可以对所加入的药物饲料添加剂的作用加以说明。

⑥ 从事饲料、饲料添加剂质量检验的机构，经国务院产品质量监督管理部门或者农业行政主管部门考核合格，或者经省、自治区、直辖市人民政府产品质量监督管理部门或者饲料管理部门考核合格，方可承担饲料、饲料添加剂的产品质量检验工作。

⑦ 国务院农业行政主管部门根据国务院产品质量监督管理部门制定的全国产品质量监督抽查工作规划，可以进行饲料、饲料添加剂质量监督抽查。但是，不得重复抽查。

县级以上地方人民政府饲料管理部门根据饲料、饲料添加剂质量监督抽查工作规划，可以组织对饲料、饲料添加剂进行监督抽查，并会同同级产品质量监督管理部门公布抽查结果。

4. 加大对药物性饲料添加剂的管理

2019 年 12 月 19 日，农业农村部发布第 246 号公告，这是继饲料"禁抗令"［第 194 号公告］后发布的用于指导饲料"禁抗"工作的细化规则。

根据《兽药管理条例》《饲料和饲料添加剂管理条例》有关规定，按照《遏制细菌耐药国家行动计划（2016—2020 年)》和《全国遏制动物源细菌耐药行动计划（2017—2020 年)》部署，农业农村部已在第 194 号公告中叫停生产、进口、经营、使用部分药物饲料添加剂。此次公告旨在对相关兽药产品质量标准修订和批准文号变更等事项做出具体实施要求。

第 246 号公告中指出，自 2020 年 1 月 1 日起，废止仅有促生长用途的 15 项药物饲料添加剂等品种质量标准（见表 7-1)，注销 558 个相关兽药产品批准文号和 3 个进口兽药注册证书。公告还给出金霉素预混剂等 15 个兽药产品的质量标准和说明书范本，以及拉沙洛西钠预混剂等 5 个进口兽药产品质量标准和标签、说明书样稿。

表 7-1　废止的药物饲料添加剂质量标准目录

序号	标准名称	标准来源
1	土霉素预混剂	2017 版《兽药质量标准》
2	土霉素钙预混剂	2017 版《兽药质量标准》
3	亚甲基水杨酸杆菌肽预混剂	农业部公告第 1998 号
4	那西肽预混剂	2017 版《兽药质量标准》
5	那西肽预混剂	农业部公告第 2382 号
6	杆菌肽锌预混剂	2015 年版《中国兽药典》
7	杆菌肽锌预混剂	农业部公告第 2023 号
8	杆菌肽锌预混剂	农业部公告第 2338 号
9	杆菌肽锌预混剂	农业部公告第 2528 号
10	恩拉霉素预混剂	农业部公告第 2271 号
11	喹烯酮预混剂	2017 版《兽药质量标准》
12	黄霉素预混剂（发酵)	2017 版《兽药质量标准》
13	黄霉素预混剂	2017 版《兽药质量标准》
14	黄霉素预混剂	农业部公告第 2503 号
15	维吉尼亚霉素预混剂	农业部公告第 2582 号

第三节　绿色食品畜禽饲料及饲料添加剂使用准则

一、适用范围

中华人民共和国农业行业标准 NY/T 471—2018《绿色食品　饲料及饲料添加剂使用准则》规定了生产绿色食品允许使用的饲料和饲料添加剂的使用准则以及不应使用的饲料和饲料添加剂种类。适用于 A 级和 AA 级绿色食品畜禽产品的生产、管理和认定。

二、术语和定义

1. 绿色食品

遵循可持续发展原则，按照特定生产方式生产，经专门机构认定，许可使用绿色食品标志的无污染的安全、优质、营养类食品。

2. A 级绿色食品

生产地的环境质量符合 NY/T 391 的要求，生产过程中严格按照绿色食品生产资料使用准则和生产操作规程要求，限量使用限定的化学合成生产资料，产品质量符合绿色食品产品标准，经专门机构认定，许可使用 A 级绿色食品标志的产品。

3. 饲料

能提供饲养动物所需养分，保证健康，促进生产和生长，且在合理使用下不发生有害作用的可饲物质。

4. 饲料添加剂

在饲料加工、制作、使用过程中添加的少量或者微量物质，包括营养性饲料添加剂、一般饲料添加剂。

（1）**营养性饲料添加剂**　用于补充饲料营养不足的添加剂。

（2）**一般饲料添加剂**　为了保证或者改善饲料品质，促进饲养动物生产，保障饲养动物健康，提高饲料利用率而加入饲料的少量或微量物质。

（3）**药物饲料添加剂**　为了预防动物疾病或影响动物某种生理、生化功能，而添加到饲料中的一种或几种药物与载体或稀释剂按规定比例配制而成的均匀混合物。

5. 绿色食品生产资料

经专门机构认定，符合绿色食品生产要求，并正式推荐用于绿色食品生产的生产资料。

三、使用准则

绿色畜产品的生产首先以改善饲养环境、善待动物、加强饲养管理为主，按照饲养标准配制配合饲料，做到营养全面，各营养素间相互平衡。所使用的饲料和饲料添加剂等生产资料应符合 GB 13078、GB 10648 及各种饲料原料标准、饲料产品标准和饲料添加剂标准的有关规定。所用饲料添加剂和添加剂预混合饲料应来自有生产许可证的企业，并且具有企业、行业或国家标准，产品批准文号，进口饲料和饲料添加剂产品登记证及配套的质量检验手段。同时还应遵守以下准则。

1. 生产 A 级绿色食品的饲料使用原则

① 饲料原料可以是已经通过认定的绿色食品；也可以是来源于绿色食品标准化生产基地的产品；或经绿色食品工作机构认定、按照绿色食品生产方式生产、达到绿色食品标准的自建基地生产的产品。

② 不应使用转基因方法生产的饲料原料。

③ 不应使用以哺乳类动物为原料的动物性饲料产品（不包括乳及乳制品）饲喂反刍动物。

④ 遵循不使用同源动物源性饲料的原则。

⑤ 不应使用工业合成的油脂。

⑥ 不应使用畜禽粪便。

2. 生产 A 级绿色食品的饲料添加剂使用原则

① 饲料添加剂品种应是《饲料添加剂品种目录》中所列的饲料添加剂和允许进口的饲料添加剂品种，或是农业农村部公布批准使用的饲料添加剂品种，但附录中所列的饲料添加剂品种除外。

② 饲料添加剂的性质、成分和使用量应符合产品标签。

③ 矿物质饲料添加剂的使用按照营养需要量添加，尽量减少对环境的污染。

④ 不应使用任何药物饲料添加剂。

⑤ 天然植物饲料添加剂应符合 GB/T 19424 的要求。

⑥ 化学合成维生素、常量元素、微量元素和氨基酸在饲料中的推荐量以及限量参考《饲料添加剂安全使用规范》的规定。

3. 生产 AA 级绿色食品的饲料及饲料添加剂使用原则

生产 AA 级绿色食品的饲料及饲料添加剂使用，在符合生产 A 级绿色食品的饲料及饲料添加剂使用原则外，饲料原料还需满足下列条件。

① 不应使用化学合成的生产资料作为饲料原料。

② 原料生产过程应使用有机肥、种植绿肥、作物轮作、生物或物理方法等技术培肥土壤、控制病虫草害、保护或提高产品品质。

生产 AA 级绿色食品不应使用化学合成的饲料添加剂。

第四节　审定与进口管理

一、饲料、饲料添加剂新产品审定申请

1. 新饲料的相关概念

（1）新饲料　指我国尚未批准使用的新研制开发的饲料，包括创新型饲料和移植型饲料。

（2）创新型饲料　指在我国境内研究、创制的单一饲料。

（3）移植型饲料　指已在我国境内其他行业使用，首次应用于饲料产品中的单一饲料。

2. 新产品审定的必要性

技术创新是发展高科技、实现产业化的重要前提。国家鼓励研究、创制新饲料，新饲料

添加剂是我国饲料工业产业政策的重要内容。我国饲料工业起步晚，但发展迅速，目前已成为世界第二大饲料生产国。我国饲料工业取得举世瞩目成就的关键是国家制定了一系列切实可行的饲料工业产业政策，鼓励研究和创制新饲料和饲料添加剂。这项行之有效的政策理所当然地要用法律固定下来。

新饲料和新饲料添加剂直接涉及肉、蛋、奶、鱼等动物产品的安全卫生和人民身体健康。世界各国普遍制定了该项制度，新研制的饲料和饲料添加剂，只有在对其安全性、有效性及其对环境的影响进行全面、科学的检测、试验，确认符合国家规定的质量标准后，才能允许投入生产、进入流通和消费。否则，将有可能给养殖业和人体健康带来严重危害。制定该项制度也是国务院赋予农业农村部的职能，国务院办公厅关于印发农业农村部职能配置内设机构和人员编制的通知（国办发〔1998〕88号）中要求，农业农村部对饲料工业实行行业管理，并做好饲料安全工作。确保新饲料和新饲料添加剂安全是饲料安全工作的重要内容。

3. 饲料、饲料添加剂新产品登记程序

新研制的饲料、饲料添加剂，在投入生产前，研制者、生产者（以下简称申请人）必须向国务院农业行政主管部门提出新产品审定申请，经国务院农业行政主管部门指定的机构检测和饲喂试验后，由全国饲料评审委员会根据检测和饲喂试验结果，对该新产品的安全性、有效性及其对环境的影响进行评审；评审合格的，由国务院农业行政主管部门发给新饲料、新饲料添加剂证书，并予以公布。

全国饲料评审委员会由养殖、饲料加工、动物营养、毒理、药理、代谢、卫生、化工合成、生物技术、质量标准和环境保护等方面的专家组成。

具体审定登记程序如下。

（1）提交新饲料、新饲料添加剂审定申请表

（2）提交相关申请资料

① 产品名称　通用名称和商品名称，并说明命名的依据。

② 新产品研制的目的和依据。

③ 有效组分、化学结构的测试资料及理化性质，或者动物、植物和微生物的分类鉴定。

④ 生产工艺条件、制造方法、微生物菌种或培养基规格。

⑤ 产品稳定性试验报告。

⑥ 质量标准（草案）及起草说明。

⑦ 饲喂试验报告。

⑧ 适用范围、使用方法或添加量。

⑨ 标签式样、使用说明书、包装规格、贮存注意事项及保质期。

⑩ 中试生产总结和"三废"处理报告。

⑪ 安全性评价试验报告，包括一般毒性、特殊毒性、环境毒性和残留毒理等。创新型产品必须在国内进行安全性评价试验。国外正式生产、销售的产品或国内移植型产品应提供动物的安全性试验资料。

⑫ 主要参考文献。

（3）提交产品样品

① 每个品种需连续3个批号的样品及其检验报告，每个批号3份样品，每份为检验需要量的3～5倍。

② 必要时提供标准品或对照品。

4. 新饲料和饲料添加剂审定流程

新饲料和饲料添加剂审定流程见图 7-1。

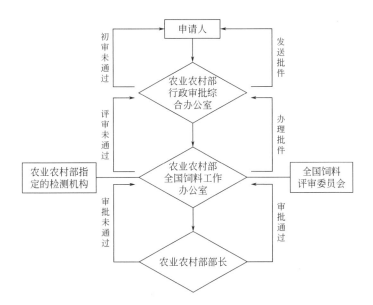

图 7-1　新饲料和饲料添加剂审定流程

(1) 项目名称　新饲料和饲料添加剂审定。

(2) 项目类型　前审后批。

(3) 审批内容

① 产品是否属于新饲料或新饲料添加剂。

② 产品是否安全、有效、质量可控和不污染环境。

③ 试验数据是否真实可信。

④ 质量标准是否科学。

⑤ 质量复核检验结果是否符合标准。

(4) 法律依据

①《饲料和饲料添加剂管理条例》。

②《新饲料和新饲料添加剂管理办法》(中华人民共和国农业部令 2012 年第 4 号)。

③《饲料添加剂品种目录 (2013)》(中华人民共和国农业部公告第 2045 号)。

(5) 办事条件　需递交以下申请材料 (一式三份,其中须提供一份正本原件) 和产品样品。

①《新饲料和新饲料添加剂审定申请表》。

② 产品名称 (通用名称和商品名称) 及命名依据的说明。

③ 产品研制目的和依据的说明。

④ 产品概述。

⑤ 产品的有效组分及理化性质说明。

⑥ 产品有效组分化学结构的测试报告和动物、植物、微生物的分类鉴定报告。

⑦ 产品的质量标准和编制说明、检验方法和连续三个生产批号的产品样品及其检测报告。

⑧ 生产工艺、制造方法（对于微生物添加剂应提供微生物菌种和培养基规格）的说明。

⑨ 产品稳定性试验报告。

⑩ 产品有效性试验报告。

⑪ 产品安全性评价试验（包括毒理学试验和菌种鉴定）报告。

⑫ 中试生产总结和"三废"处理报告。

⑬ 产品的用途、适用范围、使用方法和添加量的说明。

⑭ 标签、包装规格、贮存注意事项及保质期的说明。

⑮ 主要参考文献资料。

（6）办理程序

① 材料受理　农业农村部行政审批综合办公室受理申请人递交的《新饲料和饲料添加剂审定申请表》及其相关材料，并进行预审。

② 项目审查　农业农村部全国饲料工作办公室根据国家有关规定对申请材料进行审查。

③ 质量复核检验　申请人按照要求将连续三个生产批号的产品样品送交农业农村部指定的饲料质量检测机构进行质量复核检验。

④ 饲喂试验和安全性评价试验　申请人按照要求将连续三个生产批号的产品样品送交农业农村部认可的机构进行饲喂试验和安全性评价试验。

⑤ 专家评审　全国饲料评审委员会对质量复核检验合格、饲喂试验和安全性评价试验完成后的产品的申请材料进行评审。

⑥ 办理批件　农业农村部全国饲料工作办公室根据评审结果提出审批方案，报经部长审批后办理批件。

（7）承诺时限　20个工作日（专家评审时间不超过6个月；质量复核检验时间不超过3个月）。

二、首次进口饲料、饲料添加剂的申请程序

1. 实施进口饲料、饲料添加剂产品登记管理的必要性

20世纪以来，国外有关饲料和饲料添加剂安全问题的事件接踵发生。为保证进口产品的安全、有效和不污染环境，1988年6月25日农业农村部发布了《中华人民共和国农业部关于进口饲料添加剂登记的暂行规定》，1997年12月25日根据农业部第39号令进行了修订。经过10余年的执行取得了良好的效果。但由于此前的进口登记管理仅限于饲料添加剂及其预混合饲料，进口的单一饲料、配合饲料等饲料产品却没有得到有效的登记管理，饲料添加剂及其预混合饲料是不能直接饲喂动物的，而饲料产品则是直接饲喂动物的，其有毒、有害和污染环境物质可能直接进入动物体内，造成动物中毒甚至死亡。鉴于饲料的中毒概率远高于饲料添加剂。因此，《条例》将饲料纳入进口登记管理的产品范围。

> **阅读资料：**
>
> 　　2013年11月，江苏省靖江市一养猪户购买未经登记的进口饲料，由于麦角毒素含量严重超标，导致死亡生猪261头，造成直接经济损失20万元。

2. 法律依据

① 《饲料和饲料添加剂管理条例》。

② 农业农村部《进出口饲料和饲料添加剂登记管理办法》管理。

3. 进口饲料、饲料添加剂登记程序

(1) 提交进口饲料或饲料添加剂登记申请表（一式两份，中英文填写）

(2) 代理人需提交生产企业委托登记授权书

(3) 提交申请资料（中英文一式两份） 包括下列内容：

① 产品名称（通用名称、商品名称）。

② 生产国（地区）批准在本国（地区）允许生产、销售的证明和在其他国家（地区）的登记资料。

③ 产品来源、组成成分和制造方法。

④ 质量标准和检验方法。

⑤ 标签式样、使用说明书和商标。

⑥ 适用范围和使用方法或添加量。

⑦ 包装规格、贮存注意事项及保质期。

⑧ 必要时提供安全性评价试验报告和稳定性试验报告。

⑨ 饲喂试验资料及推广应用情况。

⑩ 其他相关资料。

(4) 提交产品样品

① 每个品种需 3 个不同批号，每个批号 3 份样品，每份为检验需要量的 3～5 倍。同时附同批号样品的质检报告单。

② 必要时提供该产品相对应的标准品或对照品。

4. 进口饲料、饲料添加剂审批程序

① 农业农村部在收到上述全部申请资料和产品样品后 5 个工作日内做出是否受理的决定。决定受理的，交农业农村部指定的饲料质量检验机构进行产品质量复核检验。

② 饲料质量检验机构以收到产品检疫样品和相关资料后 3 个月内完成产品质量复核检验，并将检验结果报送农业农村部全国饲料工作办公室。

③ 申请资料完整，质量复核检验合格的产品，经农业农村部审核合格后，发给进口饲料、饲料添加剂产品登记证。属于以下情况的，应当将饲喂试验、安全性评价试验结果提交全国饲料评审委员会审定通过后，由农业农村部发给产品登记证。

a. 凡未获得生产国（地区）注册登记许可的饲料和饲料添加剂在中国境内登记时，必须进行饲喂试验和安全性评价试验。试验费用由申请人承担。

b. 进口中华人民共和国尚未允许使用但出口国已批准和使用的饲料和饲料添加剂，应当进行饲喂试验，必要时进行安全性评价试验。试验方案应经农业农村部审查，试验承担单位由农业农村部认可。试验费用由申请人承担。

📚 复习思考题

1. 饲料及饲料添加剂相关的概念。

2. 标签的含义、标签附具方式及主要内容是什么？

3. 生产 A 级绿色食品的饲料使用准则。

4. 绿色食品的饲料添加剂使用准则。

5. 饲料企业应具备哪些条件？

6. 讨论

（1）2013 年 4 月 13 日，某市动监局检出某村养殖户王某有 4 头肉牛含有"瘦肉精"，该市对涉案同群的 79 头肉牛实施了焚烧、深埋无害化处理，并处罚款 4 万元。市人民法院以生产、销售有毒有害食品罪判处王某有期徒刑 1 年。

（2）2013 年 8 月 7 日，某县畜牧兽医部门检出经纪人张某屠宰的 19 头生猪中有 1 例尿样含有沙丁胺醇后，对其在屠宰企业封存的 19 头猪胴体及头蹄、脏器实施无害化处理，据张某交代，其用外购沙丁胺醇在运输中对 6 头猪进行注射，每头注射约 2 毫升。该县人民法院以生产销售有毒有害食品罪判处张某有期徒刑 6 个月、缓刑 1 年，并处罚金 2 万元。

案例分析

【案情介绍一】

2007 年 8 月 21 日，某县农业局接到群众举报，反映某饲料厂销售禁用的"抗生素药渣"，县农业局立即对举报调查核实。经查证，该饲料厂从外省购进一批"抗生素药渣"，共销售 12.5 吨，销售价格为每吨 1260 元，总计销售额为 15481.1 元，此情况由该饲料厂负责人王某的证明材料和调查笔录为证。县农业局认为该饲料厂违反了《饲料和饲料添加剂管理条例》第十八条的规定，给予该饲料厂如下处罚：没收违法所得人民币 15481.1 元，并处罚款人民币 15481.6 元。

【案例评析】

抗生素药渣是抗生素类产品在生产过程中产生的工业三废，由于其使用会引起畜禽和人的耐药性，危害养殖业。因此，国家明令禁止在饲料中添加使用。某饲料厂销售禁用的"抗生素药渣"，其行为已违反了《饲料和饲料添加剂管理条例》第十八条关于"禁止生产、经营停用、禁用或者淘汰的饲料、饲料添加剂以及未经审定公布的饲料、饲料添加剂"的规定，根据《条例》第二十八条规定，应当由县级以上地方人民政府饲料管理部门责令停止生产、经营，没收违法生产、经营的产品和违法所得，并处违法所得 1 倍以上 5 倍以下的罚款。据此，县农业局对该饲料厂处以没收违法所得人民币 15481.1 元，并处罚款人民币 15481.6 元的处罚。

【案情介绍二】

2007 年 12 月 7 日，崔某身为某市畜牧局动物卫生监督所执法人员，与组长张某及本所工作人员郭某、邱某、宋某（四人另案处理）等人到某乡进行执法检查时，在发现董某非法携带"瘦肉精"的情况下，不正确履行职责，既未将董某所携带的"瘦肉精"全部查扣，亦未将董某携带"瘦肉精"的情况移交职能部门进行处理，当场收取董某 3800 元罚款后（以检疫费名义入账），放任董某将"瘦肉精"带走。2008 年 6 月至 11 月期间，董某将未被查扣的一件"瘦肉精"非法销售给梁某等饲养户用于生猪饲养。2008 年 10 月，梁某等生猪饲养户喂养的生猪在某地屠宰时，被农业农村部检测出猪体内"瘦肉精"成分严重超标，给国家食品卫生安全和人民群众生命健康造成严重威胁。

【案例评析】

依照《中华人民共和国刑法》第四百一十四条、第七十二条第一款、第七十三条第二款和第三款之规定，判决被告人崔某犯放纵制售伪劣商品犯罪行为罪，判处拘役三个月，缓刑六个月（缓刑考验期自判决确定之日起计算）。

第八章　畜牧管理

　　畜禽遗传资源不仅为畜牧业发展提供了基础和动力，也事关国家生物资源和生物安全，加强资源保护，加强畜牧生产管理，助力乡村脱贫，强化生态环境，共建、保护绿水青山。

学习目标

　　1. 了解《中华人民共和国畜牧法》的概念、意义及适用范围。

　　2. 掌握《中华人民共和国畜牧法》立法宗旨、基本原则、主要制度、核心内容及创新要求等。

　　3. 养成建立养殖档案，建立畜产品质量追溯制度的法律意识。

第一节　《中华人民共和国畜牧法》概述

　　2005 年 12 月 29 日，《中华人民共和国畜牧法》（简称《畜牧法》）经第十届全国人民代表大会常务委员会第十九次会议审议通过，自 2006 年 7 月 1 日起实施。《畜牧法》为改善畜禽生产生活环境，提高畜禽福利待遇，保护畜禽产品质量安全提供了明确的法律保障。2015 年 4 月 24 日第十二届全国人民代表大会常务委员会第十四次会议修订。

一、制定颁布《畜牧法》的目的、意义

1. 颁布《畜牧法》的目的

　　① 规范畜牧业生产经营行为。

　　② 保障畜禽产品质量安全。

　　③ 保护和合理利用畜禽遗传资源。

　　④ 维护畜牧业生产经营者的合法权益。

　　⑤ 促进畜牧业持续健康发展。

2. 制定《畜牧法》的意义

　　① 制定畜牧法是规范畜牧业繁育、生产、经营行为，保障畜禽产品质量安全的需要。

　　② 制定畜牧法是畜牧业生产由数量增长型向质量效益型转变，促进畜牧业生产方式转

变的需要。

③ 制定畜牧法是促进畜牧业依法管理的必然要求。

④ 畜牧法的制定，对于加快发展现代化畜牧业，促进社会主义新农村建设，促进畜牧业持续健康发展，将产生积极而深远的影响。

二、《畜牧法》的适用范围

畜牧业产业链长，中国《畜牧法》适用范围相当广泛，在中华人民共和国境内从事畜禽的遗传资源保护利用、繁育、饲养、经营、运输等活动适用本法。

(1) 区域范围　中华人民共和国境内。

(2) 动物范围　猪、马、牛、羊、骡、驴、兔、鸡、鸭、鹅、犬、蜂、蚕等。

(3) 相对学科范围　动物营养需要、动物饲养管理、动物环境控制、畜产品质量与安全、畜牧兽医器械、饲料、动物防疫以及畜产品的加工、贮存、包装、运输等。

三、《畜牧法》的组织机构

《畜牧法》第七条规定了畜牧业行政管理组织机构包括国务院畜牧兽医主管部门和县级以上人民政府畜牧兽医主管部门。

1. 国务院畜牧兽医主管部门

《畜牧法》明确规定国务院畜牧兽医主管部门负责全国畜牧业的监督管理工作。其监督管理工作包括以下内容。

① 监督管理畜禽遗传资源的保护。

② 监督管理种畜禽生产经营。

③ 监督管理畜禽养殖、交易与运输。

④ 监督保障畜禽产品质量安全。

2. 县级以上人民政府畜牧兽医主管部门

县级以上人民政府畜牧兽医主管部门的职责是负责本行政区域内的畜牧业监督管理工作。同时县级以上人民政府有关主管部门在各自的职责范围内，负责有关促进畜牧业发展的工作。

第二节　种畜禽资源的保护与管理

一、畜禽遗传资源保护

保护畜禽遗传资源，有利于保持生物多样性，实现可持续发展战略；有利于促进畜牧业发展，增加农民收入；有利于培养畜禽优良品种，提高畜牧业生产水平和畜产品市场竞争力；有利于满足人民对畜禽产品需要的多样性。

1. 畜禽遗传资源概念

畜禽遗传资源是指具有实用或潜在实用价值的含有遗传功能的材料，包括畜禽的 DNA、基因、基因组、细胞、组织、器官等遗传材料及相关信息。中国拥有种类丰富、种质特异的畜禽遗传资源，畜禽品种数量约占全球已知畜禽种类的 1/6，是世界上畜禽遗传资源最为丰富的国家之一。根据《国家畜禽遗传资源目录》（2020 年），首次明确了家养畜禽种类 33 种，包括其地方品种、培育品种、引入品种及配套系。其中，传统畜禽 17 种，特种畜禽 16 种。至今，这些品种仍被广泛应用于畜牧业生产中，是培育新品种不可缺少的素材，在畜牧业可持续发展中发挥着重要作用。

当前，中国畜牧业进入了一个新的发展阶段，落实科学发展观，促进畜牧业持续健康发展，迫切要求把畜禽遗传资源保护与利用工作放到突出位置，要求切实保护、利用好现有畜禽资源。

2. 畜禽遗传资源保护机构的设立

畜禽遗传资源是人类重要的生物资源，是国家重大战略性基础资源。为进一步加强畜禽遗传资源保护与利用，根据《中华人民共和国畜牧法》和农业农村部《畜禽新品种配套系审定和畜禽遗传资源鉴定办法》的规定，经农业农村部批准，农业农村部决定将原国家畜禽遗传资源管理委员会名称变更为国家畜禽遗传资源委员会。

国家畜禽遗传资源委员会下设猪、家禽、牛马驼、羊、蜜蜂和其他畜禽等 6 个专业委员会，委员会的办事机构设在全国畜牧总站。委员会依法负责畜禽遗传资源的鉴定、评估和畜禽新品种、配套系的审定，承担畜禽遗传资源保护和利用的规划论证及有关畜禽遗传资源保护的咨询工作。国家畜禽遗传资源委员会的成立，标志着我国畜禽遗传资源保护与利用工作迈进了一个崭新的发展阶段，是促进我国畜牧业可持续发展的重要里程碑。

3. 畜牧法律法规对畜禽遗传资源保护的有关管理规定

（1）畜牧法律法规对畜禽遗传资源调查制度的管理规定 《畜牧法》第十一条规定："国务院畜牧兽医主管部门负责组织畜禽遗传资源的调查工作，发布国家畜禽遗传资源状况报告，公布经国务院批准的畜禽遗传资源目录。"世界上大部分国家以及有关国际机构非常注重对资源信息的调查、收集和整理工作。中国政府对畜禽遗传资源的保护和利用工作也非常重视。2006 年，农业农村部卜发了《农业部办公厅关于印发〈全国畜禽遗传资源调查实施方案〉的通知》（农办牧〔2006〕18 号）文件，全国畜禽遗传资源调查工作全面展开。

（2）畜禽遗传资源保护与规划 中国历来重视畜禽遗传资源保护与利用，国家颁布《畜牧法》，把畜禽遗传资源保护与利用作为一项重要内容，明确了畜禽遗传资源保护与利用的权利和义务、行为与责任。根据《畜牧法》第十二条的规定，各省份对列入国家畜禽遗传资源保护名录的地方品种实施保护。为加强对地方品种资源的保护，国家投入了大量人力和物力，在全国各地建立了一大批各具特色的优良地方品种资源场和保护区。

目前，在全国畜牧兽医总站畜禽牧草种质资源保存利用中心保存有 63 个地方猪品种、85 个地方牛品种、71 个地方羊品种共 13000 余份个体的基因组 DNA，这为中国地方家畜的基因保种奠定了一定的基础。

对于新发现的畜禽遗传资源，《畜牧法》第十四条给出相应的规定："新发现的畜禽遗传资源在国家畜禽遗传资源委员会鉴定前，省级人民政府畜牧兽医主管部门应当制定保护方案，采取临时保护措施，并报国务院畜牧兽医主管部门备案。"确保历史遗留下来未被发现和随着社会发展新出现的畜禽品种和种质得到梳理和分类，达到保护的目的。新发现的畜禽遗传资源可能是我国特有的或濒危的畜禽品种，规定临时保护制度，有利于畜牧兽医主管部门根据具体情况做出紧急应变安排，对新发现的畜禽遗传资源进行切实保护。

(3) **进出口畜禽遗传资源和对外合作研究利用审批程序的规定** 为了加强畜禽遗传资源进出境和对外合作研究利用的管理，保护畜禽遗传资源安全，防止流失，促进合理利用，根据《中华人民共和国畜牧法》的规定，2006 年 4 月，农业农村部畜牧业司制定了《中华人民共和国畜禽遗传资源进出境和对外合作研究利用审批办法》，并于 2006 年 7 月 1 日起施行。

阅读资料： **中华人民共和国农业部公告 第 662 号**

根据《畜牧法》第十二条的规定，我部确定八眉猪等 138 个畜禽品种为国家级畜禽遗传资源保护品种，现予公告。

中华人民共和国农业部
二〇〇六年六月二日

国家级畜禽遗传资源保护名录

一、猪

八眉猪、大花白猪（广东大花白猪）、黄淮海黑猪（马身猪、淮猪、莱芜猪、河套大耳猪）、内江猪、乌金猪（大河猪）、五指山猪、太湖猪（二花脸、梅山猪）、民猪、两广小花猪（陆川猪）、里岔黑猪、金华猪、荣昌猪、香猪（含白香猪）、华中两头乌猪（通城猪）、清平猪、滇南小耳猪、槐猪、蓝塘猪、藏猪、浦东白猪、撒坝猪、湘西黑猪、大蒲莲猪、巴马香猪、玉江猪（玉山黑猪）、河西猪、姜曲海猪、关岭猪、粤东黑猪、汉江黑猪、安庆六白猪、莆田黑猪、嵊县花猪、宁乡猪

二、鸡

九斤黄鸡、大骨鸡、鲁西斗鸡、吐鲁番斗鸡、西双版纳斗鸡、漳州斗鸡、白耳黄鸡、仙居鸡、北京油鸡、丝羽乌骨鸡、茶花鸡、狼山鸡、清远麻鸡、藏鸡、矮脚鸡、浦东鸡、溧阳鸡、文昌鸡、惠阳胡须鸡、河田鸡、边鸡、金阳丝毛鸡、静原鸡

三、鸭

北京鸭、攸县麻鸭、连城白鸭、建昌鸭、金定鸭、绍兴鸭、莆田黑鸭、高邮鸭

四、鹅

四川白鹅、伊犁鹅、狮头鹅、皖西白鹅、雁鹅、豁眼鹅、鄱县白鹅、太湖鹅、兴国灰鹅、乌鬃鹅

五、羊

辽宁绒山羊、内蒙古绒山羊（阿尔巴斯型、阿拉善型、二狼山型）、小尾寒羊、中卫山羊、长江三角洲白山羊（笔料毛型）、乌珠穆沁羊、同羊、西藏羊（草地型）、西藏山羊、济宁青山羊、贵德黑裘皮羊、湖羊、滩羊、雷州山羊、和田羊、大尾寒羊、多浪羊、兰州大尾羊、汉中绵羊、圭山山羊、岷县黑裘皮羊

六、牛

九龙牦牛、天祝白牦牛、青海高原牦牛、独龙牛（大额牛）、海子水牛、富钟水牛、德宏水牛、温州水牛、延边牛、复州牛、南阳牛、秦川牛、晋南牛、渤海黑牛、鲁西牛、温岭高峰牛、蒙古牛、雷琼牛、郏县红牛、巫陵牛（湘西牛）、帕里牦牛

七、其他品种

百色马、蒙古马、鄂伦春马、晋江马、宁强马、岔口驿马、关中驴、德州驴、广灵驴、沁阳驴、新疆驴、阿拉善双峰驼、敖鲁古雅驯鹿、吉林梅花鹿、藏獒、山东细犬、中蜂、东北黑蜂、新疆黑蜂、福建黄兔、四川白兔

二、种畜禽品种选育与生产经营

种畜禽是畜牧业生产最主要的生产资料，种畜禽的质量直接关系到畜牧业的效益和农民收入。为此，必须建立和完善专门的制度，规范和促进种畜禽的品种选育与生产经营活动。

1. 畜禽良种繁育的必要性

《畜牧法》第十八条明确了国家对畜禽品种的选育和优良品种的推广的政策，即国家扶持畜禽品种的选育和优良品种的推广使用，支持企业、院校、科研机构和技术推广单位开展联合育种，建立畜禽良种繁育体系。

2. 种畜禽品种选育和审定制度

（1）畜禽新品种、配套系审定和畜禽遗传资源鉴定公告 根据《中华人民共和国畜牧法》的有关规定，2006年5月30日农业农村部第13次常务会议审议通过了《畜禽新品种配套系审定和畜禽遗传资源鉴定办法》并于2006年7月1日起施行。新品种、配套系审定制度，将原来的二级审定改为一级审定，规定培育的畜禽新品种、配套系和新发现的畜禽遗传资源在推广前，应当通过国家畜禽遗传资源委员会审定或者鉴定。实行畜禽品种审定推广公告制度的意义。

① 有利于国家对新品种的保护，防止不同地区品种名称的混乱。

② 有利于保障养殖者的知情权和经济利益，规范畜禽品种市场。

③ 明确了审定或者鉴定所需费用的承担主体及收费办法的制定主体，有利于规范收费机制。

（2）畜禽品种的申请、受理、审定、鉴定与公告

① 申请与受理规定 申请畜禽新品种、配套系审定的，由该品种或配套系的培育单位或者个人向所在地省级人民政府畜牧主管部门提出，省级人民政府畜牧主管部门应当在20个工作日内完成审核，并将审核意见和相关材料报送国家畜禽遗传资源委员会。

申请畜禽遗传资源鉴定的，由该资源所在地省级人民政府畜牧主管部门向国家畜禽遗传资源委员会提出。

在中国没有固定住所或者营业场所的外国人、外国企业或者其他组织在中国申请畜禽新品种、配套系审定的，应当委托具有法人资格的中国育种科研、生产、经营单位代理。

申请畜禽新品种、配套系审定的，应当向省级人民政府畜牧主管部门提交下列材料：畜禽新品种、配套系审定申请表；育种技术工作报告；新品种、配套系标准；具有法定资质的畜禽质量检验机构最近两年内出具的检测结果；中试报告或者试验单位的证明材料；声像、画册资料及必要的实物。

申请畜禽遗传资源鉴定的，应当向国家畜禽遗传资源委员会提交下列材料：畜禽遗传资源鉴定申请表；遗传资源介绍；遗传资源标准；声像、画册资料及必要的实物。

国家畜禽遗传资源委员会自收到申请材料之日起15个工作日内做出是否受理的决定，并书面通知申请人。不予受理的，应当说明理由。

② 审定、鉴定与公告 通过审定或者鉴定的畜禽新品种、配套系或者畜禽遗传资源，由国家畜禽遗传资源委员会在中国农业信息网公示，公示期为一个月。公示期满无异议的，由国家畜禽遗传资源委员会颁发证书并报农业农村部公告。

未通过审定或鉴定的，国家畜禽遗传资源委员会办公室应当在30个工作日内书面通知申请人。申请人有异议的，应当在接到通知后 30 个工作日内申请复审。国家畜禽遗传资源委员会应当在 6 个月内做出复审决定，并通知申请人。

（3）中间试验的规定　畜禽新品种、配套系申请审定前，培育者可以进行中间试验，对品种、配套系的生产性能、适应性、抗逆性等进行验证。

中间试验应当经试验所在地省级人民政府畜牧行政主管部门批准，培育者应当提交下列材料：

① 新品种、配套系暂定名；

② 新品种、配套系特征、特性；

③ 拟进行中间试验的地点、期限和规模等。

（4）畜禽新品种、配套系培育者权益保护　《畜牧法》第十九条提出"畜禽新品种、配套系培育者的合法权益受法律保护。"

畜禽新品种、配套系培育者的合法权益包括署名权、利用审定品种进行繁育的权利以及获得报酬权等权益，这些权益受到法律保护。

（5）种畜优良个体登记　对种畜优良个体登记，有三方面意义：从畜牧兽医技术推广机构的角度看，有助于其摸清种畜总体状况及个体质量，为推广优良种畜个体提供便利。从家畜生产者即种畜使用者角度看，可以保障家畜生产者的知情权。种畜使用者只有知道了哪些是种畜优良个体，才能做出是否使用该优良个体及其遗传资料从事家畜生产的决定。对于申请登记的种畜生产经营者而言，登记的目的是为了证明其所拥有的种畜具有优秀的特性，从而在种畜市场上具有更大的竞争力。

> **阅读资料：**
> 《优良种畜登记原则》第九条中规定，优良种畜登记实行一畜一卡，记录内容包括：
> 1. 基本情况：场（小区、站、户）名、品种、类型、个体编号、出生日期、出生地、综合鉴（评）定等级、登记时间、登记人等基础信息。
> 2. 系谱档案：三代系谱完整，并具有父本母本生产性能或遗传力评估的完整资料。
> 3. 外貌特征：种畜头部正面及左、右体侧照片各一张。
> 4. 生产性能：按各畜种登记卡的内容进行登记。
> 5. 优良种畜转让、出售、死亡、淘汰等情况。
> 6. 种畜禽生产经营管理。

3. 种畜禽生产经营管理

（1）生产经营者的资格条件

① 种畜禽品种生产经营者的资格条件《畜牧法》第二十二条规定："从事种畜禽生产经营或者生产商品代仔畜、雏禽的单位、个人，应当取得种畜禽生产经营许可证。申请人持种畜禽生产经营许可证依法办理工商登记，取得营业执照后，方可从事生产经营活动。"申请取得种畜禽生产经营许可证，应当具备下列条件。生产经营的种畜禽必须是通过国家畜禽遗传资源委员会审定或者鉴定的品种、配套系，或者是经批准引进的境外品种、配套系；有与生产经营规模相适应的畜牧兽医技术人员；有与生产经营规模相适应的繁育设施设备；具备

法律、行政法规和国务院畜牧兽医主管部门规定的种畜禽防疫条件；有完善的质量管理和育种记录制度；具备法律、行政法规规定的其他条件。

② 遗传材料生产经营者的资格条件《畜牧法》第二十三条规定，申请取得生产家畜卵子、冷冻精液、胚胎等遗传材料的生产经营许可证，除应当符合本法第二十二条第二款规定的条件外，还应当具备下列条件：符合国务院畜牧兽医主管部门规定的实验室、保存和运输条件；符合国务院畜牧兽医主管部门规定的种畜数量和质量要求；体外授精取得的胚胎、使用的卵子来源明确，供体畜符合国家规定的种畜健康标准和质量要求；符合国务院畜牧兽医主管部门规定的其他技术要求。

（2）生产经营许可证的申办规定

① 种畜禽生产经营许可证分级管理制度　规定国务院和地方二级管理，生产家畜卵子、冷冻精液、胚胎等遗传材料的生产经营许可证，由国务院畜牧兽医主管部门审批；其他种畜禽的生产经营许可证由县级以上地方人民政府畜牧兽医主管部门审核发放。

② 生产经营许可证的规定

a. 生产经营许可证内容的规定。种畜禽生产经营许可证应当注明生产经营者名称、场（厂）址、生产经营范围及许可证有效期的起止日期等。

b. 生产经营许可证的禁止性规定。禁止任何单位、个人无种畜禽生产经营许可证或者违反种畜禽生产经营许可证的规定生产经营种畜禽；禁止伪造、变造、转让、租借种畜禽生产经营许可。

c. 生产经营许可证的例外。对农户饲养的种畜禽用于自繁自养和少量剩余仔畜、雏禽出售的，农户饲养种公畜进行互助配种的，不需要办理种畜禽生产经营许可证。

（3）对从事畜禽配种工作人员的规定　《畜牧法》第二十七条规定，专门从事家畜人工授精、胚胎移植等繁殖工作的人员，应当取得相应的国家职业资格证书。为提高畜禽配种从业人员的整体素质，规范、提高畜禽品种改良工作，全国各省份畜牧局根据《畜牧法》及农业农村部、人力资源和社会保障部制定的技术等级标准等有关规定，结合各省畜禽品种改良实际，确定在自省以职业技能培训、鉴定为手段，全面实施畜禽配种员职业准入制度。规定从事畜禽配种工作的从业人员，就业前必须经过职业培训并通过职业技能鉴定，取得国家颁发的"职业资格证书"后方可受聘上岗。

（4）种畜禽销售规定

① 发布种畜禽广告的规定　《畜牧法》第二十八条规定："发布种畜禽广告的，广告主应当提供种畜禽生产经营许可证和营业执照。广告内容应当符合有关法律、行政法规的规定，并注明种畜禽品种、配套系的审定或者鉴定名称；对主要性状的描述应当符合该品种、配套系的标准。"

必须严格按照《中华人民共和国广告法》以及本法等法律、行政法规的规定，不仅要监督检查广告主的种畜禽生产经营许可证和营业执照，还要审查发布的种畜禽广告的内容。由于种畜禽广告的特殊性，必须审查在种畜禽广告中是否注明了种畜禽品种、配套系的审定或者鉴定名称，以及对该品种、配套系主要性状的描述是否符合国家规定的标准。

② 种畜禽销售规定　a. 销售的种畜禽和家畜配种站（点）使用的种公畜，必须符合国家规定的种畜禽强制性标准，这是强制性的规定，不得违反，否则按照《畜牧法》第六十四条处罚。b. 销售种畜禽时，应当附具种畜禽场出具的种畜禽合格证明、动物防疫监督机构出具的检疫合格证明，销售的种畜还应当附具种畜禽场出具的家畜系谱。这样规定，可以防

止种畜禽品种出现混乱，避免畜禽品种的质量下降等情况的出现。c.生产家畜卵子、冷冻精液、胚胎等遗传材料，应当有完整的采集、销售、移植等记录，记录应当保存2年。

③ 销售种畜禽的禁止行为 《畜牧法》第三十条规定销售种畜禽，不得有下列行为：以其他畜禽品种、配套系冒充所销售的种畜禽品种、配套系；以低代别种畜禽冒充高代别种畜禽；以不符合种用标准的畜禽冒充种畜禽；销售未经批准进口的种畜禽；销售未附具本法第二十九条规定的种畜禽合格证明、检疫合格证明的种畜禽或者未附具家畜系谱的种畜；销售未经审定或者鉴定的种畜禽品种、配套系。

④ 商品代仔畜、雏禽的销售规定 《畜牧法》第三十二条第一款强制性规定，种畜禽场和孵化场（厂）销售商品代仔畜、雏禽的，应当向购买者提供其销售的商品代仔畜、雏禽的主要生产性能指标、免疫情况、饲养技术要求和有关咨询服务，并附具动物防疫监督机构出具的检疫合格证明。

第二款规定："销售种畜禽和商品代仔畜、雏禽，因质量问题给畜禽养殖者造成损失的，应当依法赔偿损失。"按照《中华人民共和国消费者权益保护法》和《中华人民共和国产品质量法》的规定，这里的赔偿主体为销售者和生产者。受害畜禽养殖者要求损害赔偿的两条途径：一是可以要求畜禽商品的生产者赔偿；二是也可要求畜禽商品的销售者赔偿。

(5) 种畜禽的进口规定

① 申请进口种畜禽的，应当持有种畜禽生产经营许可证。进口种畜禽的批准文件有效期为6个月。

中国对种畜禽生产经营许可证的取得采取分类指导的原则，即分别适用审批制和核准制。按照《畜牧法》第二十四条的规定，申请取得生产家畜卵子、冷冻精液、胚胎等遗传材料的生产经营许可证的，由相应的省级人民政府畜牧兽医主管部门审核后报国务院畜牧兽医主管部门审批，即属于这种情况；要取得除生产家畜卵子、冷冻精液、胚胎等遗传材料之外的种畜禽的生产经营许可证的，由相应的县级以上地方各级人民政府的畜牧兽医主管部门审核就可以了。因此，申请进口种畜禽的，必须符合本法申请取得种畜禽生产经营许可证的条件以及需要经过相应政府部门的审核或审批。

② 进口的种畜禽应当符合国务院畜牧兽医主管部门规定的技术要求。首次进口的种畜禽还应当由国家畜禽遗传资源委员会进行种用性能的评估。

中国已经加入世界贸易组织，以后必然会在种畜禽进口方面与国际上的种畜禽出口大国产生贸易摩擦，本条规定可以起到间接保护中国种畜禽品种的作用，促进中国畜牧业的良性发展。

③ 种畜禽的进口管理除适用前两款的规定外，还适用《畜牧法》第十五条和第十六条的相关规定。

④ 国家鼓励畜禽养殖者对进口的畜禽进行新品种、配套系的选育；选育的新品种、配套系在推广前，应当经国家畜禽遗传资源委员会审定。

与《种畜禽管理条例》相比，《畜牧法》在审定权上将两级管理体制变为一级管理体制，国家畜禽遗传资源委员会不仅承担了畜禽新品种、配套系的审定职责，也同时承担了畜禽遗传资源的鉴定工作。

三、畜禽养殖

转变畜牧业生产方式，是提高畜牧业综合生产能力、建设现代畜牧业的重要内容。畜牧法对畜禽养殖方式转变提出了明确要求，特别是对畜禽养殖场、养殖小区的用地做出了按农业用地进行管理的规定，并对规模养殖的条件、养殖场要求、养殖行为、畜禽标识、畜禽养殖环境保护和动物福利做了具体规定。

1. 畜牧业产业结构调整的规定

调整畜牧业产业结构，是党中央、国务院根据中国农业发展进入新阶段的实际情况，做出的重大决策，是进一步增加农民收入，提高中国农业国际竞争力的重要措施。畜牧业产业结构调整的方向是转变生产经营方式，保护和改善草原生态环境，保持生态平衡。《畜牧法》第三十五条第二款规定，国家支持草原牧区开展草原围栏、草原水利、草原改良、饲草饲料基地等草原基本建设，优化畜群结构，改良牲畜品种，转变生产方式，发展舍饲圈养、划区轮牧，逐步实现畜草平衡，改善草原生态环境。

2. 国家对畜牧业的扶持政策

现代畜牧业发展客观要求有资金投入作基础保障。畜牧法提出了加大对畜牧业的扶持力度。通过财政直接补助的方式促进畜牧业发展。国务院和省级人民政府在其财政预算内安排支持畜牧业发展的良种补贴、贴息补助等资金。国家积极鼓励金融机构为畜禽养殖者购买优良畜禽、繁育良种、改善生产设施、扩大养殖规模提供贷款或保险支持，以提高养殖效益。

近年来国家已加大了畜牧业的良种补贴投入，已出台了各种补贴政策。2005 年中央 1 号文件中提出："从 2005 年起，实施奶牛良种繁育项目补贴"，随后农业农村部制定了《奶牛良种补贴项目实施方案》，是中国畜牧业首次实施的良种补贴。

3. 畜禽养殖要求规定

(1) 国家支持建设畜禽养殖场、养殖小区　为了积极引导、促进畜禽养殖向规模化、标准化发展，畜牧法规定对畜牧业生产实行扶持和政策引导，对规模养殖和农户分散养殖进行分类指导。国家支持农村集体经济组织、农民和畜牧业合作经济组织建立畜禽养殖场、养殖小区，发展规模化、标准化养殖，并对畜禽养殖场、养殖小区用地做了具体规定。

《畜牧法》第三十七条规定："国家支持农村集体经济组织、农民和畜牧业合作经济组织建立畜禽养殖场、养殖小区，发展规模化、标准化养殖。乡（镇）土地利用总体规划应当根据本地实际情况安排畜禽养殖用地。农村集体经济组织、农民、畜牧业合作经济组织按照乡（镇）土地利用总体规划建立的畜禽养殖场、养殖小区用地按农业用地管理。畜禽养殖场、养殖小区用地使用权期限届满，需要恢复为原用途的，由畜禽养殖场、养殖小区土地使用权人负责恢复。在畜禽养殖场、养殖小区用地范围内需要兴建永久性建（构）筑物，涉及农用地转用的，依照《中华人民共和国土地管理法》的规定办理。"

(2) 畜禽养殖场、养殖小区备案　省级人民政府根据本行政区域畜牧业发展状况制定畜禽养殖场、养殖小区的规模标准和备案程序。养殖场、养殖小区兴办者应当将养殖场、养殖小区的名称、养殖地址、畜禽品种和养殖规模，向养殖场、养殖小区所在地县级人民政府畜牧兽医主管部门备案，取得畜禽标识代码。

(3) 畜禽养殖场、养殖小区不能随意设置　畜禽养殖业规模化快速发展产生的大量粪污及其废弃物给周围环境带来了极大的压力，已成为环境污染的重要因素之一。大规模的养殖场、养殖小区如果对粪便、污水及其他废弃物处理不当，就会对大气、水等造成污染，给人们身体健康带来极大危害。为保护养殖场周围环境，《畜牧法》第四十条阐明了对养殖场、养殖小区的限制性规定：

① 生活饮用水的水源保护区，风景名胜区，以及自然保护区的核心区和缓冲区；

② 城镇居民区、文化教育科学研究区等人口集中区域；

③ 法律、法规规定的其他禁养区域。

（4）畜禽养殖的条件和环境　《畜牧法》第四十二条对养殖环节动物福利做了相应规定："畜禽养殖场应当为其饲养的畜禽提供适当的繁殖条件和生存、生长环境。"

动物福利的理念在中国还没有得到认同，许多养殖场、屠宰场还没有动物福利概念。动物福利的问题主要体现在饲养环节和屠宰环节。为降低成本，许多养殖场动物饲养过于密集，采用笼养和限位方式，畜禽的活动受到严重限制，畜禽没有自由活动的空间，生存环境恶劣。《畜牧法》在总则、畜禽养殖和畜禽交易与运输等方面都对动物福利做出了规定，要求畜牧业生产经营者改善畜禽繁育、饲养、运输的条件和环境，提供适当的繁殖条件和生存、生长环境，运输中应采取措施保护畜禽安全，并为运输的畜禽提供必要的空间和饲喂饮水条件。

（5）畜禽养殖的技术支持

① 国家畜牧兽医技术推广机构提供的服务　1993 年颁布的《农业法》《农业技术推广法》以法律形式，明确了农业技术推广机构的法律地位，并赋予了其特定的职能。农业技术推广涵盖畜牧业技术推广，畜牧兽医技术推广机构提供的公益性农业技术服务，主要是指动物疫病的测报和防治，畜禽养殖技术培训、咨询，新技术的引进、良种推广、试验示范，兽药、饲料使用安全的检测与预报。《畜牧法》第三十八条不但强调了国家畜牧兽医技术推广机构提供的服务事项，并指出县级以上人民政府应当保障国家设立的畜牧兽医技术推广机构从事公益性技术服务的工作经费。

② 畜牧业的社会化服务　《畜牧法》第三十八条第二款规定："国家鼓励畜禽产品加工企业和其他相关生产经营者为畜禽养殖者提供所需的服务。"在 21 世纪畜牧业发展过程中会出现"布局区域化，生产专业化，服务社会化，经营一体化，管理企业化"的新格局，在各地形成具有本地资源优势的畜牧业产品生产链。养殖户通过自己的合作组织与企业形成利益共同体，既能解决为养殖户提供全过程的社会化服务（包括饲料供应、畜禽仔种、防疫、产品收购等）使企业得到可靠的原料保证；又能为养殖户承担自然与市场风险，使养殖户免除后顾之忧；还能通过加工和流通环节的增值效益，使养殖户增加收入。

（6）畜禽养殖的禁止行为与畜禽养殖污染物处理规定　为保障畜牧业健康发展，法律还对畜禽养殖的投入品使用、环境污染控制进行了规范，从事畜禽养殖，应当依照《中华人民共和国动物防疫法》的规定，做好畜禽疫病的防治工作。不得违反法律、行政法规的规定和国家技术规范的强制性要求使用饲料、饲料添加剂、兽药；不得使用未经高温处理的餐馆、食堂的泔水饲喂家畜；不得在垃圾场或者使用垃圾场中的物质饲养畜禽。

同时规定，畜禽养殖场、养殖小区应当有对畜禽粪便、废水和其他固体废弃物进行综合利用的沼气池等设施或者其他无害化处理设施；保证畜禽粪便、废水及其他固体废弃物无害化处理或者综合利用设施的正常运转，保证污染物达标排放，防止污染环境。畜禽养殖场、养殖小区违法排放畜禽粪便、废水及其他固体废弃物，造成环境污染危害的，应当排除危害，依法赔偿损失。

（7）畜禽养殖档案、畜禽标识管理制度　实行畜禽养殖档案和标识管理制度，建立动物标识溯源信息系统，是《畜牧法》为保障畜禽及畜禽产品质量安全而确定的一项基本制度，对于促进畜牧业持续健康发展具有重要意义。2006 年 7 月配合《畜牧法》实施的《畜禽标识和养殖档案管理办法》对这一制度做了新的改革，对畜禽繁育、饲养、屠宰、加工、流通等环节涉及的有关标识和档案管理做了全面规定。

> **阅读资料：**
>
> 畜禽养殖场应当建立养殖档案，载明以下内容：
>
> 1. 畜禽的品种、数量、繁殖记录、标识情况、来源和进出场日期。
> 2. 饲料、饲料添加剂、兽药等投入品的来源、名称、使用对象、时间和用量。
> 3. 检疫、免疫、消毒情况。
> 4. 畜禽发病、死亡和无害化处理情况。
> 5. 国务院畜牧兽医行政主管部门规定的其他内容。

（8）疫病防治管理规定 《畜牧法》第四十四条规定："从事畜禽养殖，应当依照《中华人民共和国动物防疫法》的规定，做好畜禽疫病的防治工作。"这是关于养殖场（户）防疫行为的规定。本条适用于所有类型的养殖户，这同时也体现了本法与《动物防疫法》的联系。

对于畜禽养殖者来说，做好动物防疫工作，尤其是配合国家实行强制免疫是一种义务。《动物防疫法》第十三条规定："国家对严重危害养殖业生产和人体健康的动物疫病实施强制免疫。国务院兽医主管部门确定强制免疫的动物疫病病种和区域，并会同国务院有关部门制定国家动物疫病强制免疫计划。"第十七条规定："从事动物饲养、屠宰、经营、隔离、运输以及动物产品生产、经营、加工、贮藏等活动的单位和个人，应当依照本法和国务院兽医主管部门的规定，做好免疫、消毒等动物疫病预防工作。"

4. 养蜂业政策与要求

（1）养蜂业是国家鼓励发展的产业 《畜牧法》第四十七条规定："国家鼓励发展养蜂业，维护养蜂生产者的合法权益。有关部门应当积极宣传和推广蜜蜂授粉农艺措施。"

（2）规范养蜂生产经营行为，保障蜂产品质量安全 《畜牧法》第四十八条："养蜂生产者在生产过程中，不得使用危害蜂产品质量安全的药品和容器，确保蜂产品质量。养蜂器具应当符合国家技术规范的强制性要求。"规范养蜂生产经营行为，保障蜂产品质量安全。

2002 年，GB/T 18796—2002《蜂蜜》国家标准规定蜂蜜含水量≤24％。2003 年农业农村部制定颁布了包括蜜蜂饲养管理规范、用药准则在内的 6 个"无公害蜂产品标准"，又相继发布了 193 号公告和 235 号公告，公布了《食品动物禁用的兽药及其他化合物清单》，规定了蜂蜜中兽药残留的最高含量。这些标准及规范性文件实施规范了蜂产品的生产行为，保障了蜂产品质量，促使中国蜂产品质量整体上有了很大提高。

（3）维护养蜂生产者合法权益 《畜牧法》第四十九条规定："养蜂生产者在转地放蜂时，当地公安、交通运输、畜牧兽医等有关部门应当为其提供必要的便利。养蜂生产者在国内转地放蜂，凭国务院畜牧兽医主管部门统一格式印制的检疫合格证明运输蜂群，在检疫合格证明有效期内不得重复检疫。"

《畜牧法》明确养蜂生产主管部门是县级以上各级畜牧兽医管理部门。过去蜂农转地放蜂，经常换场地，有的检疫站为了增加收入在检疫有效期内，照样收检疫费、消毒费等，蜂农无可奈何，经常发生冲突，倒霉的当然是蜂农。《畜牧法》规定，蜂车在检疫证明有效期内可畅通无阻。

四、畜禽交易与运输

1. 畜禽交易

（1）畜禽交易的市场体系 畜禽产品只有进入市场才能实现其价值，可以说"市场"是畜牧产业化的总龙头。《畜牧法》第五十条第一款规定："县级以上人民政府应当促进开放统一、竞争有序的畜禽交易市场建设。"这从法律上明确了畜禽产品市场体系的基本特征，即开放、统一、竞争、有序的畜禽产品市场体系，这也是我国畜禽产品市场体系的改革方向。

（2）畜禽交易的政府职责 《畜牧法》第五十条第二款规定了县级以上政府主管部门在畜禽产品市场体系建设中的权利和义务，更进一步细化了政府主管部门的职责，为生产者搜集、整理、发布畜禽产销信息，提供信息服务。这样既体现了政府的行政指导作用，又让生产者得到了真正的收益，同时这也对畜禽产品市场体系建设起到了重要的推动作用。

（3）畜禽批发市场建设 《畜牧法》第五十一条规定："县级以上地方人民政府根据农产品批发市场发展规划，对在畜禽集散地建立畜禽批发市场给予扶持。畜禽批发市场选址，应当符合法律、行政法规和国务院畜牧兽医主管部门规定的动物防疫条件，并距离种畜禽场和大型畜禽养殖场三公里以外。"

畜禽批发市场的地理位置和设备条件均应符合防疫规定，如果不符合规定有可能成为传播动物疫病的集中点。畜禽批发市场的选址应当远离水源保护区、居民住宅区和公共场所；距离畜禽养殖场1千米以上；交通运输方便，环境卫生条件良好，便于动物防疫、畜禽废水处理和废弃物无害化处理。

（4）进行交易的畜禽条件要求 《畜牧法》规定进行交易的畜禽必须符合国家技术规范的强制性要求，应当加施标识而没有标识的畜禽，不得销售和收购。畜禽交易市场给养殖户和消费者带来方便的同时，也为动物疫病的传播提供了条件，为维护畜禽交易秩序，预防动物疫病的发生，进行交易的畜禽必须符合国家技术规范的强制性要求。根据《动物防疫法》《畜禽标识和养殖档案管理办法》等法规的规定，畜禽养殖要求建立动物免疫标识证，凭证实施产地检疫，凭证进行畜禽交易，这样既有效地控制了动物疫病的发生与流行，又保证了消费者合法权益。

2. 畜禽运输的要求

《畜牧法》第五十三条根据畜禽运输距离长、时间长等缺陷，往往会发生畜禽免疫力下降、多场所中转导致污染而引发疫病甚至死亡等情况，明确指出：运输畜禽，必须符合法律、行政法规和国务院畜牧兽医主管部门规定的动物防疫条件，采取措施保护畜禽安全，并为运输的畜禽提供必要的空间和饲喂饮水条件。

第三节　质量安全保障

畜禽产品质量安全关系到人民群众的身体健康和社会的和谐稳定。规范畜禽养殖生产行为和加强流通监管，是畜产品安全和产业安全的有效保障。《畜牧法》规定，县级以上人民政府应当组织畜牧和其他有关主管部门加强对畜禽饲养环境、种畜禽质量、饲料和兽药等投入品的使用以及畜禽交易与运输的监督管理，国家实行畜禽质量监测和信息发布制度。各级畜牧行政管理部门要依法履行职责，从源头抓起，实行畜产品质量的全过程监管，切实加强畜禽生产和流通的监督检查，保障畜禽产品质量安全。

一、县级以上人民政府的工作

《畜牧法》第五十六条规定："县级以上人民政府畜牧兽医主管部门应当制定畜禽质量安全监督检查计划，按计划开展监督抽查工作。"

《畜牧法》第五十四条规定："县级以上人民政府应当组织畜牧兽医主管部门和其他有关主管部门，依照本法和有关法律、行政法规的规定，加强对畜禽饲养环境、种畜禽质量、饲料和兽药等投入品的使用以及畜禽交易与运输的监督管理。"畜禽质量安全的监督内容包括：

1. 对畜禽饲养环境的监督管理

主要包括：畜禽养殖场、养殖小区应当具备的技术条件、环境条件、法律条件等；畜禽养殖场、养殖小区的环境保护条件；畜禽养殖场应当建立养殖档案以及档案应当载明的内容；畜禽养殖场的动物福利问题；畜禽标识的管理规定；畜禽养殖场、养殖小区的污染物排放要求等。

2. 对种畜禽质量的监督管理

主要包括：申领种畜禽生产经营许可证应当具备的条件及申领程序；种畜禽生产经营许可证的内容及管理；种畜禽生产经营许可证发放的例外情况；种畜禽广告的事后监督问题；种畜禽销售的禁止性要求；申请进口种畜禽的要求等。

3. 对饲料和兽药等投入品使用的监督管理

主要包括：饲料、饲料添加剂、兽药等投入品的使用应记入养殖档案；不得违反法律、行政法规和国家技术规范的强制性要求使用饲料、饲料添加剂、兽药；不得使用未经高温处理的餐馆、食堂的泔水饲喂家畜等。

4. 对畜禽交易与运输的监督管理

主要包括：畜禽交易的市场体系问题；畜禽交易的批发市场设立条件要求；进行交易的畜禽的条件要求；进行运输的畜禽的条件要求；运输中的畜禽的动物。

二、省级以上人民政府的工作

政府畜牧兽医主管部门应当组织制定畜禽生产规范，指导畜禽的安全生产。中国幅员辽阔，地域差别大，生活习惯不同，很难对全国范围内的畜禽生产规范做出统一的规定，《畜牧法》授权由各省、自治区、直辖市人民政府可以根据本地区的具体情况，制定符合各自的地区特点的畜禽养殖规范，加强各地的畜禽产品的生产、加工、运输等各个环节监督管理，以提高畜禽产品质量和市场竞争力。

三、国务院畜牧兽医主管部门的工作

《畜牧法》第五十五条规定："国务院畜牧兽医主管部门应当制定畜禽标识和养殖档案管理办法，采取措施落实畜禽产品质量责任追究制度。"由此可知，提升畜禽产品质量安全关键在于落实质量责任追究制度，建立养殖档案是落实畜禽产品质量责任追究制度，保障畜禽产品质量的重要基础，是加强畜禽养殖场管理，建立和完善动物标识及疫病可追溯体系的基本手段。《畜牧法》明确了国务院畜牧兽医主管部门（即农业农村部）在畜禽产品质量责任追究工作中的主管地位。

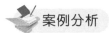 **复习思考题**

1. 制定颁布《畜牧法》的意义、目的是什么？适用范围有哪些？

2.《畜牧法》对种畜禽生产经营做了哪些规范？

3. 销售种畜禽的单位和个人不得从事哪些行为？该如何处罚？

4. 讨论

(1) 养殖户老张家就地掩埋不明死亡猪只 20 多头，请问此行为违反了哪些法律法规？

(2) 某畜禽批发市场建在水源附近，且附近还有居民住宅等。请问，此批发市场存在哪些隐患？

案例分析

【案情介绍】

家禽养殖户张大爷养商品蛋鸡很赚钱，就想扩大养殖规模，遂将原来建在农用地上的临时圈舍私自翻盖成砖混结构的永久性房屋 2 栋 20 间，请问张大爷此做法正确吗？

【案例评析】

张大爷此做法违反了《中华人民共和国畜牧法》第三十七条："国家支持农村集体经济组织、农民和畜牧业合作经济组织建立畜禽养殖场、养殖小区，发展规模化、标准化养殖。乡（镇）土地利用总体规划应当根据本地实际情况安排畜禽养殖用地。农村集体经济组织、农民、畜牧业合作经济组织按照乡（镇）土地利用总体规划建立的畜禽养殖场、养殖小区用地按农业用地管理。畜禽养殖场、养殖小区用地使用权期限届满，需要恢复为原用途的，由畜禽养殖场、养殖小区土地使用权人负责恢复。在畜禽养殖场、养殖小区用地范围内需要兴建永久性建（构）筑物，涉及农用地转用的，依照《中华人民共和国土地管理法》的规定办理。"

第九章　动物卫生国际规则

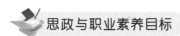

以国际视野认识并运用好 TBT 协议和 SPS 协议，加强全球合作，反对单边主义和霸权主义，共建"一带一路"倡议，践行人类命运共同体理念。

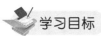

1. 了解世界动物卫生组织的构成与作用。
2. 理解 SPS 和 TBT 协议实施目的及官方兽医制度的内涵。
3. 掌握动物及动物产品在国际贸易中应遵守的通行规则以及利用这些规则如何规避贸易风险。

第一节　世界动物卫生组织概述

一、世界动物卫生组织（OIE）简介

世界动物卫生组织（Office International des Epizooties，OIE）成立于 1924 年，是一个国际性政府间组织，发起国有 28 个。

1. OIE 的主要职责

（1）通报全世界动物疫病发生发展现状，实现动物疫情通报的透明化　每个成员国都承担着监控本国动物疫情并向 OIE 报告的义务。OIE 在收到报告后及时将疫情信息及疫病跨种属感染人类的可能性向其他成员国通报，以便其采取有效的保障措施。根据疫病的严重程度，OIE 还采取下列途径定期或不定期向成员国通报：OIE 网站、E-mail 以及《疫情信息》、OIE《通报》（双月刊）、《世界动物卫生》（年报）。

（2）收集、分析和发布兽医科技动态　OIE 收集和分析关于动物疫病防控方面的最新科技动态，成员国可利用该信息提高本国控制和根除这些疫病的水平。科技动态也会采用期刊或其他多种形式对外进行发布，其中最具影响力的是《科学技术评论》（每年 3 期）。

（3）提供动物卫生专业知识，促进动物疾病防控领域的国际合作　成员国有权要求 OIE 在动物疫病控制、根除措施以及疫病跨种属感染人类的可能性等方面提供帮助。OIE 还会

向贫困国家提供特别帮助，用以降低其养殖业损失，规避公共卫生危害，并避免对其他成员国造成威胁。OIE 还与许多国际区域性组织和金融组织保持密切接触，使其为更多更好地控制动物疾病和人畜共患病提供援助。

（4）制定动物和动物产品的安全规范，实现安全可靠的国际贸易　OIE 制定了很多标准化文件，用以确保成员国免受疫病的危害，但不会构筑国与国之间不公平的安全壁垒。这些文件包括《国际动物卫生法典》《动物疫病诊断试验和疫苗标准手册》《国际水生动物法典》和《水生动物疾病诊断试验手册》等。OIE 标准由专业委员会负责收集，由国际知名专家组成的工作组整理、制定，并须获得国际委员会认可。这些专家大部分隶属于 152 个协作中心和参考实验室。目前 OIE 标准已被 WTO 普遍采用。

（5）提供国际兽医资源服务，制定国际贸易法定构架　发展中国家迫切需要兽医服务。OIE 有义务向他们提供基础服务和资源，提供对动物卫生和公众健康的保护措施，并拓展其生产空间，以便其从 WTO-SPS 协议中获益更多，同时降低动物疫病流入本国的危险。作为全球性的兽医服务机构，OIE 制定的国际标准（包括组织、机构、资源、产量、非专职人员的作用等）可使公众投资获益权得到保障。

（6）提供良好的动物性食品安全指导，科学地提高动物福利水平　通过加强与食品法典委员会的合作，OIE 可向成员国提供良好的动物性食品安全指导。OIE 制定的各项标准旨在消除动物产品（如肉、蛋、奶）生产过程中潜在的可能危害消费者的各种因素。从成立之初，OIE 就致力于加强成员国之间的主动合作和相互认同，并在相关国际组织中发挥关键性作用。在成员国的要求下，OIE 将动物卫生和动物福利紧密联系，并成为国际动物福利组织的先驱。

2. OIE 的任务和发展目标

为了促进自身的发展，结合目前贸易全球化的总体趋势，OIE 目前的主要发展目标如下：

（1）实现动物疫情的透明化　为各国政府兽医机构提供危及人畜安全的动物疫情的发生和发展进程，是 OIE 的首要任务。为此，OIE 组建了疫情应急系统，定期向成员国发布《疫情信息》、OIE《通报》、《世界动物卫生》和《科学技术评论》等。

（2）实现国际贸易中的动物卫生安全　动物及其产品的国际贸易已成为世界经济发展的重要方向。为维持这一方向稳定发展，制定合理的兽医法规，防止人畜共患病传播，以及制定合理的贸易协调机制，解决非公平贸易争端，是必不可少的。

世界贸易组织卫生与植物卫生措施实施协议（WTO-SIP 协议）明确推荐使用 OIE 制定的标准、规则和建议。OIE 国际委员会指定的一些常规性工作，主要用于发展动物及其产品国际贸易中适用的卫生规则和标准，如《国际动物卫生法典》《动物疾病诊断试验和疫苗标准手册》《国际水生动物法典》和《水生动物疾病诊断试验手册》等。

（3）提供动物卫生专业知识　1924 年 1 月 24 日 OIE 成立之初，国际委员会规定 OIE 的首要目标是在世界范围内促进和协调动物疫病监测和控制研究工作。为实现这一任务，OIE 组建了专业委员会和工作组，并有协作中心和参考实验室相支持。同时，OIE 还就某些科技议题组织有关专家召开专题会议，并发行科技出版物。

正是基于上述发展目标，OIE 得到了 OIE 成员国和众多与动物卫生相关的国际和区域性组织的认可，同时也使自身获得了长足的发展。

二、OIE 组织结构

1. 国际委员会

国际委员会是 OIE 的最高权力机构，由 OIE 所有代表组成。国际委员会大会每年 5 月在巴黎召开一次，一般持续 5 天左右。国际委员会采取"一国一票"的民主原则。

国际委员会的主要职责如下。

① 审定通过动物卫生领域，尤其是国际贸易中采用的国际标准。

② 审定通过重大动物疫病控制方面的协议。

③ 选举 OIE 的管理机构成员，包括 OIE 国际委员会主席、副主席，行政委员会、地区委员会和专业委员会委员。

④ 任命 OIE 总干事。

⑤ 审查和批准总干事的年度工作和财政报告以及年度财政预算报告。

2. 行政委员会

行政委员会是 OIE 的重要管理机构，主要负责国际委员会工作的筹备工作。

(1) 行政委员会的组成　行政委员会共有九人组成，包括 OIE 委员会主席、副主席、前一任主席、两名审计员以及委员会根据通则规定选举产生的四名 OIE 成员国代表。主席、副主席和行政委员会成员由委员会选举产生，任期三年。

(2) 行政委员会的主要职责　行政委员会主要负责 OIE 的财务管理和总体发展规划等方面的宏观管理工作，其具体职能如下。

① 在休会期间代表委员会工作。

② 在年度全体会议之前，与总干事一起审查 OIE 的财政状况，评估此期间的收支情况和储备及财产状况。

③ 在年度全体会议之前，与总干事一起研究下一时期预算草案、收入和支出情况，建议下一时期各成员国应支付的总费用，以确保 OIE 工作正常开展，并将此建议报告提请委员会批准。

④ 研究并批准总干事的财政报告，在全体会议期间提交委员会批准。

⑤ 主动向委员会提交建议和议案。

⑥ 向委员会提交总体工作规划，审查批准并制订当前或将来的计划，为委员会下届全体会议安排议程。

⑦ 在 OIE 目标和财力范围内，授权总干事在必要时采取紧急行动，要求在委员会休会期间采取紧急工作。

(3) 行政委员会的具体工作

① 成员选举　根据 OIE 基本文件的建议，并考虑到成员国提议和地理均衡分布原则。

② OIE 文件审定　从合法性角度考虑，在 OIE 国际法律专家协助下，来对 OIE 管理文本修订草案和新文本草案进行审查。

③ OIE 选举工作　维护所有选举工作的顺利进行是行政委员会的一项重要工作。

④ 财政预算管理　从预算角度考虑，行政委员会负责分析各机构的财政需求。

⑤ OIE 远景目标　行政委员会负责提出 OIE 的远景发展目标。

3. OIE 专业委员会

OIE 专业委员会利用科学信息研究动物疫病的流行病学和防控问题，制定和修订 OIE

国际标准，处理成员国提出的科学和技术问题。

(1)《国际动物卫生法典》委员会 国际动物卫生法典委员会的任务是制定与动物及动物产品国际贸易有关的卫生规则和建议，即《国际动物卫生法典》。国际委员会通过的《国际动物卫生法典》最新版本，是开展动物和动物产品国际贸易必须遵循的根本性建议。制定《国际动物卫生法典》的最初目的就在于通过规定动物和动物产品贸易时的基本卫生要求，避免动物和人类病原微生物的国际间传播，从而确保这些动物（哺乳动物、禽和蜜蜂）和动物产品进行国际贸易时的卫生安全。

(2) 口蹄疫和其他流行病学委员会 口蹄疫与其他流行病学委员会的任务是评价和鉴定世界范围内重大动物疫病的流行状况，并制定这些疫病的预防与控制方法。该委员会由许多专家特别是疫病紧急防御方面的专家组成，如口蹄疫、非洲马瘟、牛海绵状脑病等方面的专家。

(3) 标准委员会 标准委员会的任务是组织制定动物疫病的诊断方法，以及控制这些疫病的生物制品的质量标准。这些动物疫病诊断方法和生物制品标准的制定，恰恰弥补了动物和动物产品国际贸易规则的某些不足，也可以认为是国际贸易规则的补充性文件。WTO-SPS 协议中指定的国际标准实际上就是指由 OIE 标准委员会制定的标准。

(4) 鱼病委员会 鱼病委员会的任务是收集所有鱼、软体动物和甲壳类动物疫病控制方面的信息。关于水生动物疾病的研究近年来进展十分迅速，并于 1995 年出版了第一本《国际水生动物法典》和《水生动物疾病诊断手册》。几年后 OIE 便确立了参考实验室，并开始向各成员国通报疫情信息以及有关疾病的必要控制措施。OIE 还在英国任命了一个负责提供水生动物疫情信息的协作中心，从而使 OIE 成员国代表可以更为方便地获取相应的疫情信息和科技资料文摘等。

4. 地区委员会

OIE 地区委员会的任务是促进合作、研究兽医机构遇到的问题及组织地区级的合作活动。国际委员会先后建立了非洲、美洲、亚洲、远东、大洋洲、欧洲和中东地区（区域）委员会。每个委员会在其地区的一个国家每两年组织一次会议，其目的是探讨动物疫病控制方面的技术问题和地区合作委员会可能开展的一些地区项目，以加强重大疾病监测和控制。特别是有 OIE 代表的地区委员会要向国际委员会报告其活动并提交其建议。

5. OIE 中央局

OIE 中央局位于巴黎，由 OIE 总干事领导，OIE 总干事由国际委员会任命。

6. OIE 工作组

OIE 建立之初，就做出了郑重声明，即其所提供的疫情信息和采纳的建议必须建立在客观公正的基础上，并就有关动物卫生问题做出科学评价。为了实现这一基本目标，OIE 召集相关专家，设立了专业委员会和工作组。目前，OIE 设有疫情信息和流行病学、兽药认证、生物工程和野生动物疾病四个工作组。另外，为在短期内处理某一特定问题，OIE 还设立了专门工作组。

三、OIE 成员与成员国代表

1. OIE 成员国

根据自愿的原则，由 28 个国家于 1924 年根据签署的国际协议产生。到 2011 年，OIE

成员国已经达到 178 个。目前，OIE 与包括 FAO、WTO、WHO 等 45 个全球及地区性组织保持联系，并在世界每个州都设有分委员会。

（1）加入 OIE 的程序　某一政府希望加入 OIE 时，必须通过外交途径通知法国外交部，OIE 的 1924 年《国际协议》中对此做出了规定。

（2）成员国的权利

① 对世界范围内动物卫生变化状况，成员可优先直接获得通知。

② 积极参与制定与动物和动物产品国际贸易相关的卫生标准。

③ 定期以个人身份会见其他国家首席兽医官。

④ 获得国际知名专家的技术和知识。

⑤ 在疫病流行时获得帮助。

⑥ 应邀参加 OIE 组织的科学会议。

⑦ 获得 OIE 出版物。

2. 成员国代表的权利和义务

（1）成员国代表的权利

① 参与国际委员会的全体会议，具有投票权。

② 获得其他国家发送到 OIE 的动物卫生信息。

③ 获得科学和技术信息。

④ 参与 OIE 地区代表组织的地区性活动。

（2）成员国代表的主要义务

① 保证 OIE 获得代表所在国家动物卫生方面的信息。

② 保证其所在国政府将年度会费寄到 OIE。

（3）OIE 代表任务

① 在代表自己国家方面的任务　首先要向 OIE 发送有关其国家的最新动物卫生状况信息，其次必须保证会费定期支付，最后应当保证其国家正在执行的动物卫生规定与 OIE 国际委员会采纳的国际标准相一致。

② 在其所在地区的任务　各成员国每两年要参加其所在地区的地区委员会组织召开的地区会议。各成员国代表及其工作人员经常应邀参加由 OIE 举办的专业培训班，研讨内容涉及兽药、流行病学信息系统、动物卫生标准以及国际贸易等方面的内容。

③ 在国际委员会的任务　在国际委员会上，成员国代表参与国际委员会的主要工作，审定通过动物卫生领域内的特别是国际贸易有关的国际标准和主要疫病的控制方法。选举 OIE 主要机构成员，任命 OIE 总干事，检查和批准总干事的年度活动报告和财政报告，以及 OIE 的年度预算。

④ 在世界其他地方的任务　成员国代表可以参加由 OIE 组织的有关全球动物卫生的技术会议或座谈会。

四、《国际动物卫生法典》

《国际动物卫生法典》是 OIE 的出版物。它的宗旨是通过详细规定进出口国家兽医当局采取的卫生措施，防止传播动物或人的病原体，确保动物（包括哺乳动物、禽和蜜蜂）及其产品在国际贸易中的卫生安全，并促进国际贸易。

《国际动物卫生法典》既是 OIE 多年工作的成果，也是各成员国最高兽医卫生行政当局一致意见的体现。它不但是动物和动物产品国际贸易中世界各国应当遵循的动物卫生标准，也是整个动物疫病防治的国际标准。加之世界贸易组织（WTO）将 OIE 的标准、准则和建议列为 SPS 协定的标准、准则和建议，因此《国际动物卫生法典》在全世界范围内具有权威性。

《国际动物卫生法典》包括 4 个部分。第一部分规定了动物疫情通报制度、国际贸易中的兽医道德和认证、进口风险分析、进出口程序和兽用生物制品的风险分析共 5 方面的内容，是 OIE 各成员国尤其是各国兽医机构应该普遍遵守的规则。第二部分主要推荐了各成员国进口动物时为降低疫病引入风险而应采取的对策。该部分主要规定了进口国进口动物时，针对 15 种 A 类疫病和 59 种 B 类疫病应采取的动物卫生措施，属于 OIE 的建议性规则。第三部分属于 OIE 推荐的方法性标准，主要规定了国际贸易中应该适用的动物疫病诊断方法，采集和加工动物精液和胚胎、卵时应遵循的动物卫生标准，畜禽饲养场的动物卫生条件，病虫害扑灭方法，动物运输条件以及流行病学监测系统等。第四部分推荐了动物及动物产品进行国际贸易时应该使用的卫生证书。

第二节 SPS 协议和 TBT 协议

一、SPS 协议

1. SPS 协议的历史

随着经济全球化和贸易自由化的发展，各国实施动植物检疫制度对农产品贸易的影响越来越大，有些国家为了保护本国农产品市场，经常利用非关税贸易壁垒措施来阻止国外农产品进入本国市场，动植物检验检疫就是其中一种技术性措施。这一问题引起关贸总协定的关注并成为乌拉圭回合谈判中的一个重要议题，并最终制定了《卫生与植物卫生措施实施协议》（简称 SPS 协议），SPS 协议是规范农产品国际贸易的国际准则，该协议和其他协议以及 1994 年修订的《关税与贸易总协定》共同构建了世界贸易组织，伴随着 1995 年 1 月 1 日世界贸易组织的成立而付诸实施。

2. SPS 协议的主要原则

SPS 协议旨在通过建立多边规则，指导各成员制定和实施统一的 SPS 措施，以便使其对贸易的影响降到最低，促进农产品及食品国际贸易的发展。SPS 措施是指那些与人类、动物和植物卫生和健康有关的措施，包括鱼类、野生动物、森林和野生植物，但是环境和动物福利不包括在本协议中。SPS 协议进一步把这种广泛的定义缩小到一个有限的范围内，主要包括保护人类或动物免受食物中的添加剂、污染物、毒素或病原体侵害的措施；保护人体免受动植物疫病侵袭的措施；保护动植物免受病虫害侵袭的措施和防止或限制因病虫害传入和扩散而危害国家的措施。SPS 协议的主要原则如下。

（1）协调一致，共同采纳国际标准 SPS 协议旨在通过鼓励不同的成员建立、承认和应用共同的 SPS 措施来扫除农产品市场准入的技术障碍。采用国际通行标准的基本目的是在能提供科学必要的卫生保护的同时，还要使贸易的发展符合国际标准、准则，并符合 SPS 协议和 1994 年《关贸总协定》GATT 的有关规定。SPS 协议允许各成员实施高于国际标准、准则或建议的 SPS 措施，但要有科学依据，或经过风险分析认为该措施所提供的保护水平是合适的。在有关科学依据不充分的情况下，可根据现有的信息，包括来自有关国际组织及其他成员实施的 SPS 措施的信息，临时采取某种 SPS 措施采取先斩后奏的做法，在这种情况下，应寻求获取必要的补充信息，以便更加客观地评估风险，并相应地在合理的期限内修改临时 SPS 措施。

（2）追求实施 SPS 措施的效果，而不拘泥于形式　SPS 协议承认不同成员保护人类、动植物健康的方式不一样，只要能取得同等水平的保护，WTO 成员就应该接受彼此的做法，而不必苛求一定要照搬进口成员的做法。因此，通过谈判，签署相互认可协议承认保护水平的等同性。在进行这种共同认可协议的谈判中，出口成员有责任证明其境内的卫生要求至少和进口成员一样能达到同等水平的保护。为此，出口方必须提供进口方可能需要的有关信息，以便判断，包括了解主管当局、设施、设备和程序。如果出口方的措施能够提供同等保护水平，进口方就应该接受其做法。

> **阅读资料：**
>
> 　　中新社北京 2007 年 9 月 28 日日电（记者刘长忠）中国国家市场监督管理总局今天下午两点披露，中国广东黄埔口岸退运一批发现严重疫情的美国大豆。
>
> 　　广东检验检疫局在对一批从美国进口的四百六十吨（二十一个集装箱）大豆实施检验检疫时，截获中国禁止进境的检疫性有害生物谷斑皮蠹活虫，这是中国首次从进口大豆中截获该虫。此外，该批大豆还携带大量其他活虫及三裂叶豚草、豚草等检疫性杂草及其他杂草籽二十余种。
>
> 　　为防止疫情传入，保护中国农业生产和生态环境安全，根据中国有关法律法规，中国质检部门对该批货物作出了退运处理的决定，并暂停该批大豆的供货商 SCOULAR 公司向中国出口大豆。
>
> 　　谷斑皮蠹是国际上公认的最危险的仓储害虫之一，食性很杂，抗逆性强，且极难防治，可严重危害多种植物产品，如小麦、大麦、稻谷、玉米、高粱、豆类、花生、干果等，也可取食动物皮毛。三裂叶豚草和豚草是恶性杂草，因其吸收营养和水分的能力极强，会对农业生产和生态环境造成严重破坏，而且其花粉可引起人体过敏反应。
>
> 　　据悉，该批货物带有美国官方出具的谷物检验证书和植物检疫证书。中国国家市场监督管理总局已向美方通报，要求查清原因，采取改进措施，加强对输华大豆离境前的检验检疫和监管，确保输华大豆符合中国进境检验检疫要求。

（3）在风险分析的基础上，确定适当保护水平的 SPS 措施　各成员应确保其 SPS 措施是基于对环境、人类、动植物的生命或健康的风险进行评估，并考虑有关国际组织制定的风险评估方法。只要进口农产品和食品就不可避免地伴随着传入动植物病虫害的风险。零风险的政策意味着闭关自守，与 WTO 的规则格格不入，对进口的农产品和食品实施风险分析，寻求降低风险的管理措施如选择产地、隔离检疫、季节性进口、运输方式、入境后隔离检疫、实验室检疫、限制种养地区等措施，从而将传入病虫害的风险降到最低水平。这些措施已被广泛地应用到进口农产品和食品的检疫决策中。

（4）病虫害发生有其流行病学规律，疫区的划分应该区域化　根据 SPS 协议第 6 条的规定，WTO 成员应承认病虫害的非疫区或低度流行区的概念。疫区的划分不能局限于国家边境，疫区可以是一个国家的一部分，也可以是由许多国家的部分地区组成。对这些地区的确定，应依据诸如地理、生态系统、流行病学监测，以及采取动植物检疫的效果等因素。过去，进口国家通常要求出口国整个国家没有发生该病。而现在来自一个国家非疫区的产品就不应该受到限制，疫区和非疫区就应该区别对待。

（5）SPS措施应公开透明，而不能搞暗箱操作　SPS协议附件二对SPS措施的透明度问题进行了专门规定，旨在确保每个成员所采取的保护人类和动植物健康的措施公之于众，让有关的大众和贸易伙伴知道和了解。为此，SPS协议要求各成员应设立国家通知机构和咨询点。每个WTO成员都必须指定一个中央政府部门来负责实施通知程序。颁布实施或修改影响贸易和不同于国际标准的SPS法律法规，必须通知WTO秘书处。所有WTO成员政府都必须设立专门办公室，成立咨询点，以便收集和回答涉及本国SPS措施的问题。

> **阅读资料：**
>
> 　　据《世界日报》报道，自泰国那空沙旺府和披集府发现禽流感疫情后，老挝政府日前宣布禁止从泰国进口各类家禽及相关产品，以预防禽流感疫情扩散至老挝境内。
>
> 　　虽然老挝国内家禽供给量无法满足需求，但为了避免疫情波及，老挝政府决定全面禁止从泰国进口家禽产品。老挝曾在2007年暴发禽流感疫情，全国共有80多处家禽养殖场受影响，仅有30余家养殖场能维持正常经营。

3. SPS协议的主要内容

（1）采取"必需的检疫措施"的界定

① 所采取的检疫措施只能限于保护动植物生命或健康的范围。

② 应以科学原理为根据（国际标准、准则或建议）。如缺少足够依据则不应实施这些检疫措施。

③ 不应对条件相同或相似的缔约国构成歧视；不应构成国际贸易的变相限制。

（2）国际标准、准则或建议是国际间检疫的协调基础

（3）有害生物风险性分析（简称PRA）　通过风险评估确定恰当的检疫保护水平，检疫措施应考虑对动植物生命或健康的风险性。要获得生物学方面的科学依据和经济因素。

（4）非疫区及低度流行区的概念

（5）检疫措施的透明度

（6）等同对待

（7）双边磋商和签订协定

（8）对发展中国家的特殊或差别待遇　各成员国在制订检疫措施时应考虑到发展中国家（特别是不发达国家）的特殊需要，给予较长的适应期，并提供技术帮助等。

（9）磋商和争端解决　涉及科学或技术问题的争端中，由专家组、技术专家咨询组或向有关国际组织咨询进行解决。

（10）管理　成立SPS委员会，负责执行和推动各缔约国执行SPS协议，发挥磋商和协调作用。

由于动植物检疫对农林牧渔业生产、人体健康和发展外贸经济的重要意义，应认真研究和充分利用SPS协议，找出在法规、管理、技术等方面的差距，积极寻找对策，以保护我国的国民经济安全，促进对外经济的发展。

二、TBT 协议

贸易技术壁垒协定（GATT-TBT）是 GATT 主要对缔约国标准化工作的规定，因此各国也称其为标准守则（Standard Code），它是关贸总协定 9 个副协定之一。

关贸总协定（GATT）自 1947 年开始以来，经过多轮（回合）的关税减让谈判，当降至一定水平时，由关税和配额许可证等有效手段形成的贸易障碍和壁垒已逐渐开始让步于由国家间对商（产）品管理的法律、法规、标准、合格评定程序等方面客观存在的差异而形成的无形贸易障碍和壁垒，这种壁垒称为贸易技术壁垒。由于美国的提议，GATT 在 1970 年正式成立制定标准和合格评定工作组，1975～1979 年由 GATT 主持，在东京回合中开始进行艰苦的谈判，于 1979 年正式签署了《关贸总协定-贸易技术壁垒协定》（GATT-TBT），1980 年 1 月 1 日生效，在乌拉圭回合中又于 1991 年重新修订，1994 年于马拉喀什正式签署生效。

1. TBT 协议的主要内容

贸易技术壁垒协议分为正文和附则两大部分，正文包括总则，技术法规和标准，符合技术法规和标准，情报和援助，机构、磋商和争端解决、最后条款等六个方面的规定，共十五条。三个附件分别是附件Ⅰ本协议术语及其定义，附件Ⅱ技术专家组，附件Ⅲ关于标准的制定、采用和实施的良好行为规范。

2. TBT 协议的基本原则

① 无论技术法规、标准，还是合格评定程序的制定，都应以国际标准化机构制定的相应国际标准、导则或建议为基础；它们的制定、采纳和实施均不应给国际贸易造成不必要的障碍。

② 在涉及国家安全、防止欺诈行为、保护人类健康和安全、保护动植物生命和健康以及保护环境等情况下，允许各成员方实施与上述国际标准、导则或建议不尽一致的技术法规、标准和合格评定程序，但必须提前在一个适当的时期，按一般情况及紧急情况下的两种通报程序，予以事先通报；应允许其他成员方对此提出书面意见，并考虑这些书面意见。

③ 实现各国认证制度相互认可的前提，应以国际标准化机构颁布的有关导则或建议作为其制定合格评定程序的基础。此外还应就确认各出口成员方有关合格评定机构是否具有充分持久的技术管辖权，以便确信其合格评定结构是否持续可靠，以及接纳出口成员方指定机构所作合格评定结果的限度进行事先磋商。

④ 在市场准入方面，TBT 要求实施最惠国待遇和国民待遇原则。

⑤ 就贸易争端进行磋商和仲裁方面，TBT 要求遵照执行乌拉圭回合达成的统一规则和程序——"关于争端处理规则和程序的谅解协议"。

⑥ 为了回答其他成员方的合理询问和提供有关文件资料，TBT 要求每一成员方确保设立一个查询处。

第三节　官方兽医制度

一、官方兽医制度概述

世界动物卫生组织（OIE）在《国际动物卫生法典》中明确规定，官方兽医是指由国家兽医行政管理部门（指在全国范围内有绝对权威，执行、监督或审查动物卫生措施和出证过程的国家兽医机关）授权的兽医。官方兽医制度要求将动物饲养—屠宰加工—市场流通和出入境检疫等各个环节置于全过程的、系统的、有效的动物防疫监督管理之下。这种制度具有科学性、系统性、完整性、公正性和权威性，是目前世界上相对说来最先进的兽医体制。

二、官方兽医制度的主要类型

目前世界上许多国家已实行了官方兽医制度，但各国的做法有一些差异，主要有以下三种类型：

1. 德国采取典型的垂直管理官方兽医制度

作为欧盟成员国之一，德国实行的是典型的国家垂直管理的官方兽医制度，即德国最高兽医行政官为首席兽医官，该首席兽医官统一管理全国兽医工作，州和县（市）的兽医官都由国家首席兽医官统一管理，并以县（市）级兽医官为主行使职权，每个县（市）都设一个地方首席兽医官和三名兽医官，分别负责食品卫生监督、动物保护（健康）和动物流行病等三个方面的工作，兽医官只与当地政府发生业务联系，而不受地方当局领导。

国家在联邦议会设有联邦兽医专业、联邦动物流行病专业、联邦卫生专业和联邦国防医学专业等四个专业委员会，负责动物卫生方面的立法。

阅读资料：

中华人民共和国农业部公告 第 906 号
（禁止直接或间接从亚美尼亚输入猪、野猪及相关产品）

近日，亚美尼亚农业部向世界动物卫生组织（OIE）报告，8月7~24日，其境内连续发生6起非洲猪瘟疫情。为防止该病传入，保护我国畜牧业安全，根据《中华人民共和国进出境动植物检疫法》等有关法律法规规定，公告如下：

一、禁止直接或间接从亚美尼亚输入猪、野猪及相关产品，停止签发从亚美尼亚进口猪、野猪及相关产品的《进境动植物检疫许可证》，撤销已签发的《进境动植物检疫许可证》。

二、对2007年7月17日及以后启运的来自亚美尼亚的猪、野猪及相关产品，一律作退回或销毁处理。对7月17日前启运的来自亚美尼亚的猪、野猪及相关产品经非洲猪瘟检测合格方可放行。

三、禁止邮寄或旅客携带来自亚美尼亚的猪、野猪及相关产品进境，一经发现，一律作退回或销毁处理。

四、对途经我国或在我国停留的国际航行船舶、飞机和火车等运输工具，如发现有来自亚美尼亚的猪、野猪及相关产品，一律作封存处理；其废弃物、泔水等，一律在出入境检验检疫机构的监督下作无害化处理，不得擅自抛弃。

五、对海关、边防等部门截获的非法入境的来自亚美尼亚的猪、野猪及相关产品，一律在出入境检验检疫机构的监督下作销毁处理。

六、凡违反上述规定者，由出入境检验检疫机构依照《中华人民共和国进出境动植物检疫法》有关规定处理。

七、各出入境检验检疫机构、各级动物防疫监督机构要分别依照《中华人民共和国进出境动植物检疫法》和《中华人民共和国动物防疫法》的有关规定，密切配合，做好检疫、防疫和监督工作。

本公告自发布之日起执行。

2007 年 9 月 3 日

2. 美国采取联邦垂直管理与各州垂直共管的兽医官（VMO）制度

美国为典型的联邦制国家，其地域辽阔、动物产品发展也不平衡，在动物卫生管理方面既要维护国家的权益，又要维护各州行使职权的相对独立性，故其管理模式较欧盟成员国有所不同，反映在兽医管理体制上也是如此。美国的官方兽医分为联邦兽医官和州立动物卫生官，但二者都属于官方兽医。

美国动植物卫生监督局（APHIS）是联邦最高的兽医行政管理部门，APHIS 局长为最高兽医行政长官，由农业部副部长兼任。APHIS 总部设有若干高级兽医官和助理兽医官，分别负责全国动物卫生监督、动物及动物产品进出口监督和紧急疫病扑灭三个方面的工作。此外，APHIS 还在全国设了（东、中、西）三个区域兽医机构，分别管理分布在全国各地的 44 个 APHIS（联邦）地方兽医局。APHIS 驻在地方的兽医局具体负责当地动物调运的审批、免疫接种的监督、动物登记和突发疫情的扑灭工作。APHIS 驻地方兽医局的负责人为地方兽医主管（AVIC），AVIC 下设 3～5 个助理兽医官划片负责相关地区的兽医卫生监督工作。APHIS 总部的兽医官和驻地方兽医官都属于联邦兽医官（VMO）。

除 APHIS（联邦）驻地方兽医局外，美国每一个州还都设有州的兽医管理机构，属于该州农业部管理。其最高行政首长为州立动物卫生官，并下设了 3～5 名州立兽医。在工作方面，APHIS 地方兽医局和各州的兽医管理机构通过签订协议明确各自的职责，共同负责该州的动物卫生工作。据统计，美国联邦兽医官共有 6500 名。

3. 澳大利亚采取联邦负责进出口检疫和州垂直管理的政府兽医制度

澳大利亚属于英联邦国家，在某种程度上带有英属殖民地的遗风。但澳大利亚面积广大、地理环境复杂、人口稀少，与英国存在很大区别。反映在兽医管理体制上，则表现为其动物及其产品的进出口检疫为联邦垂直管理，而动物防疫工作则由州垂直管理，这两个体系的兽医都称为政府兽医，故澳大利亚将政府兽医定义为联邦、州或行政区的政府兽医官。

在国家层次上，澳大利亚农林渔业部下设了兽医主管机构和澳大利亚检验检疫局（AQIS）两大兽医管理机构。澳大利亚联邦兽医机构主要负责动物卫生方面的国际事务，包括进出口检疫、质量认证和贸易条款的签订以及相关政策的制定。AQIS 总部具有 20 余名政府兽医官，其中设高级兽医执行，并在各州分设了家畜出口高级兽医官，以及若干助理兽医官，共同负责澳大利亚以及各州的家畜出口检疫检验事务。

在动物疫病控制方面，澳大利亚联邦兽医机构主要起协调作用，具体事务则由各州独立执行，如动物卫生方面的立法、动物卫生标准的制定、动物疫病控制以及兽医实验室管理等。为此，澳大利亚设立了一个专门的兽医委员会，该委员会由联邦、各个州和行政区的首席兽医官、联邦科学与工业研究组织（CSIRO）代表和新西兰首席兽医官组成，负责协调全国（包括新西兰）的动物卫生工作。在该委员会协调下，各州的动物卫生工作在州的首席兽医官领导下执行。因此，在动物防疫方面，澳大利亚实行的是州垂直管理下的官方兽医制度。

三、官方兽医制度的特征

一些发达国家，经过长期的实践和摸索，逐步认识到要保证动物及动物产品的卫生安全，兽医管理工作起着至关重要的作用。官方兽医作为动物卫生的管理者，只要其能够对动物饲养—动物屠宰—产品流通三个环节进行科学、公正、系统的监督，就可较好地解决这一问题。官方兽医制度就是在这种历史发展过程中逐步形成的，并具有如下明显特征。

1. 官方兽医制度在管理体制上是一种垂直管理制度

这种垂直管理制度的特点是官方兽医由国家兽医行政管理部门任命，而不是由地方兽医主管机关任命的，其直接对国家负责，上级兽医行政管理部门对下级兽医行政管理部门实行直接领导，下级兽医行政管理部门对上级兽医行政管理部门完全负责，且不受当地政府的领导。其优点在于：这种管理体制可以有效地防止地方保护主义，防止执法过程被干扰，从而维护了兽医卫生执法的公正性。在垂直管理制度下，官方兽医能独立地对动物卫生工作实施全程监控，从而也确保了兽医卫生执法的系统性和完整性。

2. 官方兽医制度以动物防疫技术和行政支持体系为后盾

其执法权由国家法律体系予以明确，执法能力和过程需要国家防疫技术体系支持，确保官方兽医融技术和行政管理于一体，从而维护了兽医卫生执法的公正性、科学性和权威性。

3. 官方兽医权力与责任共存

官方兽医代表国家执法，具有很大的权力，同时也要承担相应的法律责任，即官方兽医也是执法的责任人。因此官方兽医必须要有较高的业务素质和政策、法律和法规水平，同时要有很强的责任心，使其在执法过程中保证执法的正确性和公正性。

四、我国官方兽医制度

随着我国市场经济的建立，畜牧业的迅猛发展，加入 WHO 后我国畜牧业的发展已逐渐融入世界大市场，面临新形势、新机遇。改革我国的兽医体制并与国际通行的官方兽医制度接轨已是势在必行。

① 我国政府已高度重视这项工作，在进行大量调研和充分准备的基础上，于 2004 年 7 月成立了国家最高的兽医行政管理部门——农业农村部兽医局，并任命了我国第一位国家首席兽医师（首席兽医官）兼兽医局局长，标志着我国兽医体制改革工作已揭开序幕，进入实质性的改革阶段，新的官方兽医运行机制即将开始。

② 实行垂直管理制度，实行垂直官方兽医管理制度是我国兽医体制改革的根本性问题。鉴于我国地域辽阔、地区间差异较大、动物产品发展不平衡的特点，垂直的方式应当以国家和省分级垂直管理为宜，即实施农业农村部兽医局统一管理和省以下垂直管理，统一有效地控制和扑灭国内重大动物疫病。

③ 建立一支精干、高效、廉洁的高素质官方兽医队伍，实施官方兽医制度。采用国际动物卫生标准执法，必须要有一支技术水平高，思想道德和工作作风过硬，懂政策，熟悉各种法规、法典，能代表国家行使兽医卫生监督职权的官方兽医队伍。选拔官方兽医必须要有严格的条件和资格。要求具有良好的专业素质，受过良好的专业培训，根据不同的级别、层

次和责任，分别要求具有兽医专业学位，如博士学位、硕士学位、学士学位或同等的学历等，并具有一定的从业经历，还必须通过国家规定的专门培训，接受法律法规、国家防疫计划、应急反应计划、动物流通要求等方面的专业教育，才有资格担任官方兽医。

 复习思考题

1. OIE 的组织机构有哪些？
2. 《国际动物卫生法典》的主要内容是什么？
3. SPS 协议与 TBT 协议的基本原则是什么？
4. 官方兽医制度的类型有哪些？我国为什么要实行官方兽医制度？
5. 讨论：A 向 B 发盘，发盘中说："供应 50 台拖拉机，100 匹马力，每台 CIF 香港 3500 美元，订立合同后两个月装船，不可撤销信用证付款，请电复。"B 收到发盘后，立即电复说："我接受你的发盘，在订立合同后立即装船。"A 未做任何答复。问：双方的合同是否成立？为什么？

〔答案提示：合同未成立。因为合同的成立必须是一方发出实盘（要约），另一方作出有效的承诺。在本案例中，A 发出实盘，但 B 的承诺不是有效的承诺，B 对原发盘作出了实质性的修改，按照公约第 19 条规定："表示接受的发盘如载有添加、限制或其他更改的答复，即为拒绝该发盘，并构成还盘"，所以，合同不成立。〕

 案例分析

【案情介绍一】

我国某公司以 FOB 条件出口一批冻鸡。合同签订后接到买方来电，称租船较为困难委托我方代为租船，有关费用由买方负担。为了方便同履行，我方接受了对方的要求。但时至装运期我方在装运港无法租到合适的船，且买方又不同意改变装运期。因此，到装运期满时货仍未装船，买方因销售季节即将结束，便来函以我方未按期租船履行交货义务为由撤销合同。试问：我方应如何处理？

【案例评析】

我方应拒绝买方撤销合同的无理要求。按 FOB 条件成交的合同，按常规由买方负责租船订舱，卖方可代买方办理租船订舱，但卖方不承担租不到船的责任。就本案来讲，因卖方代为租船没有租到，买方又不同意改变装运期，因此，卖方不承担因自己未租到船而延误装运的责任，卖方未租到船而延误装运的风险应由买方承担，买方也不能因此要求撤销合同。

【案情介绍二】

加拿大诉澳大利亚——关于鲑鱼进口措施

加拿大列举 1996 年风险分析最终报告中的内容，说道地方流行性造血器官坏死病毒（EHNV，OIE 应通报疾病）在维多利亚虹鳟鱼和大西洋鲑鱼有发现记录，而在西澳没有报道过。然而澳大利亚在内陆运输鲑鱼产品方面没有采取任何措施来保护西澳不受该病的侵袭。最终报告这样写道：从感染 EHNV 的地区运活鲑鱼至非感染区，应该采取控制措施，但由于感染很少，就没有必要对鲑鱼产品运输采取控制措施。加拿大认为这构成了不合理的歧视。

【案例评析】

澳大利亚认为 EHNV 在澳大利亚引起的环境和商业损失很少，由于地貌和气候因素的影响，西澳不像澳洲东南部那样鲑鱼生产和观赏渔业有重要商业意义。因此国内运输的控制措施不同于从国外进口，国外疾病的传播风险远比 EHNV 要大得多，在澳大利亚还没有哪种水生动物疾病重要到要在国内产品运输过程采取控制措施。澳大利亚称北方领地没有鲑鱼，昆士兰只限少部山区有一些，但加拿大说，这一点正好与不允许加拿大产品进入北方领地和昆士兰形成鲜明对照，再一次说明澳大利亚违反 SPS 协议第二条第三款。

加拿大还认为澳大利亚在制定检疫卫生措施时，没有参照 OIE-FDC 的标准或建议，违反 SPS 协议第三条第一款。FDC 认为鱼类去内脏产品已将风险降低到可以忽略不计的地步。澳大利亚则反驳说 OIE 只规定了少量疾病的标准，本案涉及的大多数疾病在 OIE 规则中还不存在，也就是说澳大利亚制定政策的基础在 OIE 标准内没有。加拿大称，若按照澳大利亚的说法，只要有一种疾病不在 OIE 标准或建议规则内，就可以不按照 OIE 规则制定措施。要按照澳大利亚的理解，许多国际规则指引或建议对 SPS 协议所起到的作用都是不大的了。而澳大利亚则强调疾病数量的多少，即 OIE 规则中只对极少数的疾病做了规定。

附　录

附　录 1
中华人民共和国动物防疫法（2021 年修订）

1997 年 7 月 3 日第八届全国人民代表大会常务委员会第二十六次会议通过，2007 年 8 月 30 日第十届全国人民代表大会常务委员会第二十九次会议第一次修订，根据 2013 年 6 月 29 日第十二届全国人民代表大会常务委员会第三次会议《关于修改〈中华人民共和国文物保护法〉等十二部法律的决定》第一次修正，根据 2015 年 4 月 24 日第十二届全国人民代表大会常务委员会第十四次会议《关于修改〈中华人民共和国电力法〉等六部法律的决定》第二次修正，2021 年 1 月 22 日第十三届全国人民代表大会常务委员会第二十五次会议第二次修订。

第一章　总　　则

第一条　为了加强对动物防疫活动的管理，预防、控制、净化、消灭动物疫病，促进养殖业发展，防控人畜共患传染病，保障公共卫生安全和人体健康，制定本法。

第二条　本法适用于在中华人民共和国领域内的动物防疫及其监督管理活动。

进出境动物、动物产品的检疫，适用《中华人民共和国进出境动植物检疫法》。

第三条　本法所称动物，是指家畜家禽和人工饲养、捕获的其他动物。

本法所称动物产品，是指动物的肉、生皮、原毛、绒、脏器、脂、血液、精液、卵、胚胎、骨、蹄、头、角、筋以及可能传播动物疫病的奶、蛋等。

本法所称动物疫病，是指动物传染病，包括寄生虫病。

本法所称动物防疫，是指动物疫病的预防、控制、诊疗、净化、消灭和动物、动物产品的检疫，以及病死动物、病害动物产品的无害化处理。

第四条　根据动物疫病对养殖业生产和人体健康的危害程度，本法规定的动物疫病分为下列三类：

（一）一类疫病，是指口蹄疫、非洲猪瘟、高致病性禽流感等对人、动物构成特别严重危害，可能造成重大经济损失和社会影响，需要采取紧急、严厉的强制预防、控制等措施的；

（二）二类疫病，是指狂犬病、布鲁氏菌病、草鱼出血病等对人、动物构成严重危害，可能造成较大经济损失和社会影响，需要采取严格预防、控制等措施的；

（三）三类疫病，是指大肠杆菌病、禽结核病、鳖腮腺炎病等常见多发，对人、动物构成危害，可能造成一定程度的经济损失和社会影响，需要及时预防、控制的。

前款一、二、三类动物疫病具体病种名录由国务院农业农村主管部门制定并公布。国务院农业农村主管部门应当根据动物疫病发生、流行情况和危害程度，及时增加、减少或者调整一、二、三类动物疫病具体病种并予以公布。

人畜共患传染病名录由国务院农业农村主管部门会同国务院卫生健康、野生动物保护等主管部门制定并公布。

第五条　动物防疫实行预防为主，预防与控制、净化、消灭相结合的方针。

第六条　国家鼓励社会力量参与动物防疫工作。各级人民政府采取措施，支持单位和个人参与动物防疫的宣传教育、疫情报告、志愿服务和捐赠等活动。

第七条　从事动物饲养、屠宰、经营、隔离、运输以及动物产品生产、经营、加工、贮藏等活动的单位和个人，依照本法和国务院农业农村主管部门的规定，做好免疫、消毒、检测、隔离、净化、消灭、无害化处理等动物防疫工作，承担动物防疫相关责任。

第八条　县级以上人民政府对动物防疫工作实行统一领导，采取有效措施稳定基层机构队伍，加强动物防疫队伍建设，建立健全动物防疫体系，制定并组织实施动物疫病防治规划。

乡级人民政府、街道办事处组织群众做好本辖区的动物疫病预防与控制工作，村民委员会、居民委员会予以协助。

第九条　国务院农业农村主管部门主管全国的动物防疫工作。

县级以上地方人民政府农业农村主管部门主管本行政区域的动物防疫工作。

县级以上人民政府其他有关部门在各自职责范围内做好动物防疫工作。

军队动物卫生监督职能部门负责军队现役动物和饲养自用动物的防疫工作。

第十条　县级以上人民政府卫生健康主管部门和本级人民政府农业农村、野生动物保护等主管部门应当建立人畜共患传染病防治的协作机制。

国务院农业农村主管部门和海关总署等部门应当建立防止境外动物疫病输入的协作机制。

第十一条　县级以上地方人民政府的动物卫生监督机构依照本法规定，负责动物、动物产品的检疫工作。

第十二条　县级以上人民政府按照国务院的规定，根据统筹规划、合理布局、综合设置的原则建立动物疫病预防控制机构。

动物疫病预防控制机构承担动物疫病的监测、检测、诊断、流行病学调查、疫情报告以及其他预防、控制等技术工作；承担动物疫病净化、消灭的技术工作。

第十三条　国家鼓励和支持开展动物疫病的科学研究以及国际合作与交流，推广先进适用的科学研究成果，提高动物疫病防治的科学技术水平。

各级人民政府和有关部门、新闻媒体，应当加强对动物防疫法律法规和动物防疫知识的宣传。

第十四条　对在动物防疫工作、相关科学研究、动物疫情扑灭中做出贡献的单位和个人，各级人民政府和有关部门按照国家有关规定给予表彰、奖励。

有关单位应当依法为动物防疫人员缴纳工伤保险费。对因参与动物防疫工作致病、致残、死亡的人员，按照国家有关规定给予补助或者抚恤。

第二章　动物疫病的预防

第十五条　国家建立动物疫病风险评估制度。

国务院农业农村主管部门根据国内外动物疫情以及保护养殖业生产和人体健康的需要，及时会同国务院卫生健康等有关部门对动物疫病进行风险评估，并制定、公布动物疫病预防、控制、净化、消灭措施和技术规范。

省、自治区、直辖市人民政府农业农村主管部门会同本级人民政府卫生健康等有关部门开展本行政区域的动物疫病风险评估，并落实动物疫病预防、控制、净化、消灭措施。

第十六条　国家对严重危害养殖业生产和人体健康的动物疫病实施强制免疫。

国务院农业农村主管部门确定强制免疫的动物疫病病种和区域。

省、自治区、直辖市人民政府农业农村主管部门制定本行政区域的强制免疫计划；根据本行政区域动物疫病流行情况增加实施强制免疫的动物疫病病种和区域，报本级人民政府批准后执行，并报国务院农业农村主管部门备案。

第十七条　饲养动物的单位和个人应当履行动物疫病强制免疫义务，按照强制免疫计划和技术规范，对动物实施免疫接种，并按照国家有关规定建立免疫档案、加施畜禽标识，保证可追溯。

实施强制免疫接种的动物未达到免疫质量要求，实施补充免疫接种后仍不符合免疫质量要求的，有关单位和个人应当按照国家有关规定处理。

用于预防接种的疫苗应当符合国家质量标准。

第十八条　县级以上地方人民政府农业农村主管部门负责组织实施动物疫病强制免疫计划，并对饲养动物的单位和个人履行强制免疫义务的情况进行监督检查。

乡级人民政府、街道办事处组织本辖区饲养动物的单位和个人做好强制免疫，协助做好监督检查；村民委员会、居民委员会协助做好相关工作。

县级以上地方人民政府农业农村主管部门应当定期对本行政区域的强制免疫计划实施情况和效果进行评估，并向社会公布评估结果。

第十九条　国家实行动物疫病监测和疫情预警制度。

县级以上人民政府建立健全动物疫病监测网络，加强动物疫病监测。

国务院农业农村主管部门会同国务院有关部门制定国家动物疫病监测计划。省、自治区、直辖市人民政府农业农村主管部门根据国家动物疫病监测计划，制定本行政区域的动物疫病监测计划。

动物疫病预防控制机构按照国务院农业农村主管部门的规定和动物疫病监测计划，对动物疫病的发生、流行等情况进行监测；从事动物饲养、屠宰、经营、隔离、运输以及动物产品生产、经营、加工、贮藏、无害化处理等活动的单位和个人不得拒绝或者阻碍。

国务院农业农村主管部门和省、自治区、直辖市人民政府农业农村主管部门根据对动物疫病发生、流行趋势的预测，及时发出动物疫情预警。地方各级人民政府接到动物疫情预警后，应当及时采取预防、控制措施。

第二十条　陆路边境省、自治区人民政府根据动物疫病防控需要，合理设置动物疫病监测站点，健全监测工作机制，防范境外动物疫病传入。

科技、海关等部门按照本法和有关法律法规的规定做好动物疫病监测预警工作，并定期与农业农村主管部门互通情况，紧急情况及时通报。

县级以上人民政府应当完善野生动物疫源疫病监测体系和工作机制，根据需要合理布局监测站点；野生动物保护、农业农村主管部门按照职责分工做好野生动物疫源疫病监测等工作，并定期互通情况，紧急情况及时通报。

第二十一条　国家支持地方建立无规定动物疫病区，鼓励动物饲养场建设无规定动物疫病生物安全隔离区。对符合国务院农业农村主管部门规定标准的无规定动物疫病区和无规定动物疫病生物安全隔离区，国务院农业农村主管部门验收合格予以公布，并对其维持情况进行监督检查。

省、自治区、直辖市人民政府制定并组织实施本行政区域的无规定动物疫病区建设方案。国务院农业农村主管部门指导跨省、自治区、直辖市无规定动物疫病区建设。

国务院农业农村主管部门根据行政区划、养殖屠宰产业布局、风险评估情况等对动物疫病实施分区防控，可以采取禁止或者限制特定动物、动物产品跨区域调运等措施。

第二十二条　国务院农业农村主管部门制定并组织实施动物疫病净化、消灭规划。

县级以上地方人民政府根据动物疫病净化、消灭规划，制定并组织实施本行政区域的动物疫病净化、消灭计划。

动物疫病预防控制机构按照动物疫病净化、消灭规划、计划，开展动物疫病净化技术指导、培训，对动物疫病净化效果进行监测、评估。

国家推进动物疫病净化，鼓励和支持饲养动物的单位和个人开展动物疫病净化。饲养动物的单位和个人达到国务院农业农村主管部门规定的净化标准的，由省级以上人民政府农业农村主管部门予以公布。

第二十三条　种用、乳用动物应当符合国务院农业农村主管部门规定的健康标准。

饲养种用、乳用动物的单位和个人，应当按照国务院农业农村主管部门的要求，定期开展动物疫病检测；检测不合格的，应当按照国家有关规定处理。

第二十四条　动物饲养场和隔离场所、动物屠宰加工场所以及动物和动物产品无害化处理场所，应当符合下列动物防疫条件：

（一）场所的位置与居民生活区、生活饮用水水源地、学校、医院等公共场所的距离符合国务院农业农村主管部门的规定；

（二）生产经营区域封闭隔离，工程设计和有关流程符合动物防疫要求；

（三）有与其规模相适应的污水、污物处理设施，病死动物、病害动物产品无害化处理设施设备或者冷藏冷冻设施设备，以及清洗消毒设施设备；

（四）有与其规模相适应的执业兽医或者动物防疫技术人员；

（五）有完善的隔离消毒、购销台账、日常巡查等动物防疫制度；

（六）具备国务院农业农村主管部门规定的其他动物防疫条件。

动物和动物产品无害化处理场所除应当符合前款规定的条件外，还应当具有病原检测设备、检测能力和符合动物防疫要求的专用运输车辆。

第二十五条　国家实行动物防疫条件审查制度。

开办动物饲养场和隔离场所、动物屠宰加工场所以及动物和动物产品无害化处理场所，应当向县级以上地方人民政府农业农村主管部门提出申请，并附具相关材料。受理申请的农业农村主管部门应当依照本法和《中华人民共和国行政许可法》的规定进行审查。经审查合格的，发给动物防疫条件合格证；不合格的，应当通知申请人并说明理由。

动物防疫条件合格证应当载明申请人的名称（姓名）、场（厂）址、动物（动物产品）种类等事项。

第二十六条　经营动物、动物产品的集贸市场应当具备国务院农业农村主管部门规定的动物防疫条件，并接受农业农村主管部门的监督检查。具体办法由国务院农业农村主管部门制定。

县级以上地方人民政府应当根据本地情况，决定在城市特定区域禁止家畜家禽活体交易。

第二十七条　动物、动物产品的运载工具、垫料、包装物、容器等应当符合国务院农业农村主管部门规定的动物防疫要求。

染疫动物及其排泄物、染疫动物产品，运载工具中的动物排泄物以及垫料、包装物、容器等被污染的物品，应当按照国家有关规定处理，不得随意处置。

第二十八条　采集、保存、运输动物病料或者病原微生物以及从事病原微生物研究、教学、检测、诊断等活动，应当遵守国家有关病原微生物实验室管理的规定。

第二十九条　禁止屠宰、经营、运输下列动物和生产、经营、加工、贮藏、运输下列动物产品：

（一）封锁疫区内与所发生动物疫病有关的；

（二）疫区内易感染的；

（三）依法应当检疫而未经检疫或者检疫不合格的；

（四）染疫或者疑似染疫的；

（五）病死或者死因不明的；

（六）其他不符合国务院农业农村主管部门有关动物防疫规定的。

因实施集中无害化处理需要暂存、运输动物和动物产品并按照规定采取防疫措施的，不适用前款规定。

第三十条　单位和个人饲养犬只，应当按照规定定期免疫接种狂犬病疫苗，凭动物诊疗机构出具的免疫证明向所在地养犬登记机关申请登记。

携带犬只出户的，应当按照规定佩戴犬牌并采取系犬绳等措施，防止犬只伤人、疫病传播。

街道办事处、乡级人民政府组织协调居民委员会、村民委员会，做好本辖区流浪犬、猫的控制和处置，防止疫病传播。

县级人民政府和乡级人民政府、街道办事处应当结合本地实际，做好农村地区饲养犬只的防疫管理工作。

饲养犬只防疫管理的具体办法，由省、自治区、直辖市制定。

第三章　动物疫情的报告、通报和公布

第三十一条　从事动物疫病监测、检测、检验检疫、研究、诊疗以及动物饲养、屠宰、经营、隔离、运输等活动的单位和个人，发现动物染疫或者疑似染疫的，应当立即向所在地农业农村主管部门或者动物疫病预防控制机构报告，并迅速采取隔离等控制措施，防止动物疫情扩散。其他单位和个人发现动物染疫或者疑似染疫的，应当及时报告。

接到动物疫情报告的单位，应当及时采取临时隔离控制等必要措施，防止延误防控时机，并及时按照国家规定的程序上报。

第三十二条 动物疫情由县级以上人民政府农业农村主管部门认定；其中重大动物疫情由省、自治区、直辖市人民政府农业农村主管部门认定，必要时报国务院农业农村主管部门认定。

本法所称重大动物疫情，是指一、二、三类动物疫病突然发生，迅速传播，给养殖业生产安全造成严重威胁、危害，以及可能对公众身体健康与生命安全造成危害的情形。

在重大动物疫情报告期间，必要时，所在地县级以上地方人民政府可以作出封锁决定并采取扑杀、销毁等措施。

第三十三条 国家实行动物疫情通报制度。

国务院农业农村主管部门应当及时向国务院卫生健康等有关部门和军队有关部门以及省、自治区、直辖市人民政府农业农村主管部门通报重大动物疫情的发生和处置情况。

海关发现进出境动物和动物产品染疫或者疑似染疫的，应当及时处置并向农业农村主管部门通报。

县级以上地方人民政府野生动物保护主管部门发现野生动物染疫或者疑似染疫的，应当及时处置并向本级人民政府农业农村主管部门通报。

国务院农业农村主管部门应当依照我国缔结或者参加的条约、协定，及时向有关国际组织或者贸易方通报重大动物疫情的发生和处置情况。

第三十四条 发生人畜共患传染病疫情时，县级以上人民政府农业农村主管部门与本级人民政府卫生健康、野生动物保护等主管部门应当及时相互通报。

发生人畜共患传染病时，卫生健康主管部门应当对疫区易感染的人群进行监测，并应当依照《中华人民共和国传染病防治法》的规定及时公布疫情，采取相应的预防、控制措施。

第三十五条 患有人畜共患传染病的人员不得直接从事动物疫病监测、检测、检验检疫、诊疗以及易感染动物的饲养、屠宰、经营、隔离、运输等活动。

第三十六条 国务院农业农村主管部门向社会及时公布全国动物疫情，也可以根据需要授权省、自治区、直辖市人民政府农业农村主管部门公布本行政区域的动物疫情。其他单位和个人不得发布动物疫情。

第三十七条 任何单位和个人不得瞒报、谎报、迟报、漏报动物疫情，不得授意他人瞒报、谎报、迟报动物疫情，不得阻碍他人报告动物疫情。

第四章 动物疫病的控制

第三十八条 发生一类动物疫病时，应当采取下列控制措施：

（一）所在地县级以上地方人民政府农业农村主管部门应当立即派人到现场，划定疫点、疫区、受威胁区，调查疫源，及时报请本级人民政府对疫区实行封锁。疫区范围涉及两个以上行政区域的，由有关行政区域共同的上一级人民政府对疫区实行封锁，或者由各有关行政区域的上一级人民政府共同对疫区实行封锁。必要时，上级人民政府可以责成下级人民政府对疫区实行封锁；

（二）县级以上地方人民政府应当立即组织有关部门和单位采取封锁、隔离、扑杀、销毁、消毒、无害化处理、紧急免疫接种等强制性措施；

（三）在封锁期间，禁止染疫、疑似染疫和易感染的动物、动物产品流出疫区，禁止非疫区的易感染动物进入疫区，并根据需要对出入疫区的人员、运输工具及有关物品采取消毒和其他限制性措施。

第三十九条　发生二类动物疫病时，应当采取下列控制措施：

（一）所在地县级以上地方人民政府农业农村主管部门应当划定疫点、疫区、受威胁区；

（二）县级以上地方人民政府根据需要组织有关部门和单位采取隔离、扑杀、销毁、消毒、无害化处理、紧急免疫接种、限制易感染的动物和动物产品及有关物品出入等措施。

第四十条　疫点、疫区、受威胁区的撤销和疫区封锁的解除，按照国务院农业农村主管部门规定的标准和程序评估后，由原决定机关决定并宣布。

第四十一条　发生三类动物疫病时，所在地县级、乡级人民政府应当按照国务院农业农村主管部门的规定组织防治。

第四十二条　二、三类动物疫病呈暴发性流行时，按照一类动物疫病处理。

第四十三条　疫区内有关单位和个人，应当遵守县级以上人民政府及其农业农村主管部门依法作出的有关控制动物疫病的规定。

任何单位和个人不得藏匿、转移、盗掘已被依法隔离、封存、处理的动物和动物产品。

第四十四条　发生动物疫情时，航空、铁路、道路、水路运输企业应当优先组织运送防疫人员和物资。

第四十五条　国务院农业农村主管部门根据动物疫病的性质、特点和可能造成的社会危害，制定国家重大动物疫情应急预案报国务院批准，并按照不同动物疫病病种、流行特点和危害程度，分别制定实施方案。

县级以上地方人民政府根据上级重大动物疫情应急预案和本地区的实际情况，制定本行政区域的重大动物疫情应急预案，报上一级人民政府农业农村主管部门备案，并抄送上一级人民政府应急管理部门。县级以上地方人民政府农业农村主管部门按照不同动物疫病病种、流行特点和危害程度，分别制定实施方案。

重大动物疫情应急预案和实施方案根据疫情状况及时调整。

第四十六条　发生重大动物疫情时，国务院农业农村主管部门负责划定动物疫病风险区，禁止或者限制特定动物、动物产品由高风险区向低风险区调运。

第四十七条　发生重大动物疫情时，依照法律和国务院的规定以及应急预案采取应急处置措施。

第五章　动物和动物产品的检疫

第四十八条　动物卫生监督机构依照本法和国务院农业农村主管部门的规定对动物、动物产品实施检疫。

动物卫生监督机构的官方兽医具体实施动物、动物产品检疫。

第四十九条　屠宰、出售或者运输动物以及出售或者运输动物产品前，货主应当按照国务院农业农村主管部门的规定向所在地动物卫生监督机构申报检疫。

动物卫生监督机构接到检疫申报后，应当及时指派官方兽医对动物、动物产品实施检疫；检疫合格的，出具检疫证明、加施检疫标志。实施检疫的官方兽医应当在检疫证明、检疫标志上签字或者盖章，并对检疫结论负责。

动物饲养场、屠宰企业的执业兽医或者动物防疫技术人员，应当协助官方兽医实施检疫。

第五十条　因科研、药用、展示等特殊情形需要非食用性利用的野生动物，应当按照国家有关规定报动物卫生监督机构检疫，检疫合格的，方可利用。

人工捕获的野生动物，应当按照国家有关规定报捕获地动物卫生监督机构检疫，检疫合格的，方可饲养、经营和运输。

国务院农业农村主管部门会同国务院野生动物保护主管部门制定野生动物检疫办法。

第五十一条 屠宰、经营、运输的动物，以及用于科研、展示、演出和比赛等非食用性利用的动物，应当附有检疫证明；经营和运输的动物产品，应当附有检疫证明、检疫标志。

第五十二条 经航空、铁路、道路、水路运输动物和动物产品的，托运人托运时应当提供检疫证明；没有检疫证明的，承运人不得承运。

进出口动物和动物产品，承运人凭进口报关单证或者海关签发的检疫单证运递。

从事动物运输的单位、个人以及车辆，应当向所在地县级人民政府农业农村主管部门备案，妥善保存行程路线和托运人提供的动物名称、检疫证明编号、数量等信息。具体办法由国务院农业农村主管部门制定。

运载工具在装载前和卸载后应当及时清洗、消毒。

第五十三条 省、自治区、直辖市人民政府确定并公布道路运输的动物进入本行政区域的指定通道，设置引导标志。跨省、自治区、直辖市通过道路运输动物的，应当经省、自治区、直辖市人民政府设立的指定通道入省境或者过省境。

第五十四条 输入到无规定动物疫病区的动物、动物产品，货主应当按照国务院农业农村主管部门的规定向无规定动物疫病区所在地动物卫生监督机构申报检疫，经检疫合格的，方可进入。

第五十五条 跨省、自治区、直辖市引进的种用、乳用动物到达输入地后，货主应当按照国务院农业农村主管部门的规定对引进的种用、乳用动物进行隔离观察。

第五十六条 经检疫不合格的动物、动物产品，货主应当在农业农村主管部门的监督下按照国家有关规定处理，处理费用由货主承担。

第六章 病死动物和病害动物产品的无害化处理

第五十七条 从事动物饲养、屠宰、经营、隔离以及动物产品生产、经营、加工、贮藏等活动的单位和个人，应当按照国家有关规定做好病死动物、病害动物产品的无害化处理，或者委托动物和动物产品无害化处理场所处理。

从事动物、动物产品运输的单位和个人，应当配合做好病死动物和病害动物产品的无害化处理，不得在途中擅自弃置和处理有关动物和动物产品。

任何单位和个人不得买卖、加工、随意弃置病死动物和病害动物产品。

动物和动物产品无害化处理管理办法由国务院农业农村、野生动物保护主管部门按照职责制定。

第五十八条 在江河、湖泊、水库等水域发现的死亡畜禽，由所在地县级人民政府组织收集、处理并溯源。

在城市公共场所和乡村发现的死亡畜禽，由所在地街道办事处、乡级人民政府组织收集、处理并溯源。

在野外环境发现的死亡野生动物，由所在地野生动物保护主管部门收集、处理。

第五十九条 省、自治区、直辖市人民政府制定动物和动物产品集中无害化处理场所建设规划，建立政府主导、市场运作的无害化处理机制。

第六十条 各级财政对病死动物无害化处理提供补助。具体补助标准和办法由县级以上人民政府财政部门会同本级人民政府农业农村、野生动物保护等有关部门制定。

第七章　动　物　诊　疗

第六十一条　从事动物诊疗活动的机构，应当具备下列条件：

（一）有与动物诊疗活动相适应并符合动物防疫条件的场所；

（二）有与动物诊疗活动相适应的执业兽医；

（三）有与动物诊疗活动相适应的兽医器械和设备；

（四）有完善的管理制度。

动物诊疗机构包括动物医院、动物诊所以及其他提供动物诊疗服务的机构。

第六十二条　从事动物诊疗活动的机构，应当向县级以上地方人民政府农业农村主管部门申请动物诊疗许可证。受理申请的农业农村主管部门应当依照本法和《中华人民共和国行政许可法》的规定进行审查。经审查合格的，发给动物诊疗许可证；不合格的，应当通知申请人并说明理由。

第六十三条　动物诊疗许可证应当载明诊疗机构名称、诊疗活动范围、从业地点和法定代表人（负责人）等事项。

动物诊疗许可证载明事项变更的，应当申请变更或者换发动物诊疗许可证。

第六十四条　动物诊疗机构应当按照国务院农业农村主管部门的规定，做好诊疗活动中的卫生安全防护、消毒、隔离和诊疗废弃物处置等工作。

第六十五条　从事动物诊疗活动，应当遵守有关动物诊疗的操作技术规范，使用符合规定的兽药和兽医器械。

兽药和兽医器械的管理办法由国务院规定。

第八章　兽　医　管　理

第六十六条　国家实行官方兽医任命制度。

官方兽医应当具备国务院农业农村主管部门规定的条件，由省、自治区、直辖市人民政府农业农村主管部门按照程序确认，由所在地县级以上人民政府农业农村主管部门任命。具体办法由国务院农业农村主管部门制定。

海关的官方兽医应当具备规定的条件，由海关总署任命。具体办法由海关总署会同国务院农业农村主管部门制定。

第六十七条　官方兽医依法履行动物、动物产品检疫职责，任何单位和个人不得拒绝或者阻碍。

第六十八条　县级以上人民政府农业农村主管部门制定官方兽医培训计划，提供培训条件，定期对官方兽医进行培训和考核。

第六十九条　国家实行执业兽医资格考试制度。具有兽医相关专业大学专科以上学历的人员或者符合条件的乡村兽医，通过执业兽医资格考试的，由省、自治区、直辖市人民政府农业农村主管部门颁发执业兽医资格证书；从事动物诊疗等经营活动的，还应当向所在地县级人民政府农业农村主管部门备案。

执业兽医资格考试办法由国务院农业农村主管部门商国务院人力资源主管部门制定。

第七十条　执业兽医开具兽医处方应当亲自诊断，并对诊断结论负责。

国家鼓励执业兽医接受继续教育。执业兽医所在机构应当支持执业兽医参加继续教育。

第七十一条　乡村兽医可以在乡村从事动物诊疗活动。具体管理办法由国务院农业农村主管部门制定。

第七十二条　执业兽医、乡村兽医应当按照所在地人民政府和农业农村主管部门的要求，参加动物疫病预防、控制和动物疫情扑灭等活动。

第七十三条　兽医行业协会提供兽医信息、技术、培训等服务，维护成员合法权益，按照章程建立健全行业规范和奖惩机制，加强行业自律，推动行业诚信建设，宣传动物防疫和兽医知识。

第九章　监督管理

第七十四条　县级以上地方人民政府农业农村主管部门依照本法规定，对动物饲养、屠宰、经营、隔离、运输以及动物产品生产、经营、加工、贮藏、运输等活动中的动物防疫实施监督管理。

第七十五条　为控制动物疫病，县级人民政府农业农村主管部门应当派人在所在地依法设立的现有检查站执行监督检查任务；必要时，经省、自治区、直辖市人民政府批准，可以设立临时性的动物防疫检查站，执行监督检查任务。

第七十六条　县级以上地方人民政府农业农村主管部门执行监督检查任务，可以采取下列措施，有关单位和个人不得拒绝或者阻碍：

（一）对动物、动物产品按照规定采样、留验、抽检；

（二）对染疫或者疑似染疫的动物、动物产品及相关物品进行隔离、查封、扣押和处理；

（三）对依法应当检疫而未经检疫的动物和动物产品，具备补检条件的实施补检，不具备补检条件的予以收缴销毁；

（四）查验检疫证明、检疫标志和畜禽标识；

（五）进入有关场所调查取证，查阅、复制与动物防疫有关的资料。

县级以上地方人民政府农业农村主管部门根据动物疫病预防、控制需要，经所在地县级以上地方人民政府批准，可以在车站、港口、机场等相关场所派驻官方兽医或者工作人员。

第七十七条　执法人员执行动物防疫监督检查任务，应当出示行政执法证件，佩带统一标志。

县级以上人民政府农业农村主管部门及其工作人员不得从事与动物防疫有关的经营性活动，进行监督检查不得收取任何费用。

第七十八条　禁止转让、伪造或者变造检疫证明、检疫标志或者畜禽标识。

禁止持有、使用伪造或者变造的检疫证明、检疫标志或者畜禽标识。

检疫证明、检疫标志的管理办法由国务院农业农村主管部门制定。

第十章　保障措施

第七十九条　县级以上人民政府应当将动物防疫工作纳入本级国民经济和社会发展规划及年度计划。

第八十条　国家鼓励和支持动物防疫领域新技术、新设备、新产品等科学技术研究开发。

第八十一条　县级人民政府应当为动物卫生监督机构配备与动物、动物产品检疫工作相适应的官方兽医，保障检疫工作条件。

县级人民政府农业农村主管部门可以根据动物防疫工作需要，向乡、镇或者特定区域派驻兽医机构或者工作人员。

第八十二条　国家鼓励和支持执业兽医、乡村兽医和动物诊疗机构开展动物防疫和疫病诊疗活动；鼓励养殖企业、兽药及饲料生产企业组建动物防疫服务团队，提供防疫服务。地方人民政府组织村级防疫员参加动物疫病防治工作的，应当保障村级防疫员合理劳务报酬。

第八十三条　县级以上人民政府按照本级政府职责，将动物疫病的监测、预防、控制、净化、消灭，动物、动物产品的检疫和病死动物的无害化处理，以及监督管理所需经费纳入本级预算。

第八十四条　县级以上人民政府应当储备动物疫情应急处置所需的防疫物资。

第八十五条　对在动物疫病预防、控制、净化、消灭过程中强制扑杀的动物、销毁的动物产品和相关物品，县级以上人民政府给予补偿。具体补偿标准和办法由国务院财政部门会同有关部门制定。

第八十六条　对从事动物疫病预防、检疫、监督检查、现场处理疫情以及在工作中接触动物疫病病原体的人员，有关单位按照国家规定，采取有效的卫生防护、医疗保健措施，给予畜牧兽医医疗卫生津贴等相关待遇。

第十一章　法律责任

第八十七条　地方各级人民政府及其工作人员未依照本法规定履行职责的，对直接负责的主管人员和其他直接责任人员依法给予处分。

第八十八条　县级以上人民政府农业农村主管部门及其工作人员违反本法规定，有下列行为之一的，由本级人民政府责令改正，通报批评；对直接负责的主管人员和其他直接责任人员依法给予处分：

（一）未及时采取预防、控制、扑灭等措施的；

（二）对不符合条件的颁发动物防疫条件合格证、动物诊疗许可证，或者对符合条件的拒不颁发动物防疫条件合格证、动物诊疗许可证的；

（三）从事与动物防疫有关的经营性活动，或者违法收取费用的；

（四）其他未依照本法规定履行职责的行为。

第八十九条　动物卫生监督机构及其工作人员违反本法规定，有下列行为之一的，由本级人民政府或者农业农村主管部门责令改正，通报批评；对直接负责的主管人员和其他直接责任人员依法给予处分：

（一）对未经检疫或者检疫不合格的动物、动物产品出具检疫证明、加施检疫标志，或者对检疫合格的动物、动物产品拒不出具检疫证明、加施检疫标志的；

（二）对附有检疫证明、检疫标志的动物、动物产品重复检疫的；

（三）从事与动物防疫有关的经营性活动，或者违法收取费用的；

（四）其他未依照本法规定履行职责的行为。

第九十条　动物疫病预防控制机构及其工作人员违反本法规定，有下列行为之一的，由本级人民政府或者农业农村主管部门责令改正，通报批评；对直接负责的主管人员和其他直接责任人员依法给予处分：

（一）未履行动物疫病监测、检测、评估职责或者伪造监测、检测、评估结果的；

（二）发生动物疫情时未及时进行诊断、调查的；

（三）接到染疫或者疑似染疫报告后，未及时按照国家规定采取措施、上报的；

（四）其他未依照本法规定履行职责的行为。

第九十一条　地方各级人民政府、有关部门及其工作人员瞒报、谎报、迟报、漏报或者授意他人瞒报、谎报、迟报动物疫情，或者阻碍他人报告动物疫情的，由上级人民政府或者有关部门责令改正，通报批评；对直接负责的主管人员和其他直接责任人员依法给予处分。

第九十二条　违反本法规定，有下列行为之一的，由县级以上地方人民政府农业农村主管部门责令限期改正，可以处一千元以下罚款；逾期不改正的，处一千元以上五千元以下罚款，由县级以上地方人民政府农业农村主管部门委托动物诊疗机构、无害化处理场所等代为处理，所需费用由违法行为人承担：

（一）对饲养的动物未按照动物疫病强制免疫计划或者免疫技术规范实施免疫接种的；

（二）对饲养的种用、乳用动物未按照国务院农业农村主管部门的要求定期开展疫病检测，或者经检测不合格而未按照规定处理的；

（三）对饲养的犬只未按照规定定期进行狂犬病免疫接种的；

（四）动物、动物产品的运载工具在装载前和卸载后未按照规定及时清洗、消毒的。

第九十三条　违反本法规定，对经强制免疫的动物未按照规定建立免疫档案，或者未按照规定加施畜禽标识的，依照《中华人民共和国畜牧法》的有关规定处罚。

第九十四条　违反本法规定，动物、动物产品的运载工具、垫料、包装物、容器等不符合国务院农业农村主管部门规定的动物防疫要求的，由县级以上地方人民政府农业农村主管部门责令改正，可以处五千元以下罚款；情节严重的，处五千元以上五万元以下罚款。

第九十五条　违反本法规定，对染疫动物及其排泄物、染疫动物产品或者被染疫动物、动物产品污染的运载工具、垫料、包装物、容器等未按照规定处置的，由县级以上地方人民政府农业农村主管部门责令限期处理；逾期不处理的，由县级以上地方人民政府农业农村主管部门委托有关单位代为处理，所需费用由违法行为人承担，处五千元以上五万元以下罚款。

造成环境污染或者生态破坏的，依照环境保护有关法律法规进行处罚。

第九十六条　违反本法规定，患有人畜共患传染病的人员，直接从事动物疫病监测、检测、检验检疫，动物诊疗以及易感染动物的饲养、屠宰、经营、隔离、运输等活动的，由县级以上地方人民政府农业农村或者野生动物保护主管部门责令改正；拒不改正的，处一千元以上一万元以下罚款；情节严重的，处一万元以上五万元以下罚款。

第九十七条　违反本法第二十九条规定，屠宰、经营、运输动物或者生产、经营、加工、贮藏、运输动物产品的，由县级以上地方人民政府农业农村主管部门责令改正、采取补救措施，没收违法所得、动物和动物产品，并处同类检疫合格动物、动物产品货值金额十五倍以上三十倍以下罚款；同类检疫合格动物、动物产品货值金额不足一万元的，并处五万元以上十五万元以下罚款；其中依法应当检疫而未检疫的，依照本法第一百条的规定处罚。

前款规定的违法行为人及其法定代表人（负责人）、直接负责的主管人员和其他直接责任人员，自处罚决定作出之日起五年内不得从事相关活动；构成犯罪的，终身不得从事屠宰、经营、运输动物或者生产、经营、加工、贮藏、运输动物产品等相关活动。

第九十八条　违反本法规定，有下列行为之一的，由县级以上地方人民政府农业农村主管部门责令改正，处三千元以上三万元以下罚款；情节严重的，责令停业整顿，并处三万元以上十万元以下罚款：

（一）开办动物饲养场和隔离场所、动物屠宰加工场所以及动物和动物产品无害化处理场所，未取得动物防疫条件合格证的；

（二）经营动物、动物产品的集贸市场不具备国务院农业农村主管部门规定的防疫条件的；

（三）未经备案从事动物运输的；

（四）未按照规定保存行程路线和托运人提供的动物名称、检疫证明编号、数量等信息的；

（五）未经检疫合格，向无规定动物疫病区输入动物、动物产品的；

（六）跨省、自治区、直辖市引进种用、乳用动物到达输入地后未按照规定进行隔离观察的；

（七）未按照规定处理或者随意弃置病死动物、病害动物产品的；

（八）饲养种用、乳用动物的单位和个人，未按照国务院农业农村主管部门的要求定期开展动物疫病检测的。

第九十九条　动物饲养场和隔离场所、动物屠宰加工场所以及动物和动物产品无害化处理场所，生产经营条件发生变化，不再符合本法第二十四条规定的动物防疫条件继续从事相关活动的，由县级以上地方人民政府农业农村主管部门给予警告，责令限期改正；逾期仍达不到规定条件的，吊销动物防疫条件合格证，并通报市场监督管理部门依法处理。

第一百条　违反本法规定，屠宰、经营、运输的动物未附有检疫证明，经营和运输的动物产品未附有检疫证明、检疫标志的，由县级以上地方人民政府农业农村主管部门责令改正，处同类检疫合格动物、动物产品货值金额一倍以下罚款；对货主以外的承运人处运输费用三倍以上五倍以下罚款，情节严重的，处五倍以上十倍以下罚款。

违反本法规定，用于科研、展示、演出和比赛等非食用性利用的动物未附有检疫证明的，由县级以上地方人民政府农业农村主管部门责令改正，处三千元以上一万元以下罚款。

第一百零一条　违反本法规定，将禁止或者限制调运的特定动物、动物产品由动物疫病高风险区调入低风险区的，由县级以上地方人民政府农业农村主管部门没收运输费用、违法运输的动物和动物产品，并处运输费用一倍以上五倍以下罚款。

第一百零二条　违反本法规定，通过道路跨省、自治区、直辖市运输动物，未经省、自治区、直辖市人民政府设立的指定通道入省境或者过省境的，由县级以上地方人民政府农业农村主管部门对运输人处五千元以上一万元以下罚款；情节严重的，处一万元以上五万元以下罚款。

第一百零三条　违反本法规定，转让、伪造或者变造检疫证明、检疫标志或者畜禽标识的，由县级以上地方人民政府农业农村主管部门没收违法所得和检疫证明、检疫标志、畜禽标识，并处五千元以上五万元以下罚款。

持有、使用伪造或者变造的检疫证明、检疫标志或者畜禽标识的，由县级以上人民政府农业农村主管部门没收检疫证明、检疫标志、畜禽标识和对应的动物、动物产品，并处三千元以上三万元以下罚款。

第一百零四条　违反本法规定，有下列行为之一的，由县级以上地方人民政府农业农村主管部门责令改正，处三千元以上三万元以下罚款：

（一）擅自发布动物疫情的；

（二）不遵守县级以上人民政府及其农业农村主管部门依法作出的有关控制动物疫病规定的；

（三）藏匿、转移、盗掘已被依法隔离、封存、处理的动物和动物产品的。

第一百零五条　违反本法规定，未取得动物诊疗许可证从事动物诊疗活动的，由县级以上地方人民政府农业农村主管部门责令停止诊疗活动，没收违法所得，并处违法所得一倍以上三倍以下罚款；违法所得不足三万元的，并处三千元以上三万元以下罚款。

动物诊疗机构违反本法规定，未按照规定实施卫生安全防护、消毒、隔离和处置诊疗废弃物的，由县级以上地方人民政府农业农村主管部门责令改正，处一千元以上一万元以下罚款；造成动物疫病扩散的，处一万元以上五万元以下罚款；情节严重的，吊销动物诊疗许可证。

第一百零六条　违反本法规定，未经执业兽医备案从事经营性动物诊疗活动的，由县级以上地方人民政府农业农村主管部门责令停止动物诊疗活动，没收违法所得，并处三千元以上三万元以下罚款；对其所在的动物诊疗机构处一万元以上五万元以下罚款。

执业兽医有下列行为之一的，由县级以上地方人民政府农业农村主管部门给予警告，责令暂停六个月以上一年以下动物诊疗活动；情节严重的，吊销执业兽医资格证书：

（一）违反有关动物诊疗的操作技术规范，造成或者可能造成动物疫病传播、流行的；

（二）使用不符合规定的兽药和兽医器械的；

（三）未按照当地人民政府或者农业农村主管部门要求参加动物疫病预防、控制和动物疫情扑灭活动的。

第一百零七条　违反本法规定，生产经营兽医器械，产品质量不符合要求的，由县级以上地方人民政府农业农村主管部门责令限期整改；情节严重的，责令停业整顿，并处二万元以上十万元以下罚款。

第一百零八条　违反本法规定，从事动物疫病研究、诊疗和动物饲养、屠宰、经营、隔离、运输，以及动物产品生产、经营、加工、贮藏、无害化处理等活动的单位和个人，有下列行为之一的，由县级以上地方人民政府农业农村主管部门责令改正，可以处一万元以下罚款；拒不改正的，处一万元以上五万元以下罚款，并可以责令停业整顿：

（一）发现动物染疫、疑似染疫未报告，或者未采取隔离等控制措施的；

（二）不如实提供与动物防疫有关的资料的；

（三）拒绝或者阻碍农业农村主管部门进行监督检查的；

（四）拒绝或者阻碍动物疫病预防控制机构进行动物疫病监测、检测、评估的；

（五）拒绝或者阻碍官方兽医依法履行职责的。

第一百零九条　违反本法规定，造成人畜共患传染病传播、流行的，依法从重给予处分、处罚。

违反本法规定，构成违反治安管理行为的，依法给予治安管理处罚；构成犯罪的，依法追究刑事责任。

违反本法规定，给他人人身、财产造成损害的，依法承担民事责任。

第十二章　附　　则

第一百一十条　本法下列用语的含义：

（一）无规定动物疫病区，是指具有天然屏障或者采取人工措施，在一定期限内没有发生规定的一种或者几种动物疫病，并经验收合格的区域；

（二）无规定动物疫病生物安全隔离区，是指处于同一生物安全管理体系下，在一定期限内没有发生规定的一种或者几种动物疫病的若干动物饲养场及其辅助生产场所构成的，并经验收合格的特定小型区域；

（三）病死动物，是指染疫死亡、因病死亡、死因不明或者经检验检疫可能危害人体或者动物健康的死亡动物；

（四）病害动物产品，是指来源于病死动物的产品，或者经检验检疫可能危害人体或者动物健康的动物产品。

第一百一十一条　境外无规定动物疫病区和无规定动物疫病生物安全隔离区的无疫等效性评估，参照本法有关规定执行。

第一百一十二条　实验动物防疫有特殊要求的，按照实验动物管理的有关规定执行。

第一百一十三条　本法自 2021 年 5 月 1 日起施行。

附 录 2
饲料和饲料添加剂管理条例（2017 年修订）

1999 年 5 月 29 日中华人民共和国国务院令第 266 号发布，根据 2001 年 11 月 29 日《国务院关于修改〈饲料和饲料添加剂管理条例〉的决定》第一次修订，根据 2013 年 12 月 7 日《国务院关于修改部分行政法规的决定》第二次修订，根据 2016 年 2 月 6 日国务院令第 666 号《国务院关于修改部分行政法规的决定》第三次修订，根据 2017 年 3 月 1 日国务院令第 676 号《国务院关于修改和废止部分行政法规的决定》第四次修订。

第一章　总　　则

第一条　为了加强对饲料、饲料添加剂的管理，提高饲料、饲料添加剂的质量，保障动物产品质量安全，维护公众健康，制定本条例。

第二条　本条例所称饲料，是指经工业化加工、制作的供动物食用的产品，包括单一饲料、添加剂预混合饲料、浓缩饲料、配合饲料和精料补充料。

本条例所称饲料添加剂，是指在饲料加工、制作、使用过程中添加的少量或者微量物质，包括营养性饲料添加剂和一般饲料添加剂。

饲料原料目录和饲料添加剂品种目录由国务院农业行政主管部门制定并公布。

第三条　国务院农业行政主管部门负责全国饲料、饲料添加剂的监督管理工作。

县级以上地方政府负责饲料、饲料添加剂管理的部门（以下简称饲料管理部门），负责本行政区域饲料、饲料添加剂的监督管理工作。

第四条　县级以上地方人民政府统一领导本行政区域饲料、饲料添加剂的监督管理工作，建立健全监督管理机制，保障监督管理工作的开展。

第五条　饲料、饲料添加剂生产企业、经营者应当建立健全质量安全制度，对其生产、经营的饲料、饲料添加剂的质量安全负责。

第六条　任何组织或者个人有权举报在饲料、饲料添加剂生产、经营、使用过程中违反本条例的行为，有权对饲料、饲料添加剂监督管理工作提出意见和建议。

第二章　审定和登记

第七条　国家鼓励研制新饲料、新饲料添加剂。

研制新饲料、新饲料添加剂，应当遵循科学、安全、有效、环保的原则，保证新饲料、新饲料添加剂的质量安全。

第八条　研制的新饲料、新饲料添加剂投入生产前，研制者或者生产企业应当向国务院农业行政主管部门提出审定申请，并提供该新饲料、新饲料添加剂的样品和下列资料：

（一）名称、主要成分、理化性质、研制方法、生产工艺、质量标准、检测方法、检验报告、稳定性试验报告、环境影响报告和污染防治措施；

（二）国务院农业行政主管部门指定的试验机构出具的该新饲料、新饲料添加剂的饲喂效果、残留消解动态以及毒理学安全性评价报告。

申请新饲料添加剂审定的，还应当说明该新饲料添加剂的添加目的、使用方法，并提供该饲料添加剂残留可能对人体健康造成影响的分析评价报告。

第九条　国务院农业行政主管部门应当自受理申请之日起5个工作日内，将新饲料、新饲料添加剂的样品和申请资料交全国饲料评审委员会，对该新饲料、新饲料添加剂的安全性、有效性及其对环境的影响进行评审。

全国饲料评审委员会由养殖、饲料加工、动物营养、毒理、药理、代谢、卫生、化工合成、生物技术、质量标准、环境保护、食品安全风险评估等方面的专家组成。全国饲料评审委员会对新饲料、新饲料添加剂的评审采取评审会议的形式，评审会议应当有9名以上全国饲料评审委员会专家参加，根据需要也可以邀请1至2名全国饲料评审委员会专家以外的专家参加，参加评审的专家对评审事项具有表决权。评审会议应当形成评审意见和会议纪要，并由参加评审的专家审核签字；有不同意见的，应当注明。参加评审的专家应当依法公平、公正履行职责，对评审资料保密，存在回避事由的，应当主动回避。

全国饲料评审委员会应当自收到新饲料、新饲料添加剂的样品和申请资料之日起9个月内出具评审结果并提交国务院农业行政主管部门；但是，全国饲料评审委员会决定由申请人进行相关试验的，经国务院农业行政主管部门同意，评审时间可以延长3个月。

国务院农业行政主管部门应当自收到评审结果之日起10个工作日内作出是否核发新饲料、新饲料添加剂证书的决定；决定不予核发的，应当书面通知申请人并说明理由。

第十条　国务院农业行政主管部门核发新饲料、新饲料添加剂证书，应当同时按照职责权限公布该新饲料、新饲料添加剂的产品质量标准。

第十一条　新饲料、新饲料添加剂的监测期为5年。新饲料、新饲料添加剂处于监测期的，不受理其他就该新饲料、新饲料添加剂的生产申请和进口登记申请，但超过3年不投入生产的除外。

生产企业应当收集处于监测期的新饲料、新饲料添加剂的质量稳定性及其对动物产品质量安全的影响等信息，并向国务院农业行政主管部门报告；国务院农业行政主管部门应当对新饲料、新饲料添加剂的质量安全状况组织跟踪监测，证实其存在安全问题的，应当撤销新饲料、新饲料添加剂证书并予以公告。

第十二条　向中国出口中国境内尚未使用但出口国已经批准生产和使用的饲料、饲料添加剂的，由出口方驻中国境内的办事机构或者其委托的中国境内代表机构向国务院农业行政主管部门申请登记，并提供该饲料、饲料添加剂的样品和下列资料：

（一）商标、标签和推广应用情况；

（二）生产地批准生产、使用的证明和生产地以外其他国家、地区的登记资料；

（三）主要成分、理化性质、研制方法、生产工艺、质量标准、检测方法、检验报告、稳定性试验报告、环境影响报告和污染防治措施；

（四）国务院农业行政主管部门指定的试验机构出具的该饲料、饲料添加剂的饲喂效果、残留消解动态以及毒理学安全性评价报告。

申请饲料添加剂进口登记的，还应当说明该饲料添加剂的添加目的、使用方法，并提供该饲料添加剂残留可能对人体健康造成影响的分析评价报告。

国务院农业行政主管部门应当依照本条例第九条规定的新饲料、新饲料添加剂的评审程序组织评审，并决定是否核发饲料、饲料添加剂进口登记证。

首次向中国出口中国境内已经使用且出口国已经批准生产和使用的饲料、饲料添加剂的，应当依照本条第一款、第二款的规定申请登记。国务院农业行政主管部门应当自受理申请之日起10个工作日内对申请资料进行审查；审查合格的，将样品交由指定的机构进行复核检测；复核检测合格的，国务院农业行政主管部门应当在10个工作日内核发饲料、饲料添加剂进口登记证。

饲料、饲料添加剂进口登记证有效期为5年。进口登记证有效期满需要继续向中国出口饲料、饲料添加剂的，应当在有效期届满6个月前申请续展。

禁止进口未取得饲料、饲料添加剂进口登记证的饲料、饲料添加剂。

第十三条 国家对已经取得新饲料、新饲料添加剂证书或者饲料、饲料添加剂进口登记证的、含有新化合物的饲料、饲料添加剂的申请人提交的其自己所取得且未披露的试验数据和其他数据实施保护。

自核发证书之日起6年内，对其他申请人未经已取得新饲料、新饲料添加剂证书或者饲料、饲料添加剂进口登记证的申请人同意，使用前款规定的数据申请新饲料、新饲料添加剂审定或者饲料、饲料添加剂进口登记的，国务院农业行政主管部门不予审定或者登记；但是，其他申请人提交其自己所取得的数据的除外。

除下列情形外，国务院农业行政主管部门不得披露本条第一款规定的数据：

（一）公共利益需要；

（二）已采取措施确保该类信息不会被不正当地进行商业使用。

第三章 生产、经营和使用

第十四条 设立饲料、饲料添加剂生产企业，应当符合饲料工业发展规划和产业政策，并具备下列条件：

（一）有与生产饲料、饲料添加剂相适应的厂房、设备和仓储设施；

（二）有与生产饲料、饲料添加剂相适应的专职技术人员；

（三）有必要的产品质量检验机构、人员、设施和质量管理制度；

（四）有符合国家规定的安全、卫生要求的生产环境；

（五）有符合国家环境保护要求的污染防治措施；

（六）国务院农业行政主管部门制定的饲料、饲料添加剂质量安全管理规范规定的其他条件。

第十五条 申请从事饲料、饲料添加剂生产的企业，申请人应当向省、自治区、直辖市人民政府饲料管理部门提出申请。省、自治区、直辖市人民政府饲料管理部门应当自受理申请之日起10个工作日内进行书面审查；审查合格的，组织进行现场审核，并根据审核结果在10个工作日内作出是否核发生产许可证的决定。

生产许可证有效期为 5 年。生产许可证有效期满需要继续生产饲料、饲料添加剂的，应当在有效期届满 6 个月前申请续展。

第十六条　饲料添加剂、添加剂预混合饲料生产企业取得生产许可证后，由省、自治区、直辖市人民政府饲料管理部门按照国务院农业行政主管部门的规定，核发相应的产品批准文号。

第十七条　饲料、饲料添加剂生产企业应当按照国务院农业行政主管部门的规定和有关标准，对采购的饲料原料、单一饲料、饲料添加剂、药物饲料添加剂、添加剂预混合饲料和用于饲料添加剂生产的原料进行查验或者检验。

饲料生产企业使用限制使用的饲料原料、单一饲料、饲料添加剂、药物饲料添加剂、添加剂预混合饲料生产饲料的，应当遵守国务院农业行政主管部门的限制性规定。禁止使用国务院农业行政主管部门公布的饲料原料目录、饲料添加剂品种目录和药物饲料添加剂品种目录以外的任何物质生产饲料。

饲料、饲料添加剂生产企业应当如实记录采购的饲料原料、单一饲料、饲料添加剂、药物饲料添加剂、添加剂预混合饲料和用于饲料添加剂生产的原料的名称、产地、数量、保质期、许可证明文件编号、质量检验信息、生产企业名称或者供货者名称及其联系方式、进货日期等。记录保存期限不得少于 2 年。

第十八条　饲料、饲料添加剂生产企业，应当按照产品质量标准以及国务院农业行政主管部门制定的饲料、饲料添加剂质量安全管理规范和饲料添加剂安全使用规范组织生产，对生产过程实施有效控制并实行生产记录和产品留样观察制度。

第十九条　饲料、饲料添加剂生产企业应当对生产的饲料、饲料添加剂进行产品质量检验；检验合格的，应当附具产品质量检验合格证。未经产品质量检验、检验不合格或者未附具产品质量检验合格证的，不得出厂销售。

饲料、饲料添加剂生产企业应当如实记录出厂销售的饲料、饲料添加剂的名称、数量、生产日期、生产批次、质量检验信息、购货者名称及其联系方式、销售日期等。记录保存期限不得少于 2 年。

第二十条　出厂销售的饲料、饲料添加剂应当包装，包装应当符合国家有关安全、卫生的规定。

饲料生产企业直接销售给养殖者的饲料可以使用罐装车运输。罐装车应当符合国家有关安全、卫生的规定，并随罐装车附具符合本条例第二十一条规定的标签。

易燃或者其他特殊的饲料、饲料添加剂的包装应当有警示标志或者说明，并注明储运注意事项。

第二十一条　饲料、饲料添加剂的包装上应当附具标签。标签应当以中文或者适用符号标明产品名称、原料组成、产品成分分析保证值、净重或者净含量、贮存条件、使用说明、注意事项、生产日期、保质期、生产企业名称以及地址、许可证明文件编号和产品质量标准等。加入药物饲料添加剂的，还应当标明"加入药物饲料添加剂"字样，并标明其通用名称、含量和休药期。乳和乳制品以外的动物源性饲料，还应当标明"本产品不得饲喂反刍动物"字样。

第二十二条　饲料、饲料添加剂经营者应当符合下列条件：

（一）有与经营饲料、饲料添加剂相适应的经营场所和仓储设施；

（二）有具备饲料、饲料添加剂使用、贮存等知识的技术人员；

（三）有必要的产品质量管理和安全管理制度。

第二十三条　饲料、饲料添加剂经营者进货时应当查验产品标签、产品质量检验合格证和相应的许可证明文件。

饲料、饲料添加剂经营者不得对饲料、饲料添加剂进行拆包、分装，不得对饲料、饲料添加剂进行再加工或者添加任何物质。

禁止经营用国务院农业行政主管部门公布的饲料原料目录、饲料添加剂品种目录和药物饲料添加剂品种目录以外的任何物质生产的饲料。

饲料、饲料添加剂经营者应当建立产品购销台账，如实记录购销产品的名称、许可证明文件编号、规格、数量、保质期、生产企业名称或者供货者名称及其联系方式、购销时间等。购销台账保存期限不得少于2年。

第二十四条　向中国出口的饲料、饲料添加剂应当包装，包装应当符合中国有关安全、卫生的规定，并附具符合本条例第二十一条规定的标签。

向中国出口的饲料、饲料添加剂应当符合中国有关检验检疫的要求，由出入境检验检疫机构依法实施检验检疫，并对其包装和标签进行核查。包装和标签不符合要求的，不得入境。

境外企业不得直接在中国销售饲料、饲料添加剂。境外企业在中国销售饲料、饲料添加剂的，应当依法在中国境内设立销售机构或者委托符合条件的中国境内代理机构销售。

第二十五条　养殖者应当按照产品使用说明和注意事项使用饲料。在饲料或者动物饮用水中添加饲料添加剂的，应当符合饲料添加剂使用说明和注意事项的要求，遵守国务院农业行政主管部门制定的饲料添加剂安全使用规范。

养殖者使用自行配制的饲料的，应当遵守国务院农业行政主管部门制定的自行配制饲料使用规范，并不得对外提供自行配制的饲料。

使用限制使用的物质养殖动物的，应当遵守国务院农业行政主管部门的限制性规定。禁止在饲料、动物饮用水中添加国务院农业行政主管部门公布禁用的物质以及对人体具有直接或者潜在危害的其他物质，或者直接使用上述物质养殖动物。禁止在反刍动物饲料中添加乳和乳制品以外的动物源性成分。

第二十六条　国务院农业行政主管部门和县级以上地方人民政府饲料管理部门应当加强饲料、饲料添加剂质量安全知识的宣传，提高养殖者的质量安全意识，指导养殖者安全、合理使用饲料、饲料添加剂。

第二十七条　饲料、饲料添加剂在使用过程中被证实对养殖动物、人体健康或者环境有害的，由国务院农业行政主管部门决定禁用并予以公布。

第二十八条　饲料、饲料添加剂生产企业发现其生产的饲料、饲料添加剂对养殖动物、人体健康有害或者存在其他安全隐患的，应当立即停止生产，通知经营者、使用者，向饲料管理部门报告，主动召回产品，并记录召回和通知情况。召回的产品应当在饲料管理部门监督下予以无害化处理或者销毁。

饲料、饲料添加剂经营者发现其销售的饲料、饲料添加剂具有前款规定情形的，应当立即停止销售，通知生产企业、供货者和使用者，向饲料管理部门报告，并记录通知情况。

养殖者发现其使用的饲料、饲料添加剂具有本条第一款规定情形的，应当立即停止使用，通知供货者，并向饲料管理部门报告。

第二十九条　禁止生产、经营、使用未取得新饲料、新饲料添加剂证书的新饲料、新饲料添加剂以及禁用的饲料、饲料添加剂。

禁止经营、使用无产品标签、无生产许可证、无产品质量标准、无产品质量检验合格证的饲料、饲料添加剂。禁止经营、使用无产品批准文号的饲料添加剂、添加剂预混合饲料。禁止经营、使用未取得饲料、饲料添加剂进口登记证的进口饲料、进口饲料添加剂。

第三十条　禁止对饲料、饲料添加剂作具有预防或者治疗动物疾病作用的说明或者宣传。但是，饲料中添加药物饲料添加剂的，可以对所添加的药物饲料添加剂的作用加以说明。

第三十一条　国务院农业行政主管部门和省、自治区、直辖市人民政府饲料管理部门应当按照职责权限对全国或者本行政区域饲料、饲料添加剂的质量安全状况进行监测，并根据监测情况发布饲料、饲料添加剂质量安全预警信息。

第三十二条　国务院农业行政主管部门和县级以上地方人民政府饲料管理部门，应当根据需要定期或者不定期组织实施饲料、饲料添加剂监督抽查；饲料、饲料添加剂监督抽查检测工作由国务院农业行政主管部门或者省、自治区、直辖市人民政府饲料管理部门指定的具有相应技术条件的机构承担。饲料、饲料添加剂监督抽查不得收费。

国务院农业行政主管部门和省、自治区、直辖市人民政府饲料管理部门应当按照职责权限公布监督抽查结果，并可以公布具有不良记录的饲料、饲料添加剂生产企业、经营者名单。

第三十三条　县级以上地方人民政府饲料管理部门应当建立饲料、饲料添加剂监督管理档案，记录日常监督检查、违法行为查处等情况。

第三十四条　国务院农业行政主管部门和县级以上地方人民政府饲料管理部门在监督检查中可以采取下列措施：

（一）对饲料、饲料添加剂生产、经营、使用场所实施现场检查；

（二）查阅、复制有关合同、票据、账簿和其他相关资料；

（三）查封、扣押有证据证明用于违法生产饲料的饲料原料、单一饲料、饲料添加剂、药物饲料添加剂、添加剂预混合饲料，用于违法生产饲料添加剂的原料，用于违法生产饲料、饲料添加剂的工具、设施，违法生产、经营、使用的饲料、饲料添加剂；

（四）查封违法生产、经营饲料、饲料添加剂的场所。

第四章　法　律　责　任

第三十五条　国务院农业行政主管部门、县级以上地方人民政府饲料管理部门或者其他依照本条例规定行使监督管理权的部门及其工作人员，不履行本条例规定的职责或者滥用职权、玩忽职守、徇私舞弊的，对直接负责的主管人员和其他直接责任人员，依法给予处分；直接负责的主管人员和其他直接责任人员构成犯罪的，依法追究刑事责任。

第三十六条　提供虚假的资料、样品或者采取其他欺骗方式取得许可证明文件的，由发证机关撤销相关许可证明文件，处5万元以上10万元以下罚款，申请人3年内不得就同一事项申请行政许可。以欺骗方式取得许可证明文件给他人造成损失的，依法承担赔偿责任。

第三十七条　假冒、伪造或者买卖许可证明文件的，由国务院农业行政主管部门或者县级以上地方人民政府饲料管理部门按照职责权限收缴或者吊销、撤销相关许可证明文件；构成犯罪的，依法追究刑事责任。

第三十八条　未取得生产许可证生产饲料、饲料添加剂的，由县级以上地方人民政府饲料管理部门责令停止生产，没收违法所得、违法生产的产品和用于违法生产饲料的饲料原料、单一饲料、饲料添加剂、药物饲料添加剂、添加剂预混合饲料以及用于违法生产饲料添加剂的原料，违法生产的产品货值金额不足 1 万元的，并处 1 万元以上 5 万元以下罚款，货值金额 1 万元以上的，并处货值金额 5 倍以上 10 倍以下罚款；情节严重的，没收其生产设备，生产企业的主要负责人和直接负责的主管人员 10 年内不得从事饲料、饲料添加剂生产、经营活动。

已经取得生产许可证，但不再具备本条例第十四条规定的条件而继续生产饲料、饲料添加剂的，由县级以上地方人民政府饲料管理部门责令停止生产、限期改正，并处 1 万元以上 5 万元以下罚款；逾期不改正的，由发证机关吊销生产许可证。

已经取得生产许可证，但未取得产品批准文号而生产饲料添加剂、添加剂预混合饲料的，由县级以上地方人民政府饲料管理部门责令停止生产，没收违法所得、违法生产的产品和用于违法生产饲料的饲料原料、单一饲料、饲料添加剂、药物饲料添加剂以及用于违法生产饲料添加剂的原料，限期补办产品批准文号，并处违法生产的产品货值金额 1 倍以上 3 倍以下罚款；情节严重的，由发证机关吊销生产许可证。

第三十九条　饲料、饲料添加剂生产企业有下列行为之一的，由县级以上地方人民政府饲料管理部门责令改正，没收违法所得、违法生产的产品和用于违法生产饲料的饲料原料、单一饲料、饲料添加剂、药物饲料添加剂、添加剂预混合饲料以及用于违法生产饲料添加剂的原料，违法生产的产品货值金额不足 1 万元的，并处 1 万元以上 5 万元以下罚款，货值金额 1 万元以上的，并处货值金额 5 倍以上 10 倍以下罚款；情节严重的，由发证机关吊销、撤销相关许可证明文件，生产企业的主要负责人和直接负责的主管人员 10 年内不得从事饲料、饲料添加剂生产、经营活动；构成犯罪的，依法追究刑事责任：

（一）使用限制使用的饲料原料、单一饲料、饲料添加剂、药物饲料添加剂、添加剂预混合饲料生产饲料，不遵守国务院农业行政主管部门的限制性规定的；

（二）使用国务院农业行政主管部门公布的饲料原料目录、饲料添加剂品种目录和药物饲料添加剂品种目录以外的物质生产饲料的；

（三）生产未取得新饲料、新饲料添加剂证书的新饲料、新饲料添加剂或者禁用的饲料、饲料添加剂的。

第四十条　饲料、饲料添加剂生产企业有下列行为之一的，由县级以上地方人民政府饲料管理部门责令改正，处 1 万元以上 2 万元以下罚款；拒不改正的，没收违法所得、违法生产的产品和用于违法生产饲料的饲料原料、单一饲料、饲料添加剂、药物饲料添加剂、添加剂预混合饲料以及用于违法生产饲料添加剂的原料，并处 5 万元以上 10 万元以下罚款；情节严重的，责令停止生产，可以由发证机关吊销、撤销相关许可证明文件：

（一）不按照国务院农业行政主管部门的规定和有关标准对采购的饲料原料、单一饲料、饲料添加剂、药物饲料添加剂、添加剂预混合饲料和用于饲料添加剂生产的原料进行查验或者检验的；

（二）饲料、饲料添加剂生产过程中不遵守国务院农业行政主管部门制定的饲料、饲料添加剂质量安全管理规范和饲料添加剂安全使用规范的；

（三）生产的饲料、饲料添加剂未经产品质量检验的。

第四十一条　饲料、饲料添加剂生产企业不依照本条例规定实行采购、生产、销售记录制度或者产品留样观察制度的，由县级以上地方人民政府饲料管理部门责令改正，处 1 万元以上 2 万元以下罚款；拒不改正的，没收违法所得、违法生产的产品和用于违法生产饲料的饲料原料、单一饲料、饲料添加剂、药物饲料添加剂、添加剂预混合饲料以及用于违法生产饲料添加剂的原料，处 2 万元以上 5 万元以下罚款，并可以由发证机关吊销、撤销相关许可证明文件。

饲料、饲料添加剂生产企业销售的饲料、饲料添加剂未附具产品质量检验合格证或者包装、标签不符合规定的，由县级以上地方人民政府饲料管理部门责令改正；情节严重的，没收违法所得和违法销售的产品，可以处违法销售的产品货值金额 30％以下罚款。

第四十二条　不符合本条例第二十二条规定的条件经营饲料、饲料添加剂的，由县级人民政府饲料管理部门责令限期改正；逾期不改正的，没收违法所得和违法经营的产品，违法经营的产品货值金额不足 1 万元的，并处 2000 元以上 2 万元以下罚款，货值金额 1 万元以上的，并处货值金额 2 倍以上 5 倍以下罚款；情节严重的，责令停止经营，并通知工商行政管理部门，由工商行政管理部门吊销营业执照。

第四十三条　饲料、饲料添加剂经营者有下列行为之一的，由县级人民政府饲料管理部门责令改正，没收违法所得和违法经营的产品，违法经营的产品货值金额不足 1 万元的，并处 2000 元以上 2 万元以下罚款，货值金额 1 万元以上的，并处货值金额 2 倍以上 5 倍以下罚款；情节严重的，责令停止经营，并通知工商行政管理部门，由工商行政管理部门吊销营业执照；构成犯罪的，依法追究刑事责任：

（一）对饲料、饲料添加剂进行再加工或者添加物质的；

（二）经营无产品标签、无生产许可证、无产品质量检验合格证的饲料、饲料添加剂的；

（三）经营无产品批准文号的饲料添加剂、添加剂预混合饲料的；

（四）经营用国务院农业行政主管部门公布的饲料原料目录、饲料添加剂品种目录和药物饲料添加剂品种目录以外的物质生产的饲料的；

（五）经营未取得新饲料、新饲料添加剂证书的新饲料、新饲料添加剂或者未取得饲料、饲料添加剂进口登记证的进口饲料、进口饲料添加剂以及禁用的饲料、饲料添加剂的。

第四十四条　饲料、饲料添加剂经营者有下列行为之一的，由县级人民政府饲料管理部门责令改正，没收违法所得和违法经营的产品，并处 2000 元以上 1 万元以下罚款：

（一）对饲料、饲料添加剂进行拆包、分装的；

（二）不依照本条例规定实行产品购销台账制度的；

（三）经营的饲料、饲料添加剂失效、霉变或者超过保质期的。

第四十五条　对本条例第二十八条规定的饲料、饲料添加剂，生产企业不主动召回的，由县级以上地方人民政府饲料管理部门责令召回，并监督生产企业对召回的产品予以无害化处理或者销毁；情节严重的，没收违法所得，并处应召回的产品货值金额 1 倍以上 3 倍以下罚款，可以由发证机关吊销、撤销相关许可证明文件；生产企业对召回的产品不予以无害化处理或者销毁的，由县级人民政府饲料管理部门代为销毁，所需费用由生产企业承担。

对本条例第二十八条规定的饲料、饲料添加剂，经营者不停止销售的，由县级以上地方人民政府饲料管理部门责令停止销售；拒不停止销售的，没收违法所得，处 1000 元以上 5 万元以下罚款；情节严重的，责令停止经营，并通知工商行政管理部门，由工商行政管理部门吊销营业执照。

第四十六条　饲料、饲料添加剂生产企业、经营者有下列行为之一的，由县级以上地方人民政府饲料管理部门责令停止生产、经营，没收违法所得和违法生产、经营的产品，违法生产、经营的产品货值金额不足 1 万元的，并处 2000 元以上 2 万元以下罚款，货值金额 1 万元以上的，并处货值金额 2 倍以上 5 倍以下罚款；构成犯罪的，依法追究刑事责任：

（一）在生产、经营过程中，以非饲料、非饲料添加剂冒充饲料、饲料添加剂或者以此种饲料、饲料添加剂冒充他种饲料、饲料添加剂的；

（二）生产、经营无产品质量标准或者不符合产品质量标准的饲料、饲料添加剂的；

（三）生产、经营的饲料、饲料添加剂与标签标示的内容不一致的。

饲料、饲料添加剂生产企业有前款规定的行为，情节严重的，由发证机关吊销、撤销相关许可证明文件；饲料、饲料添加剂经营者有前款规定的行为，情节严重的，通知工商行政管理部门，由工商行政管理部门吊销营业执照。

第四十七条　养殖者有下列行为之一的，由县级人民政府饲料管理部门没收违法使用的产品和非法添加物质，对单位处 1 万元以上 5 万元以下罚款，对个人处 5000 元以下罚款；构成犯罪的，依法追究刑事责任：

（一）使用未取得新饲料、新饲料添加剂证书的新饲料、新饲料添加剂或者未取得饲料、饲料添加剂进口登记证的进口饲料、进口饲料添加剂的；

（二）使用无产品标签、无生产许可证、无产品质量标准、无产品质量检验合格证的饲料、饲料添加剂的；

（三）使用无产品批准文号的饲料添加剂、添加剂预混合饲料的；

（四）在饲料或者动物饮用水中添加饲料添加剂，不遵守国务院农业行政主管部门制定的饲料添加剂安全使用规范的；

（五）使用自行配制的饲料，不遵守国务院农业行政主管部门制定的自行配制饲料使用规范的；

（六）使用限制使用的物质养殖动物，不遵守国务院农业行政主管部门的限制性规定的；

（七）在反刍动物饲料中添加乳和乳制品以外的动物源性成分的。

在饲料或者动物饮用水中添加国务院农业行政主管部门公布禁用的物质以及对人体具有直接或者潜在危害的其他物质，或者直接使用上述物质养殖动物的，由县级以上地方人民政府饲料管理部门责令其对饲喂了违禁物质的动物进行无害化处理，处 3 万元以上 10 万元以下罚款；构成犯罪的，依法追究刑事责任。

第四十八条　养殖者对外提供自行配制的饲料的，由县级人民政府饲料管理部门责令改正，处 2000 元以上 2 万元以下罚款。

第五章　附　　则

第四十九条　本条例下列用语的含义：

（一）饲料原料，是指来源于动物、植物、微生物或者矿物质，用于加工制作饲料但不属于饲料添加剂的饲用物质。

（二）单一饲料，是指来源于一种动物、植物、微生物或者矿物质，用于饲料产品生产的饲料。

（三）添加剂预混合饲料，是指由两种（类）或者两种（类）以上营养性饲料添加剂为主，与载体或者稀释剂按照一定比例配制的饲料，包括复合预混合饲料、微量元素预混合饲料、维生素预混合饲料。

（四）浓缩饲料，是指主要由蛋白质、矿物质和饲料添加剂按照一定比例配制的饲料。

（五）配合饲料，是指根据养殖动物营养需要，将多种饲料原料和饲料添加剂按照一定比例配制的饲料。

（六）精料补充料，是指为补充草食动物的营养，将多种饲料原料和饲料添加剂按照一定比例配制的饲料。

（七）营养性饲料添加剂，是指为补充饲料营养成分而掺入饲料中的少量或者微量物质，包括饲料级氨基酸、维生素、矿物质微量元素、酶制剂、非蛋白氮等。

（八）一般饲料添加剂，是指为保证或者改善饲料品质、提高饲料利用率而掺入饲料中的少量或者微量物质。

（九）药物饲料添加剂，是指为预防、治疗动物疾病而掺入载体或者稀释剂的兽药的预混合物质。

（十）许可证明文件，是指新饲料、新饲料添加剂证书，饲料、饲料添加剂进口登记证，饲料、饲料添加剂生产许可证，饲料添加剂、添加剂预混合饲料产品批准文号。

第五十条　药物饲料添加剂的管理，依照《兽药管理条例》的规定执行。

第五十一条　本条例自 2012 年 5 月 1 日起施行。

附 录 3
兽药管理条例（2020 版）

2004 年 4 月 9 日国务院令第 404 号公布，2014 年 7 月 29 日国务院令第 653 号部分修订、2016 年 2 月 6 日国务院令第 666 号部分修订、2020 年 3 月 27 日国务院令第 726 号部分修订。

第一章　总　　则

第一条　为了加强兽药管理，保证兽药质量，防治动物疾病，促进养殖业的发展，维护人体健康，制定本条例。

第二条　在中华人民共和国境内从事兽药的研制、生产、经营、进出口、使用和监督管理，应当遵守本条例。

第三条　国务院兽医行政管理部门负责全国的兽药监督管理工作。

县级以上地方人民政府兽医行政管理部门负责本行政区域内的兽药监督管理工作。

第四条　国家实行兽用处方药和非处方药分类管理制度。兽用处方药和非处方药分类管理的办法和具体实施步骤，由国务院兽医行政管理部门规定。

第五条　国家实行兽药储备制度。

发生重大动物疫情、灾情或者其他突发事件时，国务院兽医行政管理部门可以紧急调用国家储备的兽药；必要时，也可以调用国家储备以外的兽药。

第二章　新兽药研制

第六条　国家鼓励研制新兽药，依法保护研制者的合法权益。

第七条　研制新兽药，应当具有与研制相适应的场所、仪器设备、专业技术人员、安全管理规范和措施。

研制新兽药，应当进行安全性评价。从事兽药安全性评价的单位应当遵守国务院兽医行政管理部门制定的兽药非临床研究质量管理规范和兽药临床试验质量管理规范。

省级以上人民政府兽医行政管理部门应当对兽药安全性评价单位是否符合兽药非临床研究质量管理规范和兽药临床试验质量管理规范的要求进行监督检查，并公布监督检查结果。

第八条　研制新兽药，应当在临床试验前向临床试验场所所在地省、自治区、直辖市人民政府兽医行政管理部门备案，并附具该新兽药实验室阶段安全性评价报告及其他临床前研究资料。

研制的新兽药属于生物制品的，应当在临床试验前向国务院兽医行政管理部门提出申请，国务院兽医行政管理部门应当自收到申请之日起 60 个工作日内将审查结果书面通知申请人。

研制新兽药需要使用一类病原微生物的，还应当具备国务院兽医行政管理部门规定的条件，并在实验室阶段前报国务院兽医行政管理部门批准。

第九条　临床试验完成后，新兽药研制者向国务院兽医行政管理部门提出新兽药注册申请时，应当提交该新兽药的样品和下列资料：

（一）名称、主要成分、理化性质；

（二）研制方法、生产工艺、质量标准和检测方法；

（三）药理和毒理试验结果、临床试验报告和稳定性试验报告；

（四）环境影响报告和污染防治措施。

研制的新兽药属于生物制品的，还应当提供菌（毒、虫）种、细胞等有关材料和资料。菌（毒、虫）种、细胞由国务院兽医行政管理部门指定的机构保藏。

研制用于食用动物的新兽药，还应当按照国务院兽医行政管理部门的规定进行兽药残留试验并提供休药期、最高残留限量标准、残留检测方法及其制定依据等资料。

国务院兽医行政管理部门应当自收到申请之日起 10 个工作日内，将决定受理的新兽药资料送其设立的兽药评审机构进行评审，将新兽药样品送其指定的检验机构复核检验，并自收到评审和复核检验结论之日起 60 个工作日内完成审查。审查合格的，发给新兽药注册证书，并发布该兽药的质量标准；不合格的，应当书面通知申请人。

第十条　国家对依法获得注册的、含有新化合物的兽药的申请人提交的其自己所取得且未披露的试验数据和其他数据实施保护。

自注册之日起 6 年内，对其他申请人未经已获得注册兽药的申请人同意，使用前款规定的数据申请兽药注册的，兽药注册机关不予注册；但是，其他申请人提交其自己所取得的数据的除外。

除下列情况外，兽药注册机关不得披露本条第一款规定的数据：

（一）公共利益需要；

（二）已采取措施确保该类信息不会被不正当地进行商业使用。

第三章　兽药生产

第十一条　从事兽药生产的企业，应当符合国家兽药行业发展规划和产业政策，并具备下列条件：

（一）与所生产的兽药相适应的兽医学、药学或者相关专业的技术人员；

（二）与所生产的兽药相适应的厂房、设施；

（三）与所生产的兽药相适应的兽药质量管理和质量检验的机构、人员、仪器设备；

（四）符合安全、卫生要求的生产环境；

（五）兽药生产质量管理规范规定的其他生产条件。

符合前款规定条件的，申请人方可向省、自治区、直辖市人民政府兽医行政管理部门提出申请，并附具符合前款规定条件的证明材料；省、自治区、直辖市人民政府兽医行政管理部门应当自收到申请之日起 40 个工作日内完成审查。经审查合格的，发给兽药生产许可证；不合格的，应当书面通知申请人。

第十二条　兽药生产许可证应当载明生产范围、生产地点、有效期和法定代表人姓名、住址等事项。

兽药生产许可证有效期为 5 年。有效期届满，需要继续生产兽药的，应当在许可证有效期届满前 6 个月到发证机关申请换发兽药生产许可证。

第十三条　兽药生产企业变更生产范围、生产地点的，应当依照本条例第十一条的规定申请换发兽药生产许可证；变更企业名称、法定代表人的，应当在办理工商变更登记手续后15 个工作日内，到发证机关申请换发兽药生产许可证。

第十四条　兽药生产企业应当按照国务院兽医行政管理部门制定的兽药生产质量管理规范组织生产。

省级以上人民政府兽医行政管理部门，应当对兽药生产企业是否符合兽药生产质量管理规范的要求进行监督检查，并公布检查结果。

第十五条　兽药生产企业生产兽药，应当取得国务院兽医行政管理部门核发的产品批准文号，产品批准文号的有效期为 5 年。兽药产品批准文号的核发办法由国务院兽医行政管理部门制定。

第十六条　兽药生产企业应当按照兽药国家标准和国务院兽医行政管理部门批准的生产工艺进行生产。兽药生产企业改变影响兽药质量的生产工艺的，应当报原批准部门审核批准。

兽药生产企业应当建立生产记录，生产记录应当完整、准确。

第十七条　生产兽药所需的原料、辅料，应当符合国家标准或者所生产兽药的质量要求。

直接接触兽药的包装材料和容器应当符合药用要求。

第十八条　兽药出厂前应当经过质量检验，不符合质量标准的不得出厂。

兽药出厂应当附有产品质量合格证。

禁止生产假、劣兽药。

第十九条　兽药生产企业生产的每批兽用生物制品，在出厂前应当由国务院兽医行政管理部门指定的检验机构审查核对，并在必要时进行抽查检验；未经审查核对或者抽查检验不合格的，不得销售。

强制免疫所需兽用生物制品，由国务院兽医行政管理部门指定的企业生产。

第二十条　兽药包装应当按照规定印有或者贴有标签，附具说明书，并在显著位置注明"兽用"字样。

兽药的标签和说明书经国务院兽医行政管理部门批准并公布后，方可使用。

兽药的标签或者说明书，应当以中文注明兽药的通用名称、成分及其含量、规格、生产企业、产品批准文号（进口兽药注册证号）、产品批号、生产日期、有效期、适应证或者功能主治、用法、用量、休药期、禁忌、不良反应、注意事项、运输贮存保管条件及其他应当说明的内容。有商品名称的，还应当注明商品名称。

除前款规定的内容外，兽用处方药的标签或者说明书还应当印有国务院兽医行政管理部门规定的警示内容，其中兽用麻醉药品、精神药品、毒性药品和放射性药品还应当印有国务院兽医行政管理部门规定的特殊标志；兽用非处方药的标签或者说明书还应当印有国务院兽医行政管理部门规定的非处方药标志。

第二十一条 国务院兽医行政管理部门，根据保证动物产品质量安全和人体健康的需要，可以对新兽药设立不超过 5 年的监测期；在监测期内，不得批准其他企业生产或者进口该新兽药。生产企业应当在监测期内收集该新兽药的疗效、不良反应等资料，并及时报送国务院兽医行政管理部门。

第四章 兽 药 经 营

第二十二条 经营兽药的企业，应当具备下列条件：

（一）与所经营的兽药相适应的兽药技术人员；

（二）与所经营的兽药相适应的营业场所、设备、仓库设施；

（三）与所经营的兽药相适应的质量管理机构或者人员；

（四）兽药经营质量管理规范规定的其他经营条件。

符合前款规定条件的，申请人方可向市、县人民政府兽医行政管理部门提出申请，并附具符合前款规定条件的证明材料；经营兽用生物制品的，应当向省、自治区、直辖市人民政府兽医行政管理部门提出申请，并附具符合前款规定条件的证明材料。

县级以上地方人民政府兽医行政管理部门，应当自收到申请之日起 30 个工作日内完成审查。审查合格的，发给兽药经营许可证；不合格的，应当书面通知申请人。

第二十三条 兽药经营许可证应当载明经营范围、经营地点、有效期和法定代表人姓名、住址等事项。

兽药经营许可证有效期为 5 年。有效期届满，需要继续经营兽药的，应当在许可证有效期届满前 6 个月到发证机关申请换发兽药经营许可证。

第二十四条 兽药经营企业变更经营范围、经营地点的，应当依照本条例第二十二条的规定申请换发兽药经营许可证；变更企业名称、法定代表人的，应当在办理工商变更登记手续后 15 个工作日内，到发证机关申请换发兽药经营许可证。

第二十五条 兽药经营企业，应当遵守国务院兽医行政管理部门制定的兽药经营质量管理规范。

县级以上地方人民政府兽医行政管理部门，应当对兽药经营企业是否符合兽药经营质量管理规范的要求进行监督检查，并公布检查结果。

第二十六条 兽药经营企业购进兽药，应当将兽药产品与产品标签或者说明书、产品质量合格证核对无误。

第二十七条 兽药经营企业，应当向购买者说明兽药的功能主治、用法、用量和注意事项。销售兽用处方药的，应当遵守兽用处方药管理办法。

兽药经营企业销售兽用中药材的，应当注明产地。

禁止兽药经营企业经营人用药品和假、劣兽药。

第二十八条 兽药经营企业购销兽药，应当建立购销记录。购销记录应当载明兽药的商品名称、通用名称、剂型、规格、批号、有效期、生产厂商、购销单位、购销数量、购销日期和国务院兽医行政管理部门规定的其他事项。

第二十九条 兽药经营企业，应当建立兽药保管制度，采取必要的冷藏、防冻、防潮、防虫、防鼠等措施，保持所经营兽药的质量。

兽药入库、出库，应当执行检查验收制度，并有准确记录。

第三十条 强制免疫所需兽用生物制品的经营，应当符合国务院兽医行政管理部门的规定。

第三十一条 兽药广告的内容应当与兽药说明书内容相一致，在全国重点媒体发布兽药广告的，应当经国务院兽医行政管理部门审查批准，取得兽药广告审查批准文号。在地方媒体发布兽药广告的，应当经省、自治区、直辖市人民政府兽医行政管理部门审查批准，取得兽药广告审查批准文号；未经批准的，不得发布。

第五章 兽药进出口

第三十二条 首次向中国出口的兽药，由出口方驻中国境内的办事机构或者其委托的中国境内代理机构向国务院兽医行政管理部门申请注册，并提交下列资料和物品：

（一）生产企业所在国家（地区）兽药管理部门批准生产、销售的证明文件；

（二）生产企业所在国家（地区）兽药管理部门颁发的符合兽药生产质量管理规范的证明文件；

（三）兽药的制造方法、生产工艺、质量标准、检测方法、药理和毒理试验结果、临床试验报告、稳定性试验报告及其他相关资料；用于食用动物的兽药的休药期、最高残留限量标准、残留检测方法及其制定依据等资料；

（四）兽药的标签和说明书样本；

（五）兽药的样品、对照品、标准品；

（六）环境影响报告和污染防治措施；

（七）涉及兽药安全性的其他资料。

申请向中国出口兽用生物制品的，还应当提供菌（毒、虫）种、细胞等有关材料和资料。

第三十三条 国务院兽医行政管理部门，应当自收到申请之日起10个工作日内组织初步审查。经初步审查合格的，应当将决定受理的兽药资料送其设立的兽药评审机构进行评审，将该兽药样品送其指定的检验机构复核检验，并自收到评审和复核检验结论之日起60个工作日内完成审查。经审查合格的，发给进口兽药注册证书，并发布该兽药的质量标准；不合格的，应当书面通知申请人。

在审查过程中，国务院兽医行政管理部门可以对向中国出口兽药的企业是否符合兽药生产质量管理规范的要求进行考查，并有权要求该企业在国务院兽医行政管理部门指定的机构进行该兽药的安全性和有效性试验。

国内急需兽药、少量科研用兽药或者注册兽药的样品、对照品、标准品的进口，按照国务院兽医行政管理部门的规定办理。

第三十四条 进口兽药注册证书的有效期为5年。有效期届满，需要继续向中国出口兽药的，应当在有效期届满前6个月到发证机关申请再注册。

第三十五条 境外企业不得在中国直接销售兽药。境外企业在中国销售兽药，应当依法在中国境内设立销售机构或者委托符合条件的中国境内代理机构。

进口在中国已取得进口兽药注册证书的兽药的，中国境内代理机构凭进口兽药注册证书到口岸所在地人民政府兽医行政管理部门办理进口兽药通关单。海关凭进口兽药通关单放行。兽药进口管理办法由国务院兽医行政管理部门会同海关总署制定。

兽用生物制品进口后，应当依照本条例第十九条的规定进行审查核对和抽查检验。其他兽药进口后，由当地兽医行政管理部门通知兽药检验机构进行抽查检验。

第三十六条　禁止进口下列兽药：

（一）药效不确定、不良反应大以及可能对养殖业、人体健康造成危害或者存在潜在风险的；

（二）来自疫区可能造成疫病在中国境内传播的兽用生物制品；

（三）经考查生产条件不符合规定的；

（四）国务院兽医行政管理部门禁止生产、经营和使用的。

第三十七条　向中国境外出口兽药，进口方要求提供兽药出口证明文件的，国务院兽医行政管理部门或者企业所在地的省、自治区、直辖市人民政府兽医行政管理部门可以出具出口兽药证明文件。

国内防疫急需的疫苗，国务院兽医行政管理部门可以限制或者禁止出口。

第六章　兽 药 使 用

第三十八条　兽药使用单位，应当遵守国务院兽医行政管理部门制定的兽药安全使用规定，并建立用药记录。

第三十九条　禁止使用假、劣兽药以及国务院兽医行政管理部门规定禁止使用的药品和其他化合物。禁止使用的药品和其他化合物目录由国务院兽医行政管理部门制定公布。

第四十条　有休药期规定的兽药用于食用动物时，饲养者应当向购买者或者屠宰者提供准确、真实的用药记录；购买者或者屠宰者应当确保动物及其产品在用药期、休药期内不被用于食品消费。

第四十一条　国务院兽医行政管理部门，负责制定公布在饲料中允许添加的药物饲料添加剂品种目录。

禁止在饲料和动物饮用水中添加激素类药品和国务院兽医行政管理部门规定的其他禁用药品。

经批准可以在饲料中添加的兽药，应当由兽药生产企业制成药物饲料添加剂后方可添加。禁止将原料药直接添加到饲料及动物饮用水中或者直接饲喂动物。

禁止将人用药品用于动物。

第四十二条　国务院兽医行政管理部门，应当制定并组织实施国家动物及动物产品兽药残留监控计划。

县级以上人民政府兽医行政管理部门，负责组织对动物产品中兽药残留量的检测。兽药残留检测结果，由国务院兽医行政管理部门或者省、自治区、直辖市人民政府兽医行政管理部门按照权限予以公布。

动物产品的生产者、销售者对检测结果有异议的，可以自收到检测结果之日起7个工作日内向组织实施兽药残留检测的兽医行政管理部门或者其上级兽医行政管理部门提出申请，由受理申请的兽医行政管理部门指定检验机构进行复检。

兽药残留限量标准和残留检测方法，由国务院兽医行政管理部门制定发布。

第四十三条 禁止销售含有违禁药物或者兽药残留量超过标准的食用动物产品。

第七章 兽药监督管理

第四十四条 县级以上人民政府兽医行政管理部门行使兽药监督管理权。

兽药检验工作由国务院兽医行政管理部门和省、自治区、直辖市人民政府兽医行政管理部门设立的兽药检验机构承担。国务院兽医行政管理部门，可以根据需要认定其他检验机构承担兽药检验工作。

当事人对兽药检验结果有异议的，可以自收到检验结果之日起7个工作日内向实施检验的机构或者上级兽医行政管理部门设立的检验机构申请复检。

第四十五条 兽药应当符合兽药国家标准。

国家兽药典委员会拟定的、国务院兽医行政管理部门发布的《中华人民共和国兽药典》和国务院兽医行政管理部门发布的其他兽药质量标准为兽药国家标准。

兽药国家标准的标准品和对照品的标定工作由国务院兽医行政管理部门设立的兽药检验机构负责。

第四十六条 兽医行政管理部门依法进行监督检查时，对有证据证明可能是假、劣兽药的，应当采取查封、扣押的行政强制措施，并自采取行政强制措施之日起7个工作日内作出是否立案的决定；需要检验的，应当自检验报告书发出之日起15个工作日内作出是否立案的决定；不符合立案条件的，应当解除行政强制措施；需要暂停生产的，由国务院兽医行政管理部门或者省、自治区、直辖市人民政府兽医行政管理部门按照权限作出决定；需要暂停经营、使用的，由县级以上人民政府兽医行政管理部门按照权限作出决定。

未经行政强制措施决定机关或者其上级机关批准，不得擅自转移、使用、销毁、销售被查封或者扣押的兽药及有关材料。

第四十七条 有下列情形之一的，为假兽药：

（一）以非兽药冒充兽药或者以他种兽药冒充此种兽药的；

（二）兽药所含成分的种类、名称与兽药国家标准不符合的。

有下列情形之一的，按照假兽药处理：

（一）国务院兽医行政管理部门规定禁止使用的；

（二）依照本条例规定应当经审查批准而未经审查批准即生产、进口的，或者依照本条例规定应当经抽查检验、审查核对而未经抽查检验、审查核对即销售、进口的；

（三）变质的；

（四）被污染的；

（五）所标明的适应证或者功能主治超出规定范围的。

第四十八条 有下列情形之一的，为劣兽药：

（一）成分含量不符合兽药国家标准或者不标明有效成分的；

（二）不标明或者更改有效期或者超过有效期的；

（三）不标明或者更改产品批号的；

（四）其他不符合兽药国家标准，但不属于假兽药的。

第四十九条 禁止将兽用原料药拆零销售或者销售给兽药生产企业以外的单位和个人。

禁止未经兽医开具处方销售、购买、使用国务院兽医行政管理部门规定实行处方药管理的兽药。

第五十条　国家实行兽药不良反应报告制度。

兽药生产企业、经营企业、兽药使用单位和开具处方的兽医人员发现可能与兽药使用有关的严重不良反应，应当立即向所在地人民政府兽医行政管理部门报告。

第五十一条　兽药生产企业、经营企业停止生产、经营超过 6 个月或者关闭的，由发证机关责令其交回兽药生产许可证、兽药经营许可证。

第五十二条　禁止买卖、出租、出借兽药生产许可证、兽药经营许可证和兽药批准证明文件。

第五十三条　兽药评审检验的收费项目和标准，由国务院财政部门会同国务院价格主管部门制定，并予以公告。

第五十四条　各级兽医行政管理部门、兽药检验机构及其工作人员，不得参与兽药生产、经营活动，不得以其名义推荐或者监制、监销兽药。

第八章　法律责任

第五十五条　兽医行政管理部门及其工作人员利用职务上的便利收取他人财物或者谋取其他利益，对不符合法定条件的单位和个人核发许可证、签署审查同意意见，不履行监督职责，或者发现违法行为不予查处，造成严重后果，构成犯罪的，依法追究刑事责任；尚不构成犯罪的，依法给予行政处分。

第五十六条　违反本条例规定，无兽药生产许可证、兽药经营许可证生产、经营兽药的，或者虽有兽药生产许可证、兽药经营许可证，生产、经营假、劣兽药的，或者兽药经营企业经营人用药品的，责令其停止生产、经营，没收用于违法生产的原料、辅料、包装材料及生产、经营的兽药和违法所得，并处违法生产、经营的兽药（包括已出售的和未出售的兽药，下同）货值金额 2 倍以上 5 倍以下罚款，货值金额无法查证核实的，处 10 万元以上 20 万元以下罚款；无兽药生产许可证生产兽药，情节严重的，没收其生产设备；生产、经营假、劣兽药，情节严重的，吊销兽药生产许可证、兽药经营许可证；构成犯罪的，依法追究刑事责任；给他人造成损失的，依法承担赔偿责任。生产、经营企业的主要负责人和直接负责的主管人员终身不得从事兽药的生产、经营活动。

擅自生产强制免疫所需兽用生物制品的，按照无兽药生产许可证生产兽药处罚。

第五十七条　违反本条例规定，提供虚假的资料、样品或者采取其他欺骗手段取得兽药生产许可证、兽药经营许可证或者兽药批准证明文件的，吊销兽药生产许可证、兽药经营许可证或者撤销兽药批准证明文件，并处 5 万元以上 10 万元以下罚款；给他人造成损失的，依法承担赔偿责任。其主要负责人和直接负责的主管人员终身不得从事兽药的生产、经营和进出口活动。

第五十八条　买卖、出租、出借兽药生产许可证、兽药经营许可证和兽药批准证明文件的，没收违法所得，并处 1 万元以上 10 万元以下罚款；情节严重的，吊销兽药生产许可证、兽药经营许可证或者撤销兽药批准证明文件；构成犯罪的，依法追究刑事责任；给他人造成损失的，依法承担赔偿责任。

第五十九条　违反本条例规定，兽药安全性评价单位、临床试验单位、生产和经营企业未按照规定实施兽药研究试验、生产、经营质量管理规范的，给予警告，责令其限期改正；逾期不改正的，责令停止兽药研究试验、生产、经营活动，并处 5 万元以下罚款；情节严重的，吊销兽药生产许可证、兽药经营许可证；给他人造成损失的，依法承担赔偿责任。

违反本条例规定，研制新兽药不具备规定的条件擅自使用一类病原微生物或者在实验室阶段前未经批准的，责令其停止实验，并处5万元以上10万元以下罚款；构成犯罪的，依法追究刑事责任；给他人造成损失的，依法承担赔偿责任。

违反本条例规定，开展新兽药临床试验应当备案而未备案的，责令其立即改正，给予警告，并处5万元以上10万元以下罚款；给他人造成损失的，依法承担赔偿责任。

第六十条　违反本条例规定，兽药的标签和说明书未经批准的，责令其限期改正；逾期不改正的，按照生产、经营假兽药处罚；有兽药产品批准文号的，撤销兽药产品批准文号；给他人造成损失的，依法承担赔偿责任。

兽药包装上未附有标签和说明书，或者标签和说明书与批准的内容不一致的，责令其限期改正；情节严重的，依照前款规定处罚。

第六十一条　违反本条例规定，境外企业在中国直接销售兽药的，责令其限期改正，没收直接销售的兽药和违法所得，并处5万元以上10万元以下罚款；情节严重的，吊销进口兽药注册证书；给他人造成损失的，依法承担赔偿责任。

第六十二条　违反本条例规定，未按照国家有关兽药安全使用规定使用兽药的、未建立用药记录或者记录不完整真实的，或者使用禁止使用的药品和其他化合物的，或者将人用药品用于动物的，责令其立即改正，并对饲喂了违禁药物及其他化合物的动物及其产品进行无害化处理；对违法单位处1万元以上5万元以下罚款；给他人造成损失的，依法承担赔偿责任。

第六十三条　违反本条例规定，销售尚在用药期、休药期内的动物及其产品用于食品消费的，或者销售含有违禁药物和兽药残留超标的动物产品用于食品消费的，责令其对含有违禁药物和兽药残留超标的动物产品进行无害化处理，没收违法所得，并处3万元以上10万元以下罚款；构成犯罪的，依法追究刑事责任；给他人造成损失的，依法承担赔偿责任。

第六十四条　违反本条例规定，擅自转移、使用、销毁、销售被查封或者扣押的兽药及有关材料的，责令其停止违法行为，给予警告，并处5万元以上10万元以下罚款。

第六十五条　违反本条例规定，兽药生产企业、经营企业、兽药使用单位和开具处方的兽医人员发现可能与兽药使用有关的严重不良反应，不向所在地人民政府兽医行政管理部门报告的，给予警告，并处5000元以上1万元以下罚款。

生产企业在新兽药监测期内不收集或者不及时报送该新兽药的疗效、不良反应等资料的，责令其限期改正，并处1万元以上5万元以下罚款；情节严重的，撤销该新兽药的产品批准文号。

第六十六条　违反本条例规定，未经兽医开具处方销售、购买、使用兽用处方药的，责令其限期改正，没收违法所得，并处5万元以下罚款；给他人造成损失的，依法承担赔偿责任。

第六十七条　违反本条例规定，兽药生产、经营企业把原料药销售给兽药生产企业以外的单位和个人的，或者兽药经营企业拆零销售原料药的，责令其立即改正，给予警告，没收违法所得，并处2万元以上5万元以下罚款；情节严重的，吊销兽药生产许可证、兽药经营许可证；给他人造成损失的，依法承担赔偿责任。

第六十八条 违反本条例规定，在饲料和动物饮用水中添加激素类药品和国务院兽医行政管理部门规定的其他禁用药品，依照《饲料和饲料添加剂管理条例》的有关规定处罚；直接将原料药添加到饲料及动物饮用水中，或者饲喂动物的，责令其立即改正，并处 1 万元以上 3 万元以下罚款；给他人造成损失的，依法承担赔偿责任。

第六十九条 有下列情形之一的，撤销兽药的产品批准文号或者吊销进口兽药注册证书：

（一）抽查检验连续 2 次不合格的；

（二）药效不确定、不良反应大以及可能对养殖业、人体健康造成危害或者存在潜在风险的；

（三）国务院兽医行政管理部门禁止生产、经营和使用的兽药。

被撤销产品批准文号或者被吊销进口兽药注册证书的兽药，不得继续生产、进口、经营和使用。已经生产、进口的，由所在地兽医行政管理部门监督销毁，所需费用由违法行为人承担；给他人造成损失的，依法承担赔偿责任。

第七十条 本条例规定的行政处罚由县级以上人民政府兽医行政管理部门决定；其中吊销兽药生产许可证、兽药经营许可证，撤销兽药批准证明文件或者责令停止兽药研究试验的，由发证、批准、备案部门决定。

上级兽医行政管理部门对下级兽医行政管理部门违反本条例的行政行为，应当责令限期改正；逾期不改正的，有权予以改变或者撤销。

第七十一条 本条例规定的货值金额以违法生产、经营兽药的标价计算；没有标价的，按照同类兽药的市场价格计算。

第九章 附 则

第七十二条 本条例下列用语的含义是：

（一）兽药，是指用于预防、治疗、诊断动物疾病或者有目的地调节动物生理机能的物质（含药物饲料添加剂），主要包括：血清制品、疫苗、诊断制品、微生态制品、中药材、中成药、化学药品、抗生素、生化药品、放射性药品及外用杀虫剂、消毒剂等。

（二）兽用处方药，是指凭兽医处方方可购买和使用的兽药。

（三）兽用非处方药，是指由国务院兽医行政管理部门公布的、不需要凭兽医处方就可以自行购买并按照说明书使用的兽药。

（四）兽药生产企业，是指专门生产兽药的企业和兼产兽药的企业，包括从事兽药分装的企业。

（五）兽药经营企业，是指经营兽药的专营企业或者兼营企业。

（六）新兽药，是指未曾在中国境内上市销售的兽用药品。

（七）兽药批准证明文件，是指兽药产品批准文号、进口兽药注册证书、出口兽药证明文件、新兽药注册证书等文件。

第七十三条 兽用麻醉药品、精神药品、毒性药品和放射性药品等特殊药品，依照国家有关规定管理。

第七十四条 水产养殖中的兽药使用、兽药残留检测和监督管理以及水产养殖过程中违法用药的行政处罚，由县级以上人民政府渔业主管部门及其所属的渔政监督管理机构负责。

第七十五条 本条例自 2004 年 11 月 1 日起施行。

附　录　4
中华人民共和国畜牧法（2015 年修订）

2005 年 12 月 29 日第十届全国人民代表大会常务委员会第十九次会议通过，根据 2015 年 4 月 24 日第十二届全国人民代表大会常务委员会第十四次会议《关于修改＜中华人民共和国计量法＞等五部法律的决定》修正。

第一章　总　　则

第一条　为了规范畜牧业生产经营行为，保障畜禽产品质量安全，保护和合理利用畜禽遗传资源，维护畜牧业生产经营者的合法权益，促进畜牧业持续健康发展，制定本法。

第二条　在中华人民共和国境内从事畜禽的遗传资源保护利用、繁育、饲养、经营、运输等活动，适用本法。本法所称畜禽，是指列入依照本法第十一条规定公布的畜禽遗传资源目录的畜禽。蜂、蚕的资源保护利用和生产经营，适用本法有关规定。

第三条　国家支持畜牧业发展，发挥畜牧业在发展农业、农村经济和增加农民收入中的作用。县级以上人民政府应当采取措施，加强畜牧业基础设施建设，鼓励和扶持发展规模化养殖，推进畜牧产业化经营，提高畜牧业综合生产能力，发展优质、高效、生态、安全的畜牧业。国家帮助和扶持少数民族地区、贫困地区畜牧业的发展，保护和合理利用草原，改善畜牧业生产条件。

第四条　国家采取措施，培养畜牧兽医专业人才，发展畜牧兽医科学技术研究和推广事业，开展畜牧兽医科学技术知识的教育宣传工作和畜牧兽医信息服务，推进畜牧业科技进步。

第五条　畜牧业生产经营者可以依法自愿成立行业协会，为成员提供信息、技术、营销、培训等服务，加强行业自律，维护成员和行业利益。

第六条　畜牧业生产经营者应当依法履行动物防疫和环境保护义务，接受有关主管部门依法实施的监督检查。

第七条　国务院畜牧兽医行政主管部门负责全国畜牧业的监督管理工作。县级以上地方人民政府畜牧兽医行政主管部门负责本行政区域内的畜牧业监督管理工作。县级以上人民政府有关主管部门在各自的职责范围内，负责有关促进畜牧业发展的工作。

第八条　国务院畜牧兽医行政主管部门应当指导畜牧业生产经营者改善畜禽繁育、饲养、运输的条件和环境。

第二章　畜禽遗传资源保护

第九条　国家建立畜禽遗传资源保护制度。各级人民政府应当采取措施，加强畜禽遗传资源保护，畜禽遗传资源保护经费列入财政预算。畜禽遗传资源保护以国家为主，鼓励和支持有关单位、个人依法发展畜禽遗传资源保护事业。

第十条　国务院畜牧兽医行政主管部门设立由专业人员组成的国家畜禽遗传资源委员会，负责畜禽遗传资源的鉴定、评估和畜禽新品种、配套系的审定，承担畜禽遗传资源保护和利用规划论证及有关畜禽遗传资源保护的咨询工作。

第十一条　国务院畜牧兽医行政主管部门负责组织畜禽遗传资源的调查工作，发布国家畜禽遗传资源状况报告，公布经国务院批准的畜禽遗传资源目录。

第十二条　国务院畜牧兽医行政主管部门根据畜禽遗传资源分布状况，制定全国畜禽遗传资源保护和利用规划，制定并公布国家级畜禽遗传资源保护名录，对原产我国的珍贵、稀有、濒危的畜禽遗传资源实行重点保护。省级人民政府畜牧兽医行政主管部门根据全国畜禽遗传资源保护和利用规划及本行政区域内畜禽遗传资源状况，制定和公布省级畜禽遗传资源保护名录，并报国务院畜牧兽医行政主管部门备案。

第十三条　国务院畜牧兽医行政主管部门根据全国畜禽遗传资源保护和利用规划及国家级畜禽遗传资源保护名录，省级人民政府畜牧兽医行政主管部门根据省级畜禽遗传资源保护名录，分别建立或者确定畜禽遗传资源保种场、保护区和基因库，承担畜禽遗传资源保护任务。享受中央和省级财政资金支持的畜禽遗传资源保种场、保护区和基因库，未经国务院畜牧兽医行政主管部门或者省级人民政府畜牧兽医行政主管部门批准，不得擅自处理受保护的畜禽遗传资源。畜禽遗传资源基因库应当按照国务院畜牧兽医行政主管部门或者省级人民政府畜牧兽医行政主管部门的规定，定期采集和更新畜禽遗传材料。有关单位、个人应当配合畜禽遗传资源基因库采集畜禽遗传材料，并有权获得适当的经济补偿。畜禽遗传资源保种场、保护区和基因库的管理办法由国务院畜牧兽医行政主管部门制定。

第十四条　新发现的畜禽遗传资源在国家畜禽遗传资源委员会鉴定前，省级人民政府畜牧兽医行政主管部门应当制定保护方案，采取临时保护措施，并报国务院畜牧兽医行政主管部门备案。

第十五条　从境外引进畜禽遗传资源的，应当向省级人民政府畜牧兽医行政主管部门提出申请；受理申请的畜牧兽医行政主管部门经审核，报国务院畜牧兽医行政主管部门经评估论证后批准。经批准的，依照《中华人民共和国进出境动植物检疫法》的规定办理相关手续并实施检疫。从境外引进的畜禽遗传资源被发现对境内畜禽遗传资源、生态环境有危害或者可能产生危害的，国务院畜牧兽医行政主管部门应当商有关主管部门，采取相应的安全控制措施。

第十六条　向境外输出或者在境内与境外机构、个人合作研究利用列入保护名录的畜禽遗传资源的，应当向省级人民政府畜牧兽医行政主管部门提出申请，同时提出国家共享惠益的方案；受理申请的畜牧兽医行政主管部门经审核，报国务院畜牧兽医行政主管部门批准。向境外输出畜禽遗传资源的，还应当依照《中华人民共和国进出境动植物检疫法》的规定办理相关手续并实施检疫。新发现的畜禽遗传资源在国家畜禽遗传资源委员会鉴定前，不得向境外输出，不得与境外机构、个人合作研究利用。

第十七条　畜禽遗传资源的进出境和对外合作研究利用的审批办法由国务院规定。

第三章　种畜禽品种选育与生产经营

第十八条　国家扶持畜禽品种的选育和优良品种的推广使用，支持企业、院校、科研机构和技术推广单位开展联合育种，建立畜禽良种繁育体系。

第十九条　培育的畜禽新品种、配套系和新发现的畜禽遗传资源在推广前，应当通过国家畜禽遗传资源委员会审定或者鉴定，并由国务院畜牧兽医行政主管部门公告。畜禽新品种、配套系的审定办法和畜禽遗传资源的鉴定办法，由国务院畜牧兽医行政主管部门制定。审定或者鉴定所需的试验、检测等费用由申请者承担，收费办法由国务院财政、价格部门会同国务院畜牧兽医行政主管部门制定。培育新的畜禽品种、配套系进行中间试验，应当经试验所在地省级人民政府畜牧兽医行政主管部门批准。畜禽新品种、配套系培育者的合法权益受法律保护。

第二十条　转基因畜禽品种的培育、试验、审定和推广，应当符合国家有关农业转基因生物管理的规定。

第二十一条　省级以上畜牧兽医技术推广机构可以组织开展种畜优良个体登记，向社会推荐优良种畜。优良种畜登记规则由国务院畜牧兽医行政主管部门制定。

第二十二条　从事种畜禽生产经营或者生产商品代仔畜、雏禽的单位、个人，应当取得种畜禽生产经营许可证。申请取得种畜禽生产经营许可证，应当具备下列条件：

（一）生产经营的种畜禽必须是通过国家畜禽遗传资源委员会审定或者鉴定的品种、配套系，或者是经批准引进的境外品种、配套系；

（二）有与生产经营规模相适应的畜牧兽医技术人员；

（三）有与生产经营规模相适应的繁育设施设备；

（四）具备法律、行政法规和国务院畜牧兽医行政主管部门规定的种畜禽防疫条件；

（五）有完善的质量管理和育种记录制度；

（六）具备法律、行政法规规定的其他条件。

第二十三条　申请取得生产家畜卵子、冷冻精液、胚胎等遗传材料的生产经营许可证，除应当符合本法第二十二条第二款规定的条件外，还应当具备下列条件：

（一）符合国务院畜牧兽医行政主管部门规定的实验室、保存和运输条件；

（二）符合国务院畜牧兽医行政主管部门规定的种畜数量和质量要求；

（三）体外授精取得的胚胎、使用的卵子来源明确，供体畜符合国家规定的种畜健康标准和质量要求；

（四）符合国务院畜牧兽医行政主管部门规定的其他技术要求。

第二十四条　申请取得生产家畜卵子、冷冻精液、胚胎等遗传材料的生产经营许可证，应当向省级人民政府畜牧兽医行政主管部门提出申请。受理申请的畜牧兽医行政主管部门应当自收到申请之日起六十个工作日内依法决定是否发给生产经营许可证。

其他种畜禽的生产经营许可证由县级以上地方人民政府畜牧兽医行政主管部门审核发放，具体审核发放办法由省级人民政府规定。种畜禽生产经营许可证样式由国务院畜牧兽医行政主管部门制定，许可证有效期为三年。发放种畜禽生产经营许可证可以收取工本费，具体收费管理办法由国务院财政、价格部门制定。

第二十五条　种畜禽生产经营许可证应当注明生产经营者名称、场（厂）址、生产经营范围及许可证有效期的起止日期等。禁止任何单位、个人无种畜禽生产经营许可证或者违反种畜禽生产经营许可证的规定生产经营种畜禽。禁止伪造、变造、转让、租借种畜禽生产经营许可证。

第二十六条　农户饲养的种畜禽用于自繁自养和有少量剩余仔畜、雏禽出售的，农户饲养种公畜进行互助配种的，不需要办理种畜禽生产经营许可证。

第二十七条　专门从事家畜人工授精、胚胎移植等繁殖工作的人员，应当取得相应的国家职业资格证书。

第二十八条　发布种畜禽广告的，广告主应当提供种畜禽生产经营许可证和营业执照。广告内容应当符合有关法律、行政法规的规定，并注明种畜禽品种、配套系的审定或者鉴定名称；对主要性状的描述应当符合该品种、配套系的标准。

第二十九条　销售的种畜禽和家畜配种站（点）使用的种公畜，必须符合种用标准。销售种畜禽时，应当附具种畜禽场出具的种畜禽合格证明、动物防疫监督机构出具的检疫合格证明，销售的种畜还应当附具种畜禽场出具的家畜系谱。生产家畜卵子、冷冻精液、胚胎等遗传材料，应当有完整的采集、销售、移植等记录，记录应当保存二年。

第三十条　销售种畜禽，不得有下列行为：

（一）以其他畜禽品种、配套系冒充所销售的种畜禽品种、配套系；

（二）以低代别种畜禽冒充高代别种畜禽；

（三）以不符合种用标准的畜禽冒充种畜禽；

（四）销售未经批准进口的种畜禽；

（五）销售未附具本法第二十九条规定的种畜禽合格证明、检疫合格证明的种畜禽或者未附具家畜系谱的种畜；

（六）销售未经审定或者鉴定的种畜禽品种、配套系。

第三十一条　申请进口种畜禽的，应当持有种畜禽生产经营许可证。进口种畜禽的批准文件有效期为六个月。进口的种畜禽应当符合国务院畜牧兽医行政主管部门规定的技术要求。首次进口的种畜禽还应当由国家畜禽遗传资源委员会进行种用性能的评估。种畜禽的进出口管理除适用前两款的规定外，还适用本法第十五条和第十六条的相关规定。国家鼓励畜禽养殖者对进口的畜禽进行新品种、配套系的选育；选育的新品种、配套系在推广前，应当经国家畜禽遗传资源委员会审定。

第三十二条　种畜禽场和孵化场（厂）销售商品代仔畜、雏禽的，应当向购买者提供其销售的商品代仔畜、雏禽的主要生产性能指标、免疫情况、饲养技术要求和有关咨询服务，并附具动物防疫监督机构出具的检疫合格证明。销售种畜禽和商品代仔畜、雏禽，因质量问题给畜禽养殖者造成损失的，应当依法赔偿损失。

第三十三条　县级以上人民政府畜牧兽医行政主管部门负责种畜禽质量安全的监督管理工作。种畜禽质量安全的监督检验应当委托具有法定资质的种畜禽质量检验机构进行；所需检验费用按照国务院规定列支，不得向被检验人收取。

第三十四条　蚕种的资源保护、新品种选育、生产经营和推广适用本法有关规定，具体管理办法由国务院农业行政主管部门制定。

第四章　畜　禽　养　殖

第三十五条　县级以上人民政府畜牧兽医行政主管部门应当根据畜牧业发展规划和市场需求，引导和支持畜牧业结构调整，发展优势畜禽生产，提高畜禽产品市场竞争力。国家支持草原牧区开展草原围栏、草原水利、草原改良、饲草饲料基地等草原基本建设，优化畜群结构，改良牲畜品种，转变生产方式，发展舍饲圈养、划区轮牧，逐步实现畜草平衡，改善草原生态环境。

第三十六条　国务院和省级人民政府应当在其财政预算内安排支持畜牧业发展的良种补贴、贴息补助等资金，并鼓励有关金融机构通过提供贷款、保险服务等形式，支持畜禽养殖者购买优良畜禽、繁育良种、改善生产设施、扩大养殖规模，提高养殖效益。

第三十七条　国家支持农村集体经济组织、农民和畜牧业合作经济组织建立畜禽养殖场、养殖小区，发展规模化、标准化养殖。乡（镇）土地利用总体规划应当根据本地实际情况安排畜禽养殖用地。农村集体经济组织、农民、畜牧业合作经济组织按照乡（镇）土地利用总体规划建立的畜禽养殖场、养殖小区用地按农业用地管理。畜禽养殖场、养殖小区用地使用权期限届满，需要恢复为原用途的，由畜禽养殖场、养殖小区土地使用权人负责恢复。在畜禽养殖场、养殖小区用地范围内需要兴建永久性建（构）筑物，涉及农用地转用的，依照《中华人民共和国土地管理法》的规定办理。

第三十八条　国家设立的畜牧兽医技术推广机构，应当向农民提供畜禽养殖技术培训、良种推广、疫病防治等服务。县级以上人民政府应当保障国家设立的畜牧兽医技术推广机构从事公益性技术服务的工作经费。国家鼓励畜禽产品加工企业和其他相关生产经营者为畜禽养殖者提供所需的服务。

第三十九条　畜禽养殖场、养殖小区应当具备下列条件：

（一）有与其饲养规模相适应的生产场所和配套的生产设施；

（二）有为其服务的畜牧兽医技术人员；

（三）具备法律、行政法规和国务院畜牧兽医行政主管部门规定的防疫条件；

（四）有对畜禽粪便、废水和其他固体废弃物进行综合利用的沼气池等设施或者其他无害化处理设施；

（五）具备法律、行政法规规定的其他条件。养殖场、养殖小区兴办者应当将养殖场、养殖小区的名称、养殖地址、畜禽品种和养殖规模，向养殖场、养殖小区所在地县级人民政府畜牧兽医行政主管部门备案，取得畜禽标识代码。省级人民政府根据本行政区域畜牧业发展状况制定畜禽养殖场、养殖小区的规模标准和备案程序。

第四十条　禁止在下列区域内建设畜禽养殖场、养殖小区：

（一）生活饮用水的水源保护区，风景名胜区，以及自然保护区的核心区和缓冲区；

（二）城镇居民区、文化教育科学研究区等人口集中区域；

（三）法律、法规规定的其他禁养区域。

第四十一条　畜禽养殖场应当建立养殖档案，载明以下内容：

（一）畜禽的品种、数量、繁殖记录、标识情况、来源和进出场日期；

（二）饲料、饲料添加剂、兽药等投入品的来源、名称、使用对象、时间和用量；

（三）检疫、免疫、消毒情况；

（四）畜禽发病、死亡和无害化处理情况；

（五）国务院畜牧兽医行政主管部门规定的其他内容。

第四十二条　畜禽养殖场应当为其饲养的畜禽提供适当的繁殖条件和生存、生长环境。

第四十三条　从事畜禽养殖，不得有下列行为：

（一）违反法律、行政法规的规定和国家技术规范的强制性要求使用饲料、饲料添加剂、兽药；

（二）使用未经高温处理的餐馆、食堂的泔水饲喂家畜；

（三）在垃圾场或者使用垃圾场中的物质饲养畜禽；

（四）法律、行政法规和国务院畜牧兽医行政主管部门规定的危害人和畜禽健康的其他行为。

第四十四条　从事畜禽养殖，应当依照《中华人民共和国动物防疫法》的规定，做好畜禽疫病的防治工作。

第四十五条　畜禽养殖者应当按照国家关于畜禽标识管理的规定，在应当加施标识的畜禽的指定部位加施标识。畜牧兽医行政主管部门提供标识不得收费，所需费用列入省级人民政府财政预算。畜禽标识不得重复使用。

第四十六条　畜禽养殖场、养殖小区应当保证畜禽粪便、废水及其他固体废弃物综合利用或者无害化处理设施的正常运转，保证污染物达标排放，防止污染环境。畜禽养殖场、养殖小区违法排放畜禽粪便、废水及其他固体废弃物，造成环境污染危害的，应当排除危害，依法赔偿损失。国家支持畜禽养殖场、养殖小区建设畜禽粪便、废水及其他固体废弃物的综合利用设施。

第四十七条　国家鼓励发展养蜂业，维护养蜂生产者的合法权益。有关部门应当积极宣传和推广蜜蜂授粉农艺措施。

第四十八条　养蜂生产者在生产过程中，不得使用危害蜂产品质量安全的药品和容器，确保蜂产品质量。养蜂器具应当符合国家技术规范的强制性要求。

第四十九条　养蜂生产者在转地放蜂时，当地公安、交通运输、畜牧兽医等有关部门应当为其提供必要的便利。养蜂生产者在国内转地放蜂，凭国务院畜牧兽医行政主管部门统一格式印制的检疫合格证明运输蜂群，在检疫合格证明有效期内不得重复检疫。

第五章　畜禽交易与运输

第五十条　县级以上人民政府应当促进开放统一、竞争有序的畜禽交易市场建设。县级以上人民政府畜牧兽医行政主管部门和其他有关主管部门应当组织搜集、整理、发布畜禽产销信息，为生产者提供信息服务。

第五十一条　县级以上地方人民政府根据农产品批发市场发展规划，对在畜禽集散地建立畜禽批发市场给予扶持。畜禽批发市场选址，应当符合法律、行政法规和国务院畜牧兽医行政主管部门规定的动物防疫条件，并距离种畜禽场和大型畜禽养殖场三公里以外。

第五十二条　进行交易的畜禽必须符合国家技术规范的强制性要求。国务院畜牧兽医行政主管部门规定应当加施标识而没有标识的畜禽，不得销售和收购。

第五十三条　运输畜禽，必须符合法律、行政法规和国务院畜牧兽医行政主管部门规定的动物防疫条件，采取措施保护畜禽安全，并为运输的畜禽提供必要的空间和饲喂饮水条件。有关部门对运输中的畜禽进行检查，应当有法律、行政法规的依据。

第六章　质量安全保障

第五十四条　县级以上人民政府应当组织畜牧兽医行政主管部门和其他有关主管部门，依照本法和有关法律、行政法规的规定，加强对畜禽饲养环境、种畜禽质量、饲料和兽药等投入品的使用以及畜禽交易与运输的监督管理。

第五十五条　国务院畜牧兽医行政主管部门应当制定畜禽标识和养殖档案管理办法，采取措施落实畜禽产品质量责任追究制度。

第五十六条　县级以上人民政府畜牧兽医行政主管部门应当制定畜禽质量安全监督检查计划，按计划开展监督抽查工作。

第五十七条　省级以上人民政府畜牧兽医行政主管部门应当组织制定畜禽生产规范，指导畜禽的安全生产。

第七章 法 律 责 任

第五十八条 违反本法第十三条第二款规定，擅自处理受保护的畜禽遗传资源，造成畜禽遗传资源损失的，由省级以上人民政府畜牧兽医行政主管部门处五万元以上五十万元以下罚款。

第五十九条 违反本法有关规定，有下列行为之一的，由省级以上人民政府畜牧兽医行政主管部门责令停止违法行为，没收畜禽遗传资源和违法所得，并处一万元以上五万元以下罚款：

（一）未经审核批准，从境外引进畜禽遗传资源的；

（二）未经审核批准，在境内与境外机构、个人合作研究利用列入保护名录的畜禽遗传资源的；

（三）在境内与境外机构、个人合作研究利用未经国家畜禽遗传资源委员会鉴定的新发现的畜禽遗传资源的。

第六十条 未经国务院畜牧兽医行政主管部门批准，向境外输出畜禽遗传资源的，依照《中华人民共和国海关法》的有关规定追究法律责任。海关应当将扣留的畜禽遗传资源移送省级人民政府畜牧兽医行政主管部门处理。

第六十一条 违反本法有关规定，销售、推广未经审定或者鉴定的畜禽品种的，由县级以上人民政府畜牧兽医行政主管部门责令停止违法行为，没收畜禽和违法所得；违法所得在五万元以上的，并处违法所得一倍以上三倍以下罚款；没有违法所得或者违法所得不足五万元的，并处五千元以上五万元以下罚款。

第六十二条 违反本法有关规定，无种畜禽生产经营许可证或者违反种畜禽生产经营许可证的规定生产经营种畜禽的，转让、租借种畜禽生产经营许可证的，由县级以上人民政府畜牧兽医行政主管部门责令停止违法行为，没收违法所得；违法所得在三万元以上的，并处违法所得一倍以上三倍以下罚款；没有违法所得或者违法所得不足三万元的，并处三千元以上三万元以下罚款。违反种畜禽生产经营许可证的规定生产经营种畜禽或者转让、租借种畜禽生产经营许可证，情节严重的，并处吊销种畜禽生产经营许可证。

第六十三条 违反本法第二十八条规定的，依照《中华人民共和国广告法》的有关规定追究法律责任。

第六十四条 违反本法有关规定，使用的种畜禽不符合种用标准的，由县级以上地方人民政府畜牧兽医行政主管部门责令停止违法行为，没收违法所得；违法所得在五千元以上的，并处违法所得一倍以上二倍以下罚款；没有违法所得或者违法所得不足五千元的，并处一千元以上五千元以下罚款。

第六十五条 销售种畜禽有本法第三十条第一项至第四项违法行为之一的，由县级以上人民政府畜牧兽医行政主管部门或者工商行政管理部门责令停止销售，没收违法销售的畜禽和违法所得；违法所得在五万元以上的，并处违法所得一倍以上五倍以下罚款；没有违法所得或者违法所得不足五万元的，并处五千元以上五万元以下罚款；情节严重的，并处吊销种畜禽生产经营许可证或者营业执照。

第六十六条 违反本法第四十一条规定，畜禽养殖场未建立养殖档案的，或者未按照规定保存养殖档案的，由县级以上人民政府畜牧兽医行政主管部门责令限期改正，可以处一万元以下罚款。

第六十七条　违反本法第四十三条规定养殖畜禽的，依照有关法律、行政法规的规定处罚。

第六十八条　违反本法有关规定，销售的种畜禽未附具种畜禽合格证明、检疫合格证明、家畜系谱的，销售、收购国务院畜牧兽医行政主管部门规定应当加施标识而没有标识的畜禽的，或者重复使用畜禽标识的，由县级以上地方人民政府畜牧兽医行政主管部门或者工商行政管理部门责令改正，可以处二千元以下罚款。违反本法有关规定，使用伪造、变造的畜禽标识的，由县级以上人民政府畜牧兽医行政主管部门没收伪造、变造的畜禽标识和违法所得，并处三千元以上三万元以下罚款。

第六十九条　销售不符合国家技术规范的强制性要求的畜禽的，由县级以上地方人民政府畜牧兽医行政主管部门或者工商行政管理部门责令停止违法行为，没收违法销售的畜禽和违法所得，并处违法所得一倍以上三倍以下罚款；情节严重的，由工商行政管理部门并处吊销营业执照。

第七十条　畜牧兽医行政主管部门的工作人员利用职务上的便利，收受他人财物或者谋取其他利益，对不符合法定条件的单位、个人核发许可证或者有关批准文件，不履行监督职责，或者发现违法行为不予查处的，依法给予行政处分。

第七十一条　违反本法规定，构成犯罪的，依法追究刑事责任。

第八章　附　　则

第七十二条　本法所称畜禽遗传资源，是指畜禽及其卵子（蛋）、胚胎、精液、基因物质等遗传材料。本法所称种畜禽，是指经过选育、具有种用价值、适于繁殖后代的畜禽及其卵子（蛋）、胚胎、精液等。

第七十三条　本法自 2006 年 7 月 1 日起施行。

附 录 5
执业兽医管理办法

《执业兽医管理办法》经 2008 年 11 月 4 日农业部第 8 次常务会议审议通过，自 2009 年 1 月 1 日起施行，经 2013 年 9 月 28 日中华人民共和国农业部令 2013 年第 3 号《农业部关于修订〈执业兽医管理办法〉的决定》和 2013 年 12 月 31 日中华人民共和国农业部令 2013 年第 5 号《农业部关于修订部分规章的决定》修订。

第一章　总　　则

第一条　为了规范执业兽医执业行为，提高执业兽医业务素质和职业道德水平，保障执业兽医合法权益，保护动物健康和公共卫生安全，根据《中华人民共和国动物防疫法》，制定本办法。

第二条　在中华人民共和国境内从事动物诊疗和动物保健活动的兽医人员适用本办法。

第三条　本办法所称执业兽医，包括执业兽医师和执业助理兽医师。

第四条　农业部主管全国执业兽医管理工作。

县级以上地方人民政府兽医主管部门主管本行政区域内的执业兽医管理工作。

县级以上地方人民政府设立的动物卫生监督机构负责执业兽医的监督执法工作。

第五条　县级以上人民政府兽医主管部门应当对在预防、控制和扑灭动物疫病工作中做出突出贡献的执业兽医，按照国家有关规定给予表彰和奖励。

第六条　执业兽医应当具备良好的职业道德，按照有关动物防疫、动物诊疗和兽药管理等法律、行政法规和技术规范的要求，依法执业。

执业兽医应当定期参加兽医专业知识和相关政策法规教育培训，不断提高业务素质。

第七条　执业兽医依法履行职责，其权益受法律保护。

鼓励成立兽医行业协会，实行行业自律，规范从业行为，提高服务水平。

第二章　资格考试

第八条　国家实行执业兽医资格考试制度。执业兽医资格考试由农业部组织，全国统一大纲、统一命题、统一考试。

第九条　具有兽医、畜牧兽医、中兽医（民族兽医）或者水产养殖专业大学专科以上学历的人员，可以参加执业兽医资格考试。

第十条　执业兽医资格考试内容包括兽医综合知识和临床技能两部分。

第十一条　农业部组织成立全国执业兽医资格考试委员会。考试委员会负责审定考试科目、考试大纲、考试试题，对考试工作进行监督、指导和确定合格标准。

第十二条　农业部执业兽医管理办公室承担考试委员会的日常工作，负责拟订考试科目、编写考试大纲、建立考试题库、组织考试命题，并提出考试合格标准建议等。

第十三条　执业兽医资格考试成绩符合执业兽医师标准的，取得执业兽医师资格证书；符合执业助理兽医师资格标准的，取得执业助理兽医师资格证书。

执业兽医师资格证书和执业助理兽医师资格证书由省、自治区、直辖市人民政府兽医主管部门颁发。

第三章　执业注册和备案

第十四条　取得执业兽医师资格证书，从事动物诊疗活动的，应当向注册机关申请兽医执业注册；取得执业助理兽医师资格证书，从事动物诊疗辅助活动的，应当向注册机关备案。

第十五条　申请兽医执业注册或者备案的，应当向注册机关提交下列材料：

（一）注册申请表或者备案表；

（二）执业兽医资格证书及其复印件；

（三）医疗机构出具的六个月内的健康体检证明；

（四）身份证明原件及其复印件；

（五）动物诊疗机构聘用证明及其复印件；申请人是动物诊疗机构法定代表人（负责人）的，提供动物诊疗许可证复印件。

第十六条　注册机关收到执业兽医师注册申请后，应当在 20 个工作日内完成对申请材料的审核。经审核合格的，发给兽医师执业证书；不合格的，书面通知申请人，并说明理由。

注册机关收到执业助理兽医师备案材料后，应当及时对备案材料进行审查，材料齐全、真实的，应当发给助理兽医师执业证书。

第十七条　兽医师执业证书和助理兽医师执业证书应当载明姓名、执业范围、受聘动物诊疗机构名称等事项。

兽医师执业证书和助理兽医师执业证书的格式由农业部规定，由省、自治区、直辖市人民政府兽医主管部门统一印制。

第十八条　有下列情形之一的，不予发放兽医师执业证书或者助理兽医师执业证书：

（一）不具有完全民事行为能力的；

（二）被吊销兽医师执业证书或者助理兽医师执业证书不满两年的；

（三）患有国家规定不得从事动物诊疗活动的人畜共患传染病的。

第十九条　执业兽医变更受聘的动物诊疗机构的，应当按照本办法的规定重新办理注册或者备案手续。

第二十条　县级以上地方人民政府兽医主管部门应当将注册和备案的执业兽医名单逐级汇总报农业部。

第四章　执业活动管理

第二十一条　执业兽医不得同时在两个或者两个以上动物诊疗机构执业，但动物诊疗机构间的会诊、支援、应邀出诊、急救除外。

第二十二条　执业兽医师可以从事动物疾病的预防、诊断、治疗和开具处方、填写诊断书、出具有关证明文件等活动。

第二十三条　执业助理兽医师在执业兽医师指导下协助开展兽医执业活动，但不得开具处方、填写诊断书、出具有关证明文件。

第二十四条　兽医、畜牧兽医、中兽医（民族兽医）、水产养殖专业的学生可以在执业兽医师指导下进行专业实习。

第二十五条　经注册和备案专门从事水生动物疫病诊疗的执业兽医师和执业助理兽医师，不得从事其他动物疫病诊疗。

第二十六条　执业兽医在执业活动中应当履行下列义务：

（一）遵守法律、法规、规章和有关管理规定；

（二）按照技术操作规范从事动物诊疗和动物诊疗辅助活动；

（三）遵守职业道德，履行兽医职责；

（四）爱护动物，宣传动物保健知识和动物福利。

第二十七条　执业兽医师应当使用规范的处方笺、病历册，并在处方笺、病历册上签名。未经亲自诊断、治疗，不得开具处方药、填写诊断书、出具有关证明文件。

执业兽医师不得伪造诊断结果，出具虚假证明文件。

第二十八条　执业兽医在动物诊疗活动中发现动物染疫或者疑似染疫的，应当按照国家规定立即向当地兽医主管部门、动物卫生监督机构或者动物疫病预防控制机构报告，并采取隔离等控制措施，防止动物疫情扩散。

执业兽医在动物诊疗活动中发现动物患有或者疑似患有国家规定应当扑杀的疫病时，不得擅自进行治疗。

第二十九条　执业兽医应当按照国家有关规定合理用药，不得使用假劣兽药和农业部规定禁止使用的药品及其他化合物。

执业兽医师发现可能与兽药使用有关的严重不良反应的，应当立即向所在地人民政府兽医主管部门报告。

第三十条 执业兽医应当按照当地人民政府或者兽医主管部门的要求，参加预防、控制和扑灭动物疫病活动，其所在单位不得阻碍、拒绝。

第三十一条 执业兽医应当于每年 3 月底前将上年度兽医执业活动情况向注册机关报告。

第五章 罚 则

第三十二条 违反本办法规定，执业兽医有下列情形之一的，由动物卫生监督机构按照《中华人民共和国动物防疫法》第八十二条第一款的规定予以处罚；情节严重的，并报原注册机关收回、注销兽医师执业证书或者助理兽医师执业证书：

（一）超出注册机关核定的执业范围从事动物诊疗活动的；

（二）变更受聘的动物诊疗机构未重新办理注册或者备案的。

第三十三条 使用伪造、变造、受让、租用、借用的兽医师执业证书或者助理兽医师执业证书的，动物卫生监督机构应当依法收缴，并按照《中华人民共和国动物防疫法》第八十二条第一款的规定予以处罚。

第三十四条 执业兽医有下列情形之一的，原注册机关应当收回、注销兽医师执业证书或者助理兽医师执业证书：

（一）死亡或者被宣告失踪的；

（二）中止兽医执业活动满两年的；

（三）被吊销兽医师执业证书或者助理兽医师执业证书的；

（四）连续两年没有将兽医执业活动情况向注册机关报告，且拒不改正的；

（五）出让、出租、出借兽医师执业证书或者助理兽医师执业证书的。

第三十五条 执业兽医师在动物诊疗活动中有下列情形之一的，由动物卫生监督机构给予警告，责令限期改正；拒不改正或者再次出现同类违法行为的，处一千元以下罚款：

（一）不使用病历，或者应当开具处方未开具处方的；

（二）使用不规范的处方笺、病历册，或者未在处方笺、病历册上签名的；

（三）未经亲自诊断、治疗，开具处方药、填写诊断书、出具有关证明文件的；

（四）伪造诊断结果，出具虚假证明文件的。

第三十六条 执业兽医在动物诊疗活动中，违法使用兽药的，依照有关法律、行政法规的规定予以处罚。

第三十七条 注册机关及动物卫生监督机构不依法履行审查和监督管理职责，玩忽职守、滥用职权或者徇私舞弊的，对直接负责的主管人员和其他直接责任人员，依照有关规定给予处分；构成犯罪的，依法追究刑事责任。

第六章 附 则

第三十八条 本办法施行前，不具有大学专科以上学历，但已取得兽医师以上专业技术职称，经县级以上地方人民政府兽医主管部门考核合格的，可以参加执业兽医资格考试。

第三十九条 本办法施行前，具有兽医、水产养殖本科以上学历，从事兽医临床教学或者动物诊疗活动，并取得高级兽医师、水产养殖高级工程师以上专业技术职称或者具有同等专业技术职称，经省、自治区、直辖市人民政府兽医主管部门考核合格，报农业部审核批准后颁发执业兽医师资格证书。

第四十条　动物饲养场（养殖小区）、实验动物饲育单位、兽药生产企业、动物园等单位聘用的取得执业兽医师资格证书和执业助理兽医师资格证书的兽医人员，可以凭聘用合同申请兽医执业注册或者备案，但不得对外开展兽医执业活动。

第四十一条　省级人民政府兽医主管部门根据本地区实际，可以决定取得执业助理兽医师资格证书的兽医人员，依照本办法第三章规定的程序注册后，在一定期限内可以开具兽医处方笺。

前款期限由省级人民政府兽医主管部门确定，但不得超过 2017 年 12 月 31 日。经注册的执业助理兽医师，注册机关应当在其执业证书上载明"依法注册"字样和期限，并按执业兽医师进行执业活动管理。

第四十二条　乡村兽医的具体管理办法由农业部另行规定。

第四十三条　外国人和中国香港、澳门、台湾居民申请执业兽医资格考试、注册和备案的具体办法另行制定。

第四十四条　本办法所称注册机关，是指县（市辖区）级人民政府兽医主管部门；市辖区未设立兽医主管部门的，注册机关为上一级兽医主管部门。

第四十五条　本办法自 2009 年 1 月 1 日起施行。

附 录 6
动物诊疗机构管理办法

《动物诊疗机构管理办法》已经 2008 年 11 月 4 日农业部第 8 次常务会议审议通过，现予发布，自 2009 年 1 月 1 日起施行。

第一章　总　　则

第一条　为了加强动物诊疗机构管理，规范动物诊疗行为，保障公共卫生安全根据《中华人民共和国动物防疫法》，制定本办法。

第二条　在中华人民共和国境内从事动物诊疗活动的机构，应当遵守本办法。

本办法所称动物诊疗，是指动物疾病的预防、诊断、治疗和动物绝育手术等经营性活动。

第三条　农业部负责全国动物诊疗机构的监督管理。

县级以上地方人民政府兽医主管部门负责本行政区域内动物诊疗机构的管理。

县级以上地方人民政府设立的动物卫生监督机构负责本行政区域内动物诊疗机构的监督执法工作。

第二章　诊 疗 许 可

第四条　国家实行动物诊疗许可制度。从事动物诊疗活动的机构，应当取得动物诊疗许可证，并在规定的诊疗活动范围内开展动物诊疗活动。

第五条　申请设立动物诊疗机构的，应当具备下列条件：

（一）有固定的动物诊疗场所，且动物诊疗场所使用面积符合省、自治区、直辖市人民政府兽医主管部门的规定；

（二）动物诊疗场所选址距离畜禽养殖场、屠宰加工场、动物交易场所不少于 200 米；

（三）动物诊疗场所设有独立的出入口，出入口不得设在居民住宅楼内或者院内，不得与同一建筑物的其他用户共用通道；

（四）具有布局合理的诊疗室、手术室、药房等设施；

（五）具有诊断、手术、消毒、冷藏、常规化验、污水处理等器械设备；

（六）具有 1 名以上取得执业兽医师资格证书的人员；

（七）具有完善的诊疗服务、疫情报告、卫生消毒、兽药处方、药物和无害化处理等管理制度。

第六条　动物诊疗机构从事动物颅腔、胸腔和腹腔手术的，除具备本办法第五条规定的条件外，还应当具备以下条件：

（一）具有手术台、X 光机或者 B 超等器械设备；

（二）具有 3 名以上取得执业兽医师资格证书的人员。

第七条　设立动物诊疗机构，应当向动物诊疗场所所在地的发证机关提出申请，并提交下列材料：

（一）动物诊疗许可证申请表；

（二）动物诊疗场所地理方位图、室内平面图和各功能区布局图；

（三）动物诊疗场所使用权证明；

（四）法定代表人（负责人）身份证明；

（五）执业兽医师资格证书原件及复印件；

（六）设施设备清单；

（七）管理制度文本；

（八）执业兽医和服务人员的健康证明材料。

申请材料不齐全或者不符合规定条件的，发证机关应当自收到申请材料之日起 5 个工作日内一次告知申请人需补正的内容。

第八条　动物诊疗机构应当使用规范的名称。不具备从事动物颅腔、胸腔和腹腔手术能力的，不得使用"动物医院"的名称。

动物诊疗机构名称应当经工商行政管理机关预先核准。

第九条　发证机关受理申请后，应当在 20 个工作日内完成对申请材料的审核和对动物诊疗场所的实地考察。符合规定条件的，发证机关应当向申请人颁发动物诊疗许可证；不符合条件的，书面通知申请人，并说明理由。

专门从事水生动物疫病诊疗的，发证机关在核发动物诊疗许可证时，应当征求同级渔业行政主管部门的意见。

第十条　动物诊疗许可证应当载明诊疗机构名称、诊疗活动范围、从业地点和法定代表人（负责人）等事项。

动物诊疗许可证格式由农业部统一规定。

第十一条　动物诊疗机构设立分支机构的，应当按照本办法的规定另行办理动物诊疗许可证。

第十二条　动物诊疗机构变更名称或者法定代表人（负责人）的，应当在办理工商变更登记手续后 15 个工作日内，向原发证机关申请办理变更手续。

动物诊疗机构变更从业地点、诊疗活动范围的，应当按照本办法规定重新办理动物诊疗许可手续，申请换发动物诊疗许可证，并依法办理工商变更登记手续。

第十三条　动物诊疗许可证不得伪造、变造、转让、出租、出借。

动物诊疗许可证遗失的，应当及时向原发证机关申请补发。

第十四条　发证机关办理动物诊疗许可证，不得向申请人收取费用。

第三章　诊疗活动管理

第十五条　动物诊疗机构应当依法从事动物诊疗活动，建立健全内部管理制度，在诊疗场所的显著位置悬挂动物诊疗许可证和公示从业人员基本情况。

第十六条　动物诊疗机构应当按照国家兽药管理的规定使用兽药，不得使用假劣兽药和农业部规定禁止使用的药品及其他化合物。

第十七条　动物诊疗机构兼营宠物用品、宠物食品、宠物美容等项目的，兼营区域与动物诊疗区域应当分别独立设置。

第十八条　动物诊疗机构应当使用规范的病历、处方笺，病历、处方笺应当印有动物诊疗机构名称。病历档案应当保存 3 年以上。

第十九条　动物诊疗机构安装、使用具有放射性的诊疗设备的，应当依法经环境保护部门批准。

第二十条　动物诊疗机构发现动物染疫或者疑似染疫的，应当按照国家规定立即向当地兽医主管部门、动物卫生监督机构或者动物疫病预防控制机构报告，并采取隔离等控制措施，防止动物疫情扩散。

动物诊疗机构发现动物患有或者疑似患有国家规定应当扑杀的疫病时，不得擅自进行治疗。

第二十一条　动物诊疗机构应当按照农业部规定处理病死动物和动物病理组织。

动物诊疗机构应当参照《医疗废弃物管理条例》的有关规定处理医疗废弃物。

第二十二条　动物诊疗机构的执业兽医应当按照当地人民政府或者兽医主管部门的要求，参加预防、控制和扑灭动物疫病活动。

第二十三条　动物诊疗机构应当配合兽医主管部门、动物卫生监督机构、动物疫病预防控制机构进行有关法律法规宣传、流行病学调查和监测工作。

第二十四条　动物诊疗机构不得随意抛弃病死动物、动物病理组织和医疗废弃物，不得排放未经无害化处理或者处理不达标的诊疗废水。

第二十五条　动物诊疗机构应当定期对本单位工作人员进行专业知识和相关政策、法规培训。

第二十六条　动物诊疗机构应当于每年 3 月底前将上年度动物诊疗活动情况向发证机关报告。

第二十七条 动物卫生监督机构应当建立健全日常监管制度，对辖区内动物诊疗机构和人员执行法律、法规、规章的情况进行监督检查。

兽医主管部门应当设立动物诊疗违法行为举报电话，并向社会公示。

第四章 罚 则

第二十八条 违反本办法规定，动物诊疗机构有下列情形之一的，由动物卫生监督机构按照《中华人民共和国动物防疫法》第八十一条第一款的规定予以处罚；情节严重的，并报原发证机关收回、注销其动物诊疗许可证：

（一）超出动物诊疗许可证核定的诊疗活动范围从事动物诊疗活动的；

（二）变更从业地点、诊疗活动范围未重新办理动物诊疗许可证的。

第二十九条 使用伪造、变造、受让、租用、借用的动物诊疗许可证的，动物卫生监督机构应当依法收缴，并按照《中华人民共和国动物防疫法》第八十一条第一款的规定予以处罚。

出让、出租、出借动物诊疗许可证的，原发证机关应当收回、注销其动物诊疗许可证。

第三十条 动物诊疗场所不再具备本办法第五条、第六条规定条件的，由动物卫生监督机构给予警告，责令限期改正；逾期仍达不到规定条件的，由原发证机关收回、注销其动物诊疗许可证。

第三十一条 动物诊疗机构连续停业两年以上的，或者连续两年未向发证机关报告动物诊疗活动情况，拒不改正的，由原发证机关收回、注销其动物诊疗许可证。

第三十二条 违反本办法规定，动物诊疗机构有下列情形之一的，由动物卫生监督机构给予警告，责令限期改正；拒不改正或者再次出现同类违法行为的，处以一千元以下罚款。

（一）变更机构名称或者法定代表人未办理变更手续的；

（二）未在诊疗场所悬挂动物诊疗许可证或者公示从业人员基本情况的；

（三）不使用病历，或者应当开具处方未开具处方的；

（四）使用不规范的病历、处方笺的。

第三十三条 动物诊疗机构在动物诊疗活动中，违法使用兽药的，或者违法处理医疗废弃物的，依照有关法律、行政法规的规定予以处罚。

第三十四条 动物诊疗机构违反本办法第二十四条规定的，由动物卫生监督机构按照《中华人民共和国动物防疫法》第七十五条的规定予以处罚。

第三十五条 发证机关及其动物卫生监督机构不依法履行审查和监督管理职责，玩忽职守、滥用职权或者徇私舞弊的，依照有关规定给予处分；构成犯罪的，依法追究刑事责任。

第五章 附 则

第三十六条 乡村兽医在乡村从事动物诊疗活动的具体管理办法由农业部另行规定。

第三十七条 本办法所称发证机关，是指县（市辖区）级人民政府兽医主管部门；市辖区未设立兽医主管部门的，发证机关为上一级兽医主管部门。

第三十八条 本办法自 2009 年 1 月 1 日起施行。

本办法施行前已开办的动物诊疗机构，应当自本办法施行之日起 12 个月内，依照本办法的规定，办理动物诊疗许可证。

附 录 7

非洲猪瘟疫情应急实施方案（2020年版）

为进一步做好非洲猪瘟疫情防控工作，指导各地科学规范处置疫情，我部在总结防控实践经验的基础上，组织制定了《非洲猪瘟疫情应急实施方案（2020年版）》，现印发你们，请遵照执行。《非洲猪瘟疫情应急实施方案（2019年版）》同时废止。

农业农村部

2020年2月29日

为有效预防、控制和扑灭非洲猪瘟疫情，切实维护养猪业稳定健康发展，保障猪肉产品供给，根据《中华人民共和国动物防疫法》《中华人民共和国进出境动植物检疫法》《重大动物疫情应急条例》《国家突发重大动物疫情应急预案》等有关规定，制定本实施方案。

一、疫情报告与确认

任何单位和个人，一旦发现生猪、野猪异常死亡等情况，应立即向当地畜牧兽医主管部门、动物卫生监督机构或动物疫病预防控制机构报告。

县级以上动物疫病预防控制机构接到报告后，根据非洲猪瘟诊断规范（附件1）判断，符合可疑病例标准的，应判定为可疑疫情，并及时采样组织开展检测。检测结果为阳性的，应判定为疑似疫情；省级动物疫病预防控制机构实验室检测为阳性的，应判定为确诊疫情。相关单位在开展疫情报告、调查以及样品采集、送检、检测等工作时，要及时做好记录备查。

省级动物疫病预防控制机构确诊后，应将疫情信息按快报要求报中国动物疫病预防控制中心，将病料样品和流行病学调查等背景信息送中国动物卫生与流行病学中心备份。中国动物疫病预防控制中心按程序将有关信息报农业农村部。

在生猪运输过程中发现的非洲猪瘟疫情，对没有合法或有效检疫证明等违法违规运输的，按照《中华人民共和国动物防疫法》有关规定处理；对有合法检疫证明且在有效期之内的，疫情处置、扑杀补助费用分别由疫情发生地、输出地所在地方按规定承担。疫情由发生地负责报告、处置，计入输出地。

各地海关、交通、林业和草原等部门发现可疑病例的，要及时通报所在地省级畜牧兽医主管部门。所在地省级畜牧兽医主管部门按照有关规定及时组织开展流行病学调查、样品采集、检测、诊断、信息上报等工作，按职责分工，与海关、交通、林业和草原部门共同做好疫情处置工作。

农业农村部根据确诊结果和流行病学调查信息，认定并公布疫情。必要时，可授权相关省级畜牧兽医主管部门认定并公布疫情。

二、疫情响应

（一）疫情响应分级

根据疫情流行特点、危害程度和涉及范围，将非洲猪瘟疫情响应分为四级：特别重大（Ⅰ级）、重大（Ⅱ级）、较大（Ⅲ级）和一般（Ⅳ级）。

1. 特别重大（Ⅰ级）

全国新发疫情持续增加、快速扩散，21天内多数省份发生疫情，对生猪产业发展和经济社会运行构成严重威胁。

2. 重大（Ⅱ级）

21 天内，5 个以上省份发生疫情，疫区集中连片，且疫情有进一步扩散趋势。

3. 较大（Ⅲ级）

21 天内，2 个以上、5 个以下省份发生疫情。

4. 一般（Ⅳ级）

21 天内，1 个省份发生疫情。

必要时，农业农村部可根据防控实际对突发非洲猪瘟疫情具体级别进行认定。

（二）疫情预警

发生特别重大（Ⅰ级）、重大（Ⅱ级）、较大（Ⅲ级）疫情时，由农业农村部向社会发布疫情预警。发生一般（Ⅳ级）疫情时，农业农村部可授权相关省级畜牧兽医主管部门发布疫情预警。

（三）分级响应

发生非洲猪瘟疫情时，各地、各有关部门按照属地管理、分级响应的原则作出应急响应。

1. 特别重大（Ⅰ级）疫情响应

农业农村部根据疫情形势和风险评估结果，报请国务院启动Ⅰ级应急响应，启动国家应急指挥机构；或经国务院授权，由农业农村部启动Ⅰ级应急响应，并牵头启动多部门组成的应急指挥机构。

全国所有省份的省、市、县级人民政府立即启动应急指挥机构，实施防控工作日报告制度，组织开展紧急流行病学调查和应急监测等工作。对发现的疫情及时采取应急处置措施。各有关部门按照职责分工共同做好疫情防控工作。

2. 重大（Ⅱ级）疫情响应

农业农村部，以及发生疫情省份及相邻省份的省、市、县级人民政府立即启动Ⅱ级应急响应，并启动应急指挥机构工作，实施防控工作日报告制度，组织开展紧急流行病学调查和应急监测工作。对发现的疫情及时采取应急处置措施。各有关部门按照职责分工共同做好疫情防控工作。

3. 较大（Ⅲ级）疫情响应

发生疫情省份的省、市、县级人民政府立即启动Ⅲ级应急响应，并启动应急指挥机构工作，实施防控工作日报告制度，组织开展紧急流行病学调查和应急监测工作。对发现的疫情及时采取应急处置措施。各有关部门按照职责分工共同做好疫情防控工作。

农业农村部加强对发生疫情省份应急处置工作的督导，根据需要组织有关专家协助疫情处置，并及时向有关省份通报情况。必要时，由农业农村部启动多部门组成的应急指挥机构。

4. 一般（Ⅳ级）疫情响应

发生疫情省份的市、县级人民政府立即启动Ⅳ级应急响应，并启动应急指挥机构工作，实施防控工作日报告制度，组织开展紧急流行病学调查和应急监测工作。对发现的疫情及时采取应急处置措施。各有关部门按照职责分工共同做好疫情防控工作。

发生疫情的省份，省级畜牧兽医主管部门要加强对疫情发生地应急处置工作的督导，及时组织专家提供技术指导和支持，并向本省有关地区、相关部门通报，及时采取预防控制措施，防止疫情扩散蔓延。必要时，省级畜牧兽医主管部门根据疫情形势和风险评估结果，报请省级人民政府启动多部门组成的应急指挥机构。

发生特别重大（Ⅰ级）、重大（Ⅱ级）、较大（Ⅲ级）、一般（Ⅳ级）等级别疫情时，要严格限制生猪及其产品由高风险区向低风险区调运，对生猪与生猪产品调运实施差异化管理，关闭相关区域的生猪交易场所，具体调运监管方案由农业农村部另行制定发布并适时调整。

（四）响应级别调整与终止

根据疫情形势和防控实际，农业农村部或相关省级畜牧兽医主管部门组织对疫情形势进行评估分析，及时提出调整响应级别或终止应急响应的建议。由原启动响应机制的人民政府或应急指挥机构调整响应级别或终止应急响应。

三、应急处置

（一）可疑和疑似疫情的应急处置

对发生可疑和疑似疫情的相关场点实施严格的隔离、监视，并对该场点及有流行病学关联的养殖场（户）进行采样检测。禁止易感动物及其产品、饲料及垫料、废弃物、运载工具、有关设施设备等移动，并对其内外环境进行严格消毒。必要时可采取封锁、扑杀等措施。

（二）确诊疫情的应急处置

疫情确诊后，县级以上畜牧兽医主管部门应当立即划定疫点、疫区和受威胁区，开展追溯追踪等紧急流行病学调查，向本级人民政府提出启动相应级别应急响应的建议，由当地人民政府依法作出决定。

1. 划定疫点、疫区和受威胁区

疫点：发病猪所在的地点。对具备良好生物安全防护水平的规模养殖场，发病猪舍与其他猪舍有效隔离的，可以发病猪舍为疫点；发病猪舍与其他猪舍未能有效隔离的，以该猪场为疫点，或以发病猪舍及流行病学关联猪舍为疫点。对其他养殖场（户），以病猪所在的养殖场（户）为疫点；如已出现或具有交叉污染风险，以病猪所在养殖小区、自然村或病猪所在养殖场（户）及流行病学关联场（户）为疫点。对放养猪，以病猪活动场地为疫点。在运输过程中发现疫情的，以运载病猪的车辆、船只、飞机等运载工具为疫点。在牲畜交易和隔离场所发生疫情的，以该场所为疫点。在屠宰加工过程中发生疫情的，以该屠宰加工厂（场）（不含未受病毒污染的肉制品生产加工车间、仓库）为疫点。

疫区：一般是指由疫点边缘向外延伸3公里的区域。

受威胁区：一般是指由疫区边缘向外延伸10公里的区域。对有野猪活动地区，受威胁区应为疫区边缘向外延伸50公里的区域。

划定疫点、疫区和受威胁区时，应根据当地天然屏障（如河流、山脉等）、人工屏障（道路、围栏等）、行政区划、饲养环境、野猪分布等情况，以及流行病学调查和风险分析结果，必要时考虑特殊供给保障需要，综合评估后划定。

2. 封锁

疫情发生所在地的县级畜牧兽医主管部门报请本级人民政府对疫区实行封锁，由当地人民政府依法发布封锁令。

疫区跨行政区域时，由有关行政区域共同的上一级人民政府对疫区实行封锁，或者由各有关行政区域的上一级人民政府共同对疫区实行封锁。必要时，上级人民政府可以责成下级人民政府对疫区实行封锁。

3. 疫点内应采取的措施

疫情发生所在地的县级人民政府应当依法及时组织扑杀疫点内的所有生猪。

对所有病死猪、被扑杀猪及其产品进行无害化处理。对排泄物、餐厨废弃物、被污染或可能被污染的饲料和垫料、污水等进行无害化处理。对被污染或可能被污染的物品、交通工具、用具、猪舍、场地环境等进行彻底清洗消毒并采取灭鼠、灭蝇、灭蚊等措施。出入人员、运载工具和相关设施设备要按规定进行消毒。禁止易感动物出入和相关产品调出。

疫点为生猪屠宰场点的,停止生猪屠宰等生产经营活动。

4. 疫区应采取的措施

疫情发生所在地的县级以上人民政府应按照程序和要求,组织设立警示标志,设置临时检查消毒站,对出入的相关人员和车辆进行消毒。禁止易感动物出入和相关产品调出,关闭生猪交易场所并进行彻底消毒。对疫区内未采取扑杀措施的养殖场(户)和相关猪舍,要严格隔离观察、强化应急监测、增加清洗消毒频次并开展抽样检测,经病原学检测为阴性的,存栏生猪可继续饲养或经指定路线就近屠宰。

疫区内的生猪屠宰企业,应暂停生猪屠宰活动,在官方兽医监督指导下采集血液、组织和环境样品送检,并进行彻底清洗消毒。检测结果为阴性的,经疫情发生所在县的上一级畜牧兽医主管部门组织开展风险评估通过后,可恢复生产。

封锁期内,疫区再次发现疫情或检出病原学阳性的,应参照疫点内的处置措施进行处置。经流行病学调查和风险评估,认为无疫情扩散风险的,可不再扩大疫区范围。

对疫点、疫区内扑杀的生猪,原则上应当就地进行无害化处理,确需运出疫区进行无害化处理的,须在当地畜牧兽医部门监管下,使用密封装载工具(车辆)运出,严防遗撒渗漏;启运前和卸载后,应当对装载工具(车辆)进行彻底清洗消毒。

5. 受威胁区应采取的措施

禁止生猪调出调入,关闭生猪交易场所。疫情发生所在地畜牧兽医部门及时组织对生猪养殖场(户)全面开展临床监视,必要时采集样品送检,掌握疫情动态,强化防控措施。对具有独立法人资格、取得《动物防疫条件合格证》、按规定开展非洲猪瘟病原学检测且病毒核酸阴性的养殖场(户),其出栏肥猪可与本省符合条件的屠宰企业实行"点对点"调运;出售的种猪、商品仔猪(重量在30公斤及以下且用于育肥的生猪)可在本省范围内调运。

受威胁区内的生猪屠宰企业,应当暂停生猪屠宰活动,并彻底清洗消毒;经当地畜牧兽医部门对血液、组织和环境样品检测合格,由疫情发生所在县的上一级畜牧兽医主管部门组织开展动物疫病风险评估通过后,可恢复生产。

封锁期内,受威胁区内再次发现疫情或检出病原学检测阳性的,应参照疫点内的处置措施进行处置。经流行病学调查和风险评估,认为无疫情扩散风险的,可不再扩大受威胁区范围。

6. 运输途中发现疫情应采取的措施

疫情发生所在地的县级人民政府依法及时组织扑杀运输的所有生猪,对所有病死猪、被扑杀猪及其产品进行无害化处理,对运载工具实施暂扣,并进行彻底清洗消毒,不得劝返。当地可根据风险评估结果,确定是否需划定疫区并采取相应处置措施。

(三)野猪和虫媒控制

养殖场(户)要强化生物安全防护措施,避免饲养的生猪与野猪接触。各地林业和草原部门要对疫区、受威胁区及周边地区野猪分布状况进行调查和监测。在钝缘软蜱分布地区，疫点、疫区、受威胁区的养猪场户要采取杀灭钝缘软蜱等控制措施，畜牧兽医部门要加强监测和风险评估工作，并与林业和草原部门定期相互通报有关信息。

（四）紧急流行病学调查

1. 发病情况调查

掌握疫点、疫区、受威胁区及当地易感动物养殖情况，野猪分布状况、疫点周边地理情况；根据诊断规范（附件1），在疫区和受威胁内进行病例搜索，寻找首发病例，查明发病顺序，统计发病动物数量、死亡数量，收集相关信息，分析疫病发生情况。

2. 追踪和追溯调查

对首发病例出现前21天内以及疫情发生后采取隔离措施前，从疫点输出的易感动物、相关产品、运载工具及密切接触人员的去向进行追踪调查，对有流行病学关联的养殖、屠宰加工场所进行采样检测，评估疫情扩散风险。

对首发病例出现前21天内，引入疫点的所有易感动物、相关产品、运输工具和人员往来情况等进行追踪调查，对有流行病学关联的相关场所、运载工具进行采样检测，分析疫情来源。

疫情追踪调查过程中发现异常情况的，应根据风险分析情况及时采取隔离观察、抽样检测等处置措施。

（五）应急监测

疫点所在县、市要立即对所有养殖场所开展应急监测，对重点区域、关键环节和异常死亡的生猪加大监测力度，及时发现疫情隐患。要加大对生猪交易场所、屠宰场所、无害化处理厂的巡查力度，有针对性地开展监测。要加大入境口岸、交通枢纽周边地区、中欧班列沿线地区以及货物卸载区周边的监测力度。要高度关注生猪、野猪的异常死亡情况，应急监测中发现异常情况的，必须按规定立即采取隔离观察、抽样检测等处置措施。

（六）解除封锁和恢复生产

1. 疫点为养殖场、交易场所

疫点、疫区和受威胁区应扑杀范围内的死亡猪和应扑杀生猪按规定进行无害化处理21天后未出现新发疫情，对疫点和屠宰场所、市场等流行病学关联场点抽样检测阴性的，经疫情发生所在县的上一级畜牧兽医主管部门组织验收合格后，由所在地县级畜牧兽医主管部门向原发布封锁令的人民政府申请解除封锁，由该人民政府发布解除封锁令，并通报毗邻地区和有关部门。

解除封锁后，病猪或阳性猪所在场点需继续饲养生猪的，经过5个月空栏且环境抽样检测为阴性后，或引入哨兵猪并进行临床观察、饲养45天后（期间猪只不得调出）哨兵猪病原学检测阴性且观察期内无临床异常表现的，方可补栏。

2. 疫点为生猪屠宰加工企业

对屠宰场所主动排查报告的疫情，应对屠宰场所及其流行病学关联车辆进行彻底清洗消毒，当地畜牧兽医部门对其环境样品和生猪产品检测合格的，经过48小时后，由疫情发生所在县的上一级畜牧兽医主管部门组织开展动物疫病风险评估通过后，可恢复生产。对疫情发生前生产的生猪产品，需进行抽样检测，检测结果为阴性的，方可销售或加工使用。

对畜牧兽医部门排查发现的疫情，应对屠宰场所及其流行病学关联车辆进行彻底清洗消毒，当地畜牧兽医部门对其环境样品和生猪产品检测合格的，经过15天后，由疫情发生所在县的上一级畜牧兽医主管部门组织开展动物疫病风险评估通过后，方可恢复生产。对疫情发生前生产的生猪产品，需进行抽样检测和风险评估，经检测为阴性且风险评估符合要求的，方可销售或加工使用。

疫区内的生猪屠宰企业，应进行彻底清洗消毒，当地畜牧兽医部门对其环境样品和生猪产品检测合格的，经过 48 小时后，由疫情发生所在县的上一级畜牧兽医主管部门组织开展动物疫病风险评估通过后，可恢复生产。

（七）扑杀补助

对强制扑杀的生猪及人工饲养的野猪，符合补助规定的，按照有关规定给予补助，扑杀补助经费由中央财政和地方财政按比例承担。

四、信息发布和科普宣传

及时发布疫情信息和防控工作进展，同步向国际社会通报情况。未经农业农村部授权，地方各级人民政府及各部门不得擅自发布发生疫情信息和排除疫情信息。坚决打击造谣、传谣行为。

坚持正面宣传、科学宣传，第一时间发出权威解读和主流声音，做好防控宣传工作。科学宣传普及防控知识，针对广大消费者的疑虑和关切，及时答疑解惑，引导公众科学认知非洲猪瘟，理性消费生猪产品。

五、善后处理

（一）后期评估

应急响应结束后，疫情发生地人民政府畜牧兽医主管部门组织有关单位对应急处置情况进行系统总结，可结合体系效能评估，找出差距和改进措施，报告同级人民政府和上级畜牧兽医主管部门。较大（Ⅲ级）疫情的，应上报至省级畜牧兽医主管部门；重大（Ⅱ级）以上疫情的，应逐级上报至农业农村部。

（二）表彰奖励

疫情应急处置结束后，对应急工作中，态度坚决、行动果断、协调顺畅、配合紧密、措施有力的单位，以及积极主动、勇于担当并发挥重要作用的个人，当地人民政府应予以表彰、奖励和通报表扬。

（三）责任追究

在疫情处置过程中，发现生猪养殖、贩运、交易、屠宰等环节从业者存在主体责任落实不到位，以及相关部门工作人员存在玩忽职守、失职、渎职等行为的，依据有关法律法规严肃追究当事人责任。

（四）抚恤补助

地方各级人民政府要组织有关部门对因参与应急处置工作致病、致残、死亡的人员，按照有关规定给予相应的补助和抚恤。

六、附则

（一）本实施方案有关数量的表述中，"以上"含本数，"以下"不含本数。

（二）针对供港澳生猪及其产品的防疫监管，涉及本方案中有关要求的，由农业农村部、海关总署另行商定。

（三）家养野猪发生疫情的，按家猪疫情处置；野猪发生疫情的，根据流行病学调查和风险评估结果，参照本方案采取相关处置措施，防止野猪疫情向家猪和家养野猪扩散。

（四）常规监测发现养殖场样品阳性的，应立即隔离观察，开展紧急流行病学调查并及时采取相应处置措施。该阳性猪群过去 21 日内出现异常死亡、经省级复核仍呈病原学或血清学阳性的，按疫情处置。过去 21 日内无异常死亡、经省级复核仍呈病原学或血清学阳性的，应扑杀阳性猪及其同群猪，并采集样品送中国动物卫生与流行病学中心复核；对其余猪群持续隔离观察 21 天，对无异常情况且检测阴性的猪，可就近屠宰或继续饲养。对检测阳性的信息，应按要求快报至中国动物疫病预防控制中心。

（五）常规监测发现屠宰场所样品阳性的，应立即开展紧急流行病学调查并参照疫点采取相应处置措施。

（六）在饲料及其添加剂、猪相关产品检出阳性样品的，应立即封存，经评估有疫情传播风险的，对封存的相关饲料及其添加剂、猪相关产品予以销毁。

（七）动物隔离场、动物园、野生动物园、保种场、实验动物场所发生疫情的，应按本方案进行相应处置。必要时，可根据流行病学调查、实验室检测、风险评估结果，报请省级有关部门并经省级畜牧兽医主管部门同意，合理确定扑杀范围。

（八）本实施方案由农业农村部负责解释。

附 录 8
兽用处方药和非处方药管理办法

《兽用处方药和非处方药管理办法》已于 2013 年 8 月 1 日经农业部第 7 次常务会议审议通过，现予发布，自 2014 年 3 月 1 日起施行。

第一条 为加强兽药监督管理，促进兽医临床合理用药，保障动物产品安全，根据《兽药管理条例》，制定本办法。

第二条 国家对兽药实行分类管理，根据兽药的安全性和使用风险程度，将兽药分为兽用处方药和非处方药。

兽用处方药是指凭兽医处方笺方可购买和使用的兽药。

兽用非处方药是指不需要兽医处方笺即可自行购买并按照说明书使用的兽药。

兽用处方药目录由农业部制定并公布。兽用处方药目录以外的兽药为兽用非处方药。

第三条 农业部主管全国兽用处方药和非处方药管理工作。

县级以上地方人民政府兽医行政管理部门负责本行政区域内兽用处方药和非处方药的监督管理，具体工作可以委托所属执法机构承担。

第四条 兽用处方药的标签和说明书应当标注"兽用处方药"字样，兽用非处方药的标签和说明书应当标注"兽用非处方药"字样。

前款字样应当在标签和说明书的右上角以宋体红色标注，背景应当为白色，字体大小根据实际需要设定，但必须醒目、清晰。

第五条 兽药生产企业应当跟踪本企业所生产兽药的安全性和有效性，发现不适合按兽用非处方药管理的，应当及时向农业部报告。

兽药经营者、动物诊疗机构、行业协会或者其他组织和个人发现兽用非处方药有前款规定情形的，应当向当地兽医行政管理部门报告。

第六条 兽药经营者应当在经营场所显著位置悬挂或者张贴"兽用处方药必须凭兽医处方购买"的提示语。

兽药经营者对兽用处方药、兽用非处方药应当分区或分柜摆放。兽用处方药不得采用开架自选方式销售。

第七条　兽用处方药凭兽医处方笺方可买卖，但下列情形除外：

（一）进出口兽用处方药的；

（二）向动物诊疗机构、科研单位、动物疫病预防控制机构和其他兽药生产企业、经营者销售兽用处方药的；

（三）向聘有依照《执业兽医管理办法》规定注册的专职执业兽医的动物饲养场（养殖小区）、动物园、实验动物饲育场等销售兽用处方药的。

第八条　兽医处方笺由依法注册的执业兽医按照其注册的执业范围开具。

第九条　兽医处方笺应当记载下列事项：

（一）畜主姓名或动物饲养场名称；

（二）动物种类、年（日）龄、体重及数量；

（三）诊断结果；

（四）兽药通用名称、规格、数量、用法、用量及休药期；

（五）开具处方日期及开具处方执业兽医注册号和签章。

处方笺一式三联，第一联由开具处方药的动物诊疗机构或执业兽医保存，第二联由兽药经营者保存，第三联由畜主或动物饲养场保存。动物饲养场（养殖小区）、动物园、实验动物饲育场等单位专职执业兽医开具的处方签由专职执业兽医所在单位保存。

处方笺应当保存两年以上。

第十条　兽药经营者应当对兽医处方笺进行查验，单独建立兽用处方药的购销记录，并保存二年以上。

第十一条　兽用处方药应当依照处方笺所载事项使用。

第十二条　乡村兽医应当按照农业部制定、公布的《乡村兽医基本用药目录》使用兽药。

第十三条　兽用麻醉药品、精神药品、毒性药品等特殊药品的生产、销售和使用，还应当遵守国家有关规定。

第十四条　违反本办法第四条规定的，依照《兽药管理条例》第六十条第二款的规定进行处罚。

第十五条　违反本办法规定，未经注册执业兽医开具处方销售、购买、使用兽用处方药的，依照《兽药管理条例》第六十六条的规定进行处罚。

第十六条　违反本办法规定，有下列情形之一的，依照《兽药管理条例》第五十九条第一款的规定进行处罚：

（一）兽药经营者未在经营场所明显位置悬挂或者张贴提示语的；

（二）兽用处方药与兽用非处方药未分区或分柜摆放的；

（三）兽用处方药采用开架自选方式销售的；

（四）兽医处方笺和兽用处方药购销记录未按规定保存的。

第十七条　违反本办法其他规定的，依照《中华人民共和国动物防疫法》《兽药管理条例》有关规定进行处罚。

第十八条　本办法自 2014 年 3 月 1 日起施行。

附录9
重大动物疫情应急条例（2017年修订）

2005年11月18日国务院令第450号公布，根据2017年10月7日国务院令第687号《国务院关于修改部分行政法规的决定》修订。

第一章 总 则

第一条 为了迅速控制、扑灭重大动物疫情，保障养殖业生产安全，保护公众身体健康与生命安全，维护正常的社会秩序，根据《中华人民共和国动物防疫法》，制定本条例。

第二条 本条例所称重大动物疫情，是指高致病性禽流感等发病率或者死亡率高的动物疫病突然发生，迅速传播，给养殖业生产安全造成严重威胁、危害，以及可能对公众身体健康与生命安全造成危害的情形，包括特别重大动物疫情。

第三条 重大动物疫情应急工作应当坚持加强领导、密切配合，依靠科学、依法防治，群防群控、果断处置的方针，及时发现，快速反应，严格处理，减少损失。

第四条 重大动物疫情应急工作按照属地管理的原则，实行政府统一领导、部门分工负责，逐级建立责任制。

县级以上人民政府兽医主管部门具体负责组织重大动物疫情的监测、调查、控制、扑灭等应急工作。

县级以上人民政府林业主管部门、兽医主管部门按照职责分工，加强对陆生野生动物疫源疫病的监测。

县级以上人民政府其他有关部门在各自的职责范围内，做好重大动物疫情的应急工作。

第五条 出入境检验检疫机关应当及时收集境外重大动物疫情信息，加强进出境动物及其产品的检验检疫工作，防止动物疫病传入和传出。兽医主管部门要及时向出入境检验检疫机关通报国内重大动物疫情。

第六条 国家鼓励、支持开展重大动物疫情监测、预防、应急处理等有关技术的科学研究和国际交流与合作。

第七条 县级以上人民政府应当对参加重大动物疫情应急处理的人员给予适当补助，对作出贡献的人员给予表彰和奖励。

第八条 对不履行或者不按照规定履行重大动物疫情应急处理职责的行为，任何单位和个人有权检举控告。

第二章 应急准备

第九条 国务院兽医主管部门应当制定全国重大动物疫情应急预案，报国务院批准，并按照不同动物疫病病种及其流行特点和危害程度，分别制定实施方案，报国务院备案。

县级以上地方人民政府根据本地区的实际情况，制定本行政区域的重大动物疫情应急预案，报上一级人民政府兽医主管部门备案。县级以上地方人民政府兽医主管部门，应当按照不同动物疫病病种及其流行特点和危害程度，分别制定实施方案。

重大动物疫情应急预案及其实施方案应当根据疫情的发展变化和实施情况，及时修改、完善。

第十条　重大动物疫情应急预案主要包括下列内容：

（一）应急指挥部的职责、组成以及成员单位的分工；

（二）重大动物疫情的监测、信息收集、报告和通报；

（三）动物疫病的确认、重大动物疫情的分级和相应的应急处理工作方案；

（四）重大动物疫情疫源的追踪和流行病学调查分析；

（五）预防、控制、扑灭重大动物疫情所需资金的来源、物资和技术的储备与调度；

（六）重大动物疫情应急处理设施和专业队伍建设。

第十一条　国务院有关部门和县级以上地方人民政府及其有关部门，应当根据重大动物疫情应急预案的要求，确保应急处理所需的疫苗、药品、设施设备和防护用品等物资的储备。

第十二条　县级以上人民政府应当建立和完善重大动物疫情监测网络和预防控制体系，加强动物防疫基础设施和乡镇动物防疫组织建设，并保证其正常运行，提高对重大动物疫情的应急处理能力。

第十三条　县级以上地方人民政府根据重大动物疫情应急需要，可以成立应急预备队，在重大动物疫情应急指挥部的指挥下，具体承担疫情的控制和扑灭任务。

应急预备队由当地兽医行政管理人员、动物防疫工作人员、有关专家、执业兽医等组成；必要时，可以组织动员社会上有一定专业知识的人员参加。公安机关、中国人民武装警察部队应当依法协助其执行任务。

应急预备队应当定期进行技术培训和应急演练。

第十四条　县级以上人民政府及其兽医主管部门应当加强对重大动物疫情应急知识和重大动物疫病科普知识的宣传，增强全社会的重大动物疫情防范意识。

第三章　监测、报告和公布

第十五条　动物防疫监督机构负责重大动物疫情的监测，饲养、经营动物和生产、经营动物产品的单位和个人应当配合，不得拒绝和阻碍。

第十六条　从事动物隔离、疫情监测、疫病研究与诊疗、检验检疫以及动物饲养、屠宰加工、运输、经营等活动的有关单位和个人，发现动物出现群体发病或者死亡的，应当立即向所在地的县（市）动物防疫监督机构报告。

第十七条　县（市）动物防疫监督机构接到报告后，应当立即赶赴现场调查核实。初步认为属于重大动物疫情的，应当在 2 小时内将情况逐级报省、自治区、直辖市动物防疫监督机构，并同时报所在地人民政府兽医主管部门；兽医主管部门应当及时通报同级卫生主管部门。

省、自治区、直辖市动物防疫监督机构应当在接到报告后 1 小时内，向省、自治区、直辖市人民政府兽医主管部门和国务院兽医主管部门所属的动物防疫监督机构报告。

省、自治区、直辖市人民政府兽医主管部门应当在接到报告后 1 小时内报本级人民政府和国务院兽医主管部门。

重大动物疫情发生后，省、自治区、直辖市人民政府和国务院兽医主管部门应当在 4 小时内向国务院报告。

第十八条　重大动物疫情报告包括下列内容：

（一）疫情发生的时间、地点；

（二）染疫、疑似染疫动物种类和数量、同群动物数量、免疫情况、死亡数量、临床症状、病理变化、诊断情况；

（三）流行病学和疫源追踪情况；

（四）已采取的控制措施；

（五）疫情报告的单位、负责人、报告人及联系方式。

第十九条　重大动物疫情由省、自治区、直辖市人民政府兽医主管部门认定；必要时，由国务院兽医主管部门认定。

第二十条　重大动物疫情由国务院兽医主管部门按照国家规定的程序，及时准确公布；其他任何单位和个人不得公布重大动物疫情。

第二十一条　重大动物疫病应当由动物防疫监督机构采集病料。其他单位和个人采集病料的，应当具备以下条件：

（一）重大动物疫病病料采集目的、病原微生物的用途应当符合国务院兽医主管部门的规定；

（二）具有与采集病料相适应的动物病原微生物实验室条件；

（三）具有与采集病料所需要的生物安全防护水平相适应的设备，以及防止病原感染和扩散的有效措施。

从事重大动物疫病病原分离的，应当遵守国家有关生物安全管理规定，防止病原扩散。

第二十二条　国务院兽医主管部门应当及时向国务院有关部门和军队有关部门以及各省、自治区、直辖市人民政府兽医主管部门通报重大动物疫情的发生和处理情况。

第二十三条　发生重大动物疫情可能感染人群时，卫生主管部门应当对疫区内易受感染的人群进行监测，并采取相应的预防、控制措施。卫生主管部门和兽医主管部门应当及时相互通报情况。

第二十四条　有关单位和个人对重大动物疫情不得瞒报、谎报、迟报，不得授意他人瞒报、谎报、迟报，不得阻碍他人报告。

第二十五条　在重大动物疫情报告期间，有关动物防疫监督机构应当立即采取临时隔离控制措施；必要时，当地县级以上地方人民政府可以作出封锁决定并采取扑杀、销毁等措施。有关单位和个人应当执行。

第四章　应急处理

第二十六条　重大动物疫情发生后，国务院和有关地方人民政府设立的重大动物疫情应急指挥部统一领导、指挥重大动物疫情应急工作。

第二十七条　重大动物疫情发生后，县级以上地方人民政府兽医主管部门应当立即划定疫点、疫区和受威胁区，调查疫源，向本级人民政府提出启动重大动物疫情应急指挥系统、应急预案和对疫区实行封锁的建议，有关人民政府应当立即作出决定。

疫点、疫区和受威胁区的范围应当按照不同动物疫病病种及其流行特点和危害程度划定，具体划定标准由国务院兽医主管部门制定。

第二十八条　国家对重大动物疫情应急处理实行分级管理，按照应急预案确定的疫情等级，由有关人民政府采取相应的应急控制措施。

第二十九条　对疫点应当采取下列措施：

（一）扑杀并销毁染疫动物和易感染的动物及其产品；

（二）对病死的动物、动物排泄物、被污染饲料、垫料、污水进行无害化处理；

（三）对被污染的物品、用具、动物圈舍、场地进行严格消毒。

第三十条　对疫区应当采取下列措施：

（一）在疫区周围设置警示标志，在出入疫区的交通路口设置临时动物检疫消毒站，对出入的人员和车辆进行消毒；

（二）扑杀并销毁染疫和疑似染疫动物及其同群动物，销毁染疫和疑似染疫的动物产品，对其他易感染的动物实行圈养或者在指定地点放养，役用动物限制在疫区内使役；

（三）对易感染的动物进行监测，并按照国务院兽医主管部门的规定实施紧急免疫接种，必要时对易感染的动物进行扑杀；

（四）关闭动物及动物产品交易市场，禁止动物进出疫区和动物产品运出疫区；

（五）对动物圈舍、动物排泄物、垫料、污水和其他可能受污染的物品、场地，进行消毒或者无害化处理。

第三十一条　对受威胁区应当采取下列措施：

（一）对易感染的动物进行监测；

（二）对易感染的动物根据需要实施紧急免疫接种。

第三十二条　重大动物疫情应急处理中设置临时动物检疫消毒站以及采取隔离、扑杀、销毁、消毒、紧急免疫接种等控制、扑灭措施的，由有关重大动物疫情应急指挥部决定，有关单位和个人必须服从；拒不服从的，由公安机关协助执行。

第三十三条　国家对疫区、受威胁区内易感染的动物免费实施紧急免疫接种；对因采取扑杀、销毁等措施给当事人造成的已经证实的损失，给予合理补偿。紧急免疫接种和补偿所需费用，由中央财政和地方财政分担。

第三十四条　重大动物疫情应急指挥部根据应急处理需要，有权紧急调集人员、物资、运输工具以及相关设施、设备。

单位和个人的物资、运输工具以及相关设施、设备被征集使用的，有关人民政府应当及时归还并给予合理补偿。

第三十五条　重大动物疫情发生后，县级以上人民政府兽医主管部门应当及时提出疫点、疫区、受威胁区的处理方案，加强疫情监测、流行病学调查、疫源追踪工作，对染疫和疑似染疫动物及其同群动物和其他易感染动物的扑杀、销毁进行技术指导，并组织实施检验检疫、消毒、无害化处理和紧急免疫接种。

第三十六条　重大动物疫情应急处理中，县级以上人民政府有关部门应当在各自的职责范围内，做好重大动物疫情应急所需的物资紧急调度和运输、应急经费安排、疫区群众救济、人的疫病防治、肉食品供应、动物及其产品市场监管、出入境检验检疫和社会治安维护等工作。

中国人民解放军、中国人民武装警察部队应当支持配合驻地人民政府做好重大动物疫情的应急工作。

第三十七条　重大动物疫情应急处理中，乡镇人民政府、村民委员会、居民委员会应当组织力量，向村民、居民宣传动物疫病防治的相关知识，协助做好疫情信息的收集、报告和各项应急处理措施的落实工作。

第三十八条　重大动物疫情发生地的人民政府和毗邻地区的人民政府应当通力合作，相互配合，做好重大动物疫情的控制、扑灭工作。

第三十九条　有关人民政府及其有关部门对参加重大动物疫情应急处理的人员，应当采取必要的卫生防护和技术指导等措施。

第四十条　自疫区内最后一头（只）发病动物及其同群动物处理完毕起，经过一个潜伏期以上的监测，未出现新的病例的，彻底消毒后，经上一级动物防疫监督机构验收合格，由原发布封锁令的人民政府宣布解除封锁，撤销疫区；由原批准机关撤销在该疫区设立的临时动物检疫消毒站。

第四十一条　县级以上人民政府应当将重大动物疫情确认、疫区封锁、扑杀及其补偿、消毒、无害化处理、疫源追踪、疫情监测以及应急物资储备等应急经费列入本级财政预算。

第五章　法　律　责　任

第四十二条　违反本条例规定，兽医主管部门及其所属的动物防疫监督机构有下列行为之一的，由本级人民政府或者上级人民政府有关部门责令立即改正、通报批评、给予警告；对主要负责人、负有责任的主管人员和其他责任人员，依法给予记大过、降级、撤职直至开除的行政处分；构成犯罪的，依法追究刑事责任：

（一）不履行疫情报告职责，瞒报、谎报、迟报或者授意他人瞒报、谎报、迟报，阻碍他人报告重大动物疫情的；

（二）在重大动物疫情报告期间，不采取临时隔离控制措施，导致动物疫情扩散的；

（三）不及时划定疫点、疫区和受威胁区，不及时向本级人民政府提出应急处理建议，或者不按照规定对疫点、疫区和受威胁区采取预防、控制、扑灭措施的；

（四）不向本级人民政府提出启动应急指挥系统、应急预案和对疫区的封锁建议的；

（五）对动物扑杀、销毁不进行技术指导或者指导不力，或者不组织实施检验检疫、消毒、无害化处理和紧急免疫接种的；

（六）其他不履行本条例规定的职责，导致动物疫病传播、流行，或者对养殖业生产安全和公众身体健康与生命安全造成严重危害的。

第四十三条　违反本条例规定，县级以上人民政府有关部门不履行应急处理职责，不执行对疫点、疫区和受威胁区采取的措施，或者对上级人民政府有关部门的疫情调查不予配合或者阻碍、拒绝的，由本级人民政府或者上级人民政府有关部门责令立即改正、通报批评、给予警告；对主要负责人、负有责任的主管人员和其他责任人员，依法给予记大过、降级、撤职直至开除的行政处分；构成犯罪的，依法追究刑事责任。

第四十四条　违反本条例规定，有关地方人民政府阻碍报告重大动物疫情，不履行应急处理职责，不按照规定对疫点、疫区和受威胁区采取预防、控制、扑灭措施，或者对上级人民政府有关部门的疫情调查不予配合或者阻碍、拒绝的，由上级人民政府责令立即改正、通报批评、给予警告；对政府主要领导人依法给予记大过、降级、撤职直至开除的行政处分；构成犯罪的，依法追究刑事责任。

第四十五条　截留、挪用重大动物疫情应急经费，或者侵占、挪用应急储备物资的，按照《财政违法行为处罚处分条例》的规定处理；构成犯罪的，依法追究刑事责任。

第四十六条　违反本条例规定，拒绝、阻碍动物防疫监督机构进行重大动物疫情监测，或者发现动物出现群体发病或者死亡，不向当地动物防疫监督机构报告的，由动物防疫监督机构给予警告，并处 2000 元以上 5000 元以下的罚款；构成犯罪的，依法追究刑事责任。

第四十七条　违反本条例规定，不符合相应条件采集重大动物疫病病料，或者在重大动物疫病病原分离时不遵守国家有关生物安全管理规定的，由动物防疫监督机构给予警告，并处 5000 元以下的罚款；构成犯罪的，依法追究刑事责任。

第四十八条　在重大动物疫情发生期间，哄抬物价、欺骗消费者，散布谣言、扰乱社会秩序和市场秩序的，由价格主管部门、工商行政管理部门或者公安机关依法给予行政处罚；构成犯罪的，依法追究刑事责任。

第六章　附　　则

第四十九条　本条例自公布之日起施行。

附 录 10
畜禽规模养殖场粪污资源化利用设施建设规范（试行）（2018 年）

第一条　本规范适用于畜禽规模养殖场粪污资源化利用设施建设的指导和评估。

第二条　畜禽粪污资源化利用是指在畜禽粪污处理过程中，通过生产沼气、堆肥、沤肥、沼肥、肥水、商品有机肥、垫料、基质等方式进行合理利用。

第三条　畜禽规模养殖场粪污资源化利用应坚持农牧结合、种养平衡，按照资源化、减量化、无害化的原则，对源头减量、过程控制和末端利用各环节进行全程管理，提高粪污综合利用率和设施装备配套率。

第四条　畜禽规模养殖场应根据养殖污染防治要求，建设与养殖规模相配套的粪污资源化利用设施设备，并确保正常运行。

第五条　畜禽规模养殖场宜采用干清粪工艺。采用水泡粪工艺的，要控制用水量，减少粪污产生总量。鼓励水冲粪工艺改造为干清粪或水泡粪。不同畜种不同清粪工艺最高允许排水量按照 GB 18596 执行。

第六条　畜禽规模养殖场应及时对粪污进行收集、贮存，粪污暂存池（场）应满足防渗、防雨、防溢流等要求。

固体粪便暂存池（场）的设计按照 GB/T 27622 执行。污水暂存池的设计按照 GB/T 26624 执行。

第七条　畜禽规模养殖场应建设雨污分离设施，污水宜采用暗沟或管道输送。

第八条　规模养殖场干清粪或固液分离后的固体粪便可采用堆肥、沤肥、生产垫料等方式进行处理利用。固体粪便堆肥（生产垫料）宜采用条垛式、槽式、发酵仓、强制通风静态垛等好氧工艺，或其他适用技术，同时配套必要的混合、输送、搅拌、供氧等设施设备。猪场堆肥设施发酵容积不小于 $0.002\text{m}^3 \times$ 发酵周期（天）$\times$ 设计存栏量（头），其他畜禽按 GB 18596 折算成猪的存栏量计算。

第九条　液体或全量粪污通过氧化塘、沉淀池等进行无害化处理的，氧化塘、贮存池容积不小于单位畜禽日粪污产生量（m^3）$\times$ 贮存周期（天）$\times$ 设计存栏量（头）。单位畜禽粪污日产生量推荐值为：生猪 0.01m^3，奶牛 0.045m^3，肉牛 0.017m^3，家禽 0.0002m^3，具体可根据养殖场实际情况核定。

第十条　液体或全量粪污采用异位发酵床工艺处理的，每头存栏生猪粪污暂存池容积不小于 $0.2m^3$，发酵床建设面积不小于 $0.2m^2$，并有防渗防雨功能，配套搅拌设施。

第十一条　液体或全量粪污采用完全混合式厌氧反应器（CSTR）、上流式厌氧污泥床反应器（UASB）等处理的，配套调节池、厌氧发酵罐、固液分离机、贮气设施、沼渣沼液储存池等设施设备，相关建设要求依据 NY/T 1220 执行。沼液贮存池容积依据第九条确定。

利用沼气发电或提纯生物天然气的，根据需要配套沼气发电和沼气提纯等设施设备。

第十二条　堆肥、沤肥、沼肥、肥水等还田利用的，依据畜禽养殖粪污土地承载力测算技术指南合理确定配套农田面积，并按 GB/T 25246、NY/T 2065 执行。

第十三条　委托第三方处理机构对畜禽粪污代为综合利用和无害化处理的，应依照第六条规定建设粪污暂存设施，可不自行建设综合利用和无害化处理设施。

第十四条　固体粪便、污水和沼液贮存设施建设要求按照 GB/T 26622、GB/T 26624 和 NY/T 2374 执行。

第十五条　第三方处理机构粪污收集、处理和利用相关设施设备要求，参照相关工程技术规范执行。

第十六条　各省（区、市）可参照制定符合本地实际的畜禽规模养殖场粪污资源化利用设施建设规范。

附录11
病原微生物实验室生物安全管理条例（2018年修订）

2004 年 11 月 12 日国务院令第 424 号发布，根据 2016 年 2 月 6 日《国务院关于修改部分行政法规的决定》修订；依据 2018 年 4 月 4 日《国务院关于修改和废止部分行政法规的决定》（国务院令第 698 号）修订。

第一章　总　则

第一条　为了加强病原微生物实验室（以下称实验室）生物安全管理，保护实验室工作人员和公众的健康，制定本条例。

第二条　对中华人民共和国境内的实验室及其从事实验活动的生物安全管理，适用本条例。

本条例所称病原微生物，是指能够使人或者动物致病的微生物。

本条例所称实验活动，是指实验室从事与病原微生物菌（毒）种、样本有关的研究、教学、检测、诊断等活动。

第三条　国务院卫生主管部门主管与人体健康有关的实验室及其实验活动的生物安全监督工作。

国务院兽医主管部门主管与动物有关的实验室及其实验活动的生物安全监督工作。

国务院其他有关部门在各自职责范围内负责实验室及其实验活动的生物安全管理工作。

县级以上地方人民政府及其有关部门在各自职责范围内负责实验室及其实验活动的生物安全管理工作。

第四条　国家对病原微生物实行分类管理，对实验室实行分级管理。

第五条　国家实行统一的实验室生物安全标准。实验室应当符合国家标准和要求。

第六条　实验室的设立单位及其主管部门负责实验室日常活动的管理，承担建立健全安全管理制度，检查、维护实验设施、设备，控制实验室感染的职责。

第二章　病原微生物的分类和管理

第七条　国家根据病原微生物的传染性、感染后对个体或者群体的危害程度，将病原微生物分为四类：

第一类病原微生物，是指能够引起人类或者动物非常严重疾病的微生物，以及我国尚未发现或者已经宣布消灭的微生物。

第二类病原微生物，是指能够引起人类或者动物严重疾病，比较容易直接或者间接在人与人、动物与人、动物与动物间传播的微生物。

第三类病原微生物，是指能够引起人类或者动物疾病，但一般情况下对人、动物或者环境不构成严重危害，传播风险有限，实验室感染后很少引起严重疾病，并且具备有效治疗和预防措施的微生物。

第四类病原微生物，是指在通常情况下不会引起人类或者动物疾病的微生物。

第一类、第二类病原微生物统称为高致病性病原微生物。

第八条　人间传染的病原微生物名录由国务院卫生主管部门商国务院有关部门后制定、调整并予以公布；动物间传染的病原微生物名录由国务院兽医主管部门商国务院有关部门后制定、调整并予以公布。

第九条　采集病原微生物样本应当具备下列条件：

（一）具有与采集病原微生物样本所需要的生物安全防护水平相适应的设备；

（二）具有掌握相关专业知识和操作技能的工作人员；

（三）具有有效地防止病原微生物扩散和感染的措施；

（四）具有保证病原微生物样本质量的技术方法和手段。

采集高致病性病原微生物样本的工作人员在采集过程中应当防止病原微生物扩散和感染，并对样本的来源、采集过程和方法等作详细记录。

第十条　运输高致病性病原微生物菌（毒）种或者样本，应当通过陆路运输；没有陆路通道，必须经水路运输的，可以通过水路运输；紧急情况下或者需要将高致病性病原微生物菌（毒）种或者样本运往国外的，可以通过民用航空运输。

第十一条　运输高致病性病原微生物菌（毒）种或者样本，应当具备下列条件：

（一）运输目的、高致病性病原微生物的用途和接收单位符合国务院卫生主管部门或者兽医主管部门的规定；

（二）高致病性病原微生物菌（毒）种或者样本的容器应当密封，容器或者包装材料还应当符合防水、防破损、防外泄、耐高（低）温、耐高压的要求；

（三）容器或者包装材料上应当印有国务院卫生主管部门或者兽医主管部门规定的生物危险标识、警告用语和提示用语。

运输高致病性病原微生物菌（毒）种或者样本，应当经省级以上人民政府卫生主管部门或者兽医主管部门批准。在省、自治区、直辖市行政区域内运输的，由省、自治区、直辖市人民政府卫生主管部门或者兽医主管部门批准；需要跨省、自治区、直辖市运输或者运往国外的，由出发地的省、自治区、直辖市人民政府卫生主管部门或者兽医主管部门进行初审后，分别报国务院卫生主管部门或者兽医主管部门批准。

出入境检验检疫机构在检验检疫过程中需要运输病原微生物样本的，由国务院出入境检验检疫部门批准，并同时向国务院卫生主管部门或者兽医主管部门通报。

通过民用航空运输高致病性病原微生物菌（毒）种或者样本的，除依照本条第二款、第三款规定取得批准外，还应当经国务院民用航空主管部门批准。

有关主管部门应当对申请人提交的关于运输高致性病原微生物菌（毒）种或者样本的申请材料进行审查，对符合本条第一款规定条件的，应当即时批准。

第十二条 运输高致病性病原微生物菌（毒）种或者样本，应当由不少于2人的专人护送，并采取相应的防护措施。

有关单位或者个人不得通过公共电（汽）车和城市铁路运输病原微生物菌（毒）种或者样本。

第十三条 需要通过铁路、公路、民用航空等公共交通工具运输高致病性病原微生物菌（毒）种或者样本的，承运单位应当凭本条例第十一条规定的批准文件予以运输。

承运单位应当与护送人共同采取措施，确保所运输的高致病性病原微生物菌（毒）种或者样本的安全，严防发生被盗、被抢、丢失、泄漏事件。

第十四条 国务院卫生主管部门或者兽医主管部门指定的菌（毒）种保藏中心或者专业实验室（以下称保藏机构），承担集中储存病原微生物菌（毒）种和样本的任务。

保藏机构应当依照国务院卫生主管部门或者兽医主管部门的规定，储存实验室送交的病原微生物菌（毒）种和样本，并向实验室提供病原微生物菌（毒）种和样本。

保藏机构应当制定严格的安全保管制度，做好病原微生物菌（毒）种和样本进出和储存的记录，建立档案制度，并指定专人负责。对高致病性病原微生物菌（毒）种和样本应当设专库或者专柜单独储存。

保藏机构储存、提供病原微生物菌（毒）种和样本，不得收取任何费用，其经费由同级财政在单位预算中予以保障。

保藏机构的管理办法由国务院卫生主管部门会同国务院兽医主管部门制定。

第十五条 保藏机构应当凭实验室依照本条例的规定取得的从事高致病性病原微生物相关实验活动的批准文件，向实验室提供高致病性病原微生物菌（毒）种和样本，并予以登记。

第十六条 实验室在相关实验活动结束后，应当依照国务院卫生主管部门或者兽医主管部门的规定，及时将病原微生物菌（毒）种和样本就地销毁或者送交保藏机构保管。

保藏机构接受实验室送交的病原微生物菌（毒）种和样本，应当予以登记，并开具接收证明。

第十七条 高致病性病原微生物菌（毒）种或者样本在运输、储存中被盗、被抢、丢失、泄漏的，承运单位、护送人、保藏机构应当采取必要的控制措施，并在2小时内分别向承运单位的主管部门、护送人所在单位和保藏机构的主管部门报告，同时向所在地的县级人民政府卫生主管部门或者兽医主管部门报告，发生被盗、被抢、丢失的，还应当向公安机关报告；接到报告的卫生主管部门或者兽医主管部门应当在2小时内向本级人民政府报告，并同时向上级人民政府卫生主管部门或者兽医主管部门和国务院卫生主管部门或者兽医主管部门报告。

县级人民政府应当在接到报告后2小时内向设区的市级人民政府或者上一级人民政府报

告；设区的市级人民政府应当在接到报告后 2 小时内向省、自治区、直辖市人民政府报告。省、自治区、直辖市人民政府应当在接到报告后 1 小时内，向国务院卫生主管部门或者兽医主管部门报告。

任何单位和个人发现高致病性病原微生物菌（毒）种或者样本的容器或者包装材料，应当及时向附近的卫生主管部门或者兽医主管部门报告；接到报告的卫生主管部门或者兽医主管部门应当及时组织调查核实，并依法采取必要的控制措施。

第三章　实验室的设立与管理

第十八条　国家根据实验室对病原微生物的生物安全防护水平，并依照实验室生物安全国家标准的规定，将实验室分为一级、二级、三级、四级。

第十九条　新建、改建、扩建三级、四级实验室或者生产、进口移动式三级、四级实验室应当遵守下列规定：

（一）符合国家生物安全实验室体系规划并依法履行有关审批手续；

（二）经国务院科技主管部门审查同意；

（三）符合国家生物安全实验室建筑技术规范；

（四）依照《中华人民共和国环境影响评价法》的规定进行环境影响评价并经环境保护主管部门审查批准；

（五）生物安全防护级别与其拟从事的实验活动相适应。

前款规定所称国家生物安全实验室体系规划，由国务院投资主管部门会同国务院有关部门制定。制定国家生物安全实验室体系规划应当遵循总量控制、合理布局、资源共享的原则，并应当召开听证会或者论证会，听取公共卫生、环境保护、投资管理和实验室管理等方面专家的意见。

第二十条　三级、四级实验室应当通过实验室国家认可。

国务院认证认可监督管理部门确定的认可机构应当依照实验室生物安全国家标准以及本条例的有关规定，对三级、四级实验室进行认可；实验室通过认可的，颁发相应级别的生物安全实验室证书。证书有效期为 5 年。

第二十一条　一级、二级实验室不得从事高致病性病原微生物实验活动。三级、四级实验室从事高致病性病原微生物实验活动，应当具备下列条件：

（一）实验目的和拟从事的实验活动符合国务院卫生主管部门或者兽医主管部门的规定；

（二）通过实验室国家认可；

（三）具有与拟从事的实验活动相适应的工作人员；

（四）工程质量经建筑主管部门依法检测验收合格。

第二十二条　三级、四级实验室，需要从事某种高致病性病原微生物或者疑似高致病性病原微生物实验活动的，应当依照国务院卫生主管部门或者兽医主管部门的规定报省级以上人民政府卫生主管部门或者兽医主管部门批准。实验活动结果以及工作情况应当向原批准部门报告。

实验室申报或者接受与高致病性病原微生物有关的科研项目，应当符合科研需要和生物安全要求，具有相应的生物安全防护水平。与动物间传染的高致病性病原微生物有关的科研项目，应当经国务院兽医主管部门同意；与人体健康有关的高致病性病原微生物科研项目，实验室应当将立项结果告知省级以上人民政府卫生主管部门。

第二十三条　出入境检验检疫机构、医疗卫生机构、动物防疫机构在实验室开展检测、诊断工作时，发现高致病性病原微生物或者疑似高致病性病原微生物，需要进一步从事这类高致病性病原微生物相关实验活动的，应当依照本条例的规定经批准同意，并在取得相应资格证书的实验室中进行。

专门从事检测、诊断的实验室应当严格依照国务院卫生主管部门或者兽医主管部门的规定，建立健全规章制度，保证实验室生物安全。

第二十四条　省级以上人民政府卫生主管部门或者兽医主管部门应当自收到需要从事高致病性病原微生物相关实验活动的申请之日起 15 日内作出是否批准的决定。

对出入境检验检疫机构为了检验检疫工作的紧急需要，申请在实验室对高致病性病原微生物或者疑似高致病性病原微生物开展进一步实验活动的，省级以上人民政府卫生主管部门或者兽医主管部门应当自收到申请之时起 2 小时内作出是否批准的决定；2 小时内未做出决定的，实验室可以从事相应的实验活动。

省级以上人民政府卫生主管部门或者兽医主管部门应当为申请人通过电报、电传、传真、电子数据交换和电子邮件等方式提出申请提供方便。

第二十五条　新建、改建或者扩建一级、二级实验室，应当向设区的市级人民政府卫生主管部门或者兽医主管部门备案。设区的市级人民政府卫生主管部门或者兽医主管部门应当每年将备案情况汇总后报省、自治区、直辖市人民政府卫生主管部门或者兽医主管部门。

第二十六条　国务院卫生主管部门和兽医主管部门应当定期汇总并互相通报实验室数量和实验室设立、分布情况，以及三级、四级实验室从事高致病性病原微生物实验活动的情况。

第二十七条　已经建成并通过实验室国家认可的三级、四级实验室应当向所在地的县级人民政府环境保护主管部门备案。环境保护主管部门依照法律、行政法规的规定对实验室排放的废水、废气和其他废物处置情况进行监督检查。

第二十八条　对我国尚未发现或者已经宣布消灭的病原微生物，任何单位和个人未经批准不得从事相关实验活动。

为了预防、控制传染病，需要从事前款所指病原微生物相关实验活动的，应当经国务院卫生主管部门或者兽医主管部门批准，并在批准部门指定的专业实验室中进行。

第二十九条　实验室使用新技术、新方法从事高致病性病原微生物相关实验活动的，应当符合防止高致病性病原微生物扩散、保证生物安全和操作者人身安全的要求，并经国家原微生物实验室生物安全专家委员会论证；经论证可行的，方可使用。

第三十条　需要在动物体上从事高致病性病原微生物相关实验活动的，应当在符合动物实验室生物安全国家标准的三级以上实验室进行。

第三十一条　实验室的设立单位负责实验室的生物安全管理。

实验室的设立单位应当依照本条例的规定制定科学、严格的管理制度，并定期对有关生物安全规定的落实情况进行检查，定期对实验室设施、设备、材料等进行检查、维护和更新，以确保其符合国家标准。

实验室的设立单位及其主管部门应当加强对实验室日常活动的管理。

第三十二条　实验室负责人为实验室生物安全的第一责任人。

实验室从事实验活动应当严格遵守有关国家标准和实验室技术规范、操作规程。实验室负责人应当指定专人监督检查实验室技术规范和操作规程的落实情况。

第三十三条　从事高致病性病原微生物相关实验活动的实验室的设立单位，应当建立健全安全保卫制度，采取安全保卫措施，严防高致病性病原微生物被盗、被抢、丢失、泄漏，保障实验室及其病原微生物的安全。实验室发生高致病性病原微生物被盗、被抢、丢失、泄漏的，实验室的设立单位应当依照本条例第十七条的规定进行报告。

从事高致病性病原微生物相关实验活动的实验室应当向当地公安机关备案，并接受公安机关有关实验室安全保卫工作的监督指导。

第三十四条　实验室或者实验室的设立单位应当每年定期对工作人员进行培训，保证其掌握实验室技术规范、操作规程、生物安全防护知识和实际操作技能，并进行考核。工作人员经考核合格的，方可上岗。

从事高致病性病原微生物相关实验活动的实验室，应当每半年将培训、考核其工作人员的情况和实验室运行情况向省、自治区、直辖市人民政府卫生主管部门或者兽医主管部门报告。

第三十五条　从事高致病性病原微生物相关实验活动应当有 2 名以上的工作人员共同进行。

进入从事高致病性病原微生物相关实验活动的实验室的工作人员或者其他有关人员，应当经实验室负责人批准。实验室应当为其提供符合防护要求的防护用品并采取其他职业防护措施。从事高致病性病原微生物相关实验活动的实验室，还应当对实验室工作人员进行健康监测，每年组织对其进行体检，并建立健康档案；必要时，应当对实验室工作人员进行预防接种。

第三十六条　在同一个实验室的同一个独立安全区域内，只能同时从事一种高致病性病原微生物的相关实验活动。

第三十七条　实验室应当建立实验档案，记录实验室使用情况和安全监督情况。实验室从事高致病性病原微生物相关实验活动的实验档案保存期，不得少于 20 年。

第三十八条　实验室应当依照环境保护的有关法律、行政法规和国务院有关部门的规定，对废水、废气以及其他废物进行处置，并制定相应的环境保护措施，防止环境污染。

第三十九条　三级、四级实验室应当在明显位置标示国务院卫生主管部门和兽医主管部门规定的生物危险标识和生物安全实验室级别标志。

第四十条　从事高致病性病原微生物相关实验活动的实验室应当制定实验室感染应急处置预案，并向该实验室所在地的省、自治区、直辖市人民政府卫生主管部门或者兽医主管部门备案。

第四十一条　国务院卫生主管部门和兽医主管部门会同国务院有关部门组织病原学、免疫学、检验医学、流行病学、预防兽医学、环境保护和实验室管理等方面的专家，组成国家病原微生物实验室生物安全专家委员会。该委员会承担从事高致病性病原微生物相关实验活动的实验室的设立与运行的生物安全评估和技术咨询、论证工作。

省、自治区、直辖市人民政府卫生主管部门和兽医主管部门会同同级人民政府有关部门组织病原学、免疫学、检验医学、流行病学、预防兽医学、环境保护和实验室管理等方面的专家，组成本地区病原微生物实验室生物安全专家委员会。该委员会承担本地区实验室设立和运行的技术咨询工作。

第四章　实验室感染控制

第四十二条　实验室的设立单位应当指定专门的机构或者人员承担实验室感染控制工作，定期检查实验室的生物安全防护、病原微生物菌（毒）种和样本保存与使用、安全操作、实验室排放的废水和废气以及其他废物处置等规章制度的实施情况。

负责实验室感染控制工作的机构或者人员应当具有与该实验室中的病原微生物有关的传染病防治知识，并定期调查、了解实验室工作人员的健康状况。

第四十三条　实验室工作人员出现与本实验室从事的高致病性病原微生物相关实验活动有关的感染临床症状或者体征时，实验室负责人应当向负责实验室感染控制工作的机构或者人员报告，同时派专人陪同及时就诊；实验室工作人员应当将近期所接触的病原微生物的种类和危险程度如实告知诊治医疗机构。接诊的医疗机构应当及时救治；不具备相应救治条件的，应当依照规定将感染的实验室工作人员转诊至具备相应传染病救治条件的医疗机构；具备相应传染病救治条件的医疗机构应当接诊治疗，不得拒绝救治。

第四十四条　实验室发生高致病性病原微生物泄漏时，实验室工作人员应当立即采取控制措施，防止高致病性病原微生物扩散，并同时向负责实验室感染控制工作的机构或者人员报告。

第四十五条　负责实验室感染控制工作的机构或者人员接到本条例第四十三条、第四十四条规定的报告后，应当立即启动实验室感染应急处置预案，并组织人员对该实验室生物安全状况等情况进行调查；确认发生实验室感染或者高致病性病原微生物泄漏的，应当依照本条例第十七条的规定进行报告，并同时采取控制措施，对有关人员进行医学观察或者隔离治疗，封闭实验室，防止扩散。

第四十六条　卫生主管部门或者兽医主管部门接到关于实验室发生工作人员感染事故或者病原微生物泄漏事件的报告，或者发现实验室从事病原微生物相关实验活动造成实验室感染事故的，应当立即组织疾病预防控制机构、动物防疫监督机构和医疗机构以及其他有关机构依法采取下列预防、控制措施：

（一）封闭被病原微生物污染的实验室或者可能造成病原微生物扩散的场所；

（二）开展流行病学调查；

（三）对病人进行隔离治疗，对相关人员进行医学检查；

（四）对密切接触者进行医学观察；

（五）进行现场消毒；

（六）对染疫或者疑似染疫的动物采取隔离、扑杀等措施；

（七）其他需要采取的预防、控制措施。

第四十七条　医疗机构或者兽医医疗机构及其执行职务的医务人员发现由于实验室感染而引起的与高致病性病原微生物相关的传染病病人、疑似传染病病人或者患有疫病、疑似患有疫病的动物，诊治的医疗机构或者兽医医疗机构应当在2小时内报告所在地的县级人民政府卫生主管部门或者兽医主管部门；接到报告的卫生主管部门或者兽医主管部门应当在2小时内通报实验室所在地的县级人民政府卫生主管部门或者兽医主管部门。接到通报的卫生主管部门或者兽医主管部门应当依照本条例第四十六条的规定采取预防、控制措施。

第四十八条　发生病原微生物扩散，有可能造成传染病暴发、流行时，县级以上人民政府卫生主管部门或者兽医主管部门应当依照有关法律、行政法规的规定以及实验室感染应急处置预案进行处理。

第五章　监　督　管　理

第四十九条　县级以上地方人民政府卫生主管部门、兽医主管部门依照各自分工，履行下列职责：

（一）对病原微生物菌（毒）种、样本的采集、运输、储存进行监督检查；

（二）对从事高致病性病原微生物相关实验活动的实验室是否符合本条例规定的条件进行监督检查；

（三）对实验室或者实验室的设立单位培训、考核其工作人员以及上岗人员的情况进行监督检查；

（四）对实验室是否按照有关国家标准、技术规范和操作规程从事病原微生物相关实验活动进行监督检查。

县级以上地方人民政府卫生主管部门、兽医主管部门，应当主要通过检查反映实验室执行国家有关法律、行政法规以及国家标准和要求的记录、档案、报告，切实履行监督管理职责。

第五十条　县级以上人民政府卫生主管部门、兽医主管部门、环境保护主管部门在履行监督检查职责时，有权进入被检查单位和病原微生物泄漏或者扩散现场调查取证、采集样品，查阅复制有关资料。需要进入从事高致病性病原微生物相关实验活动的实验室调查取证、采集样品的，应当指定或者委托专业机构实施。被检查单位应当予以配合，不得拒绝、阻挠。

第五十一条　国务院认证认可监督管理部门依照《中华人民共和国认证认可条例》的规定对实验室认可活动进行监督检查。

第五十二条　卫生主管部门、兽医主管部门、环境保护主管部门应当依据法定的职权和程序履行职责，做到公正、公平、公开、文明、高效。

第五十三条　卫生主管部门、兽医主管部门、环境保护主管部门的执法人员执行职务时，应当有 2 名以上执法人员参加，出示执法证件，并依照规定填写执法文书。

现场检查笔录、采样记录等文书经核对无误后，应当由执法人员和被检查人、被采样人签名。被检查人、被采样人拒绝签名的，执法人员应当在自己签名后注明情况。

第五十四条　卫生主管部门、兽医主管部门、环境保护主管部门及其执法人员执行职务，应当自觉接受社会和公民的监督。公民、法人和其他组织有权向上级人民政府及其卫生主管部门、兽医主管部门、环境保护主管部门举报地方人民政府及其有关主管部门不依照规定履行职责的情况。接到举报的有关人民政府或者其卫生主管部门、兽医主管部门、环境保护主管部门，应当及时调查处理。

第五十五条　上级人民政府卫生主管部门、兽医主管部门、环境保护主管部门发现属于下级人民政府卫生主管部门、兽医主管部门、环境保护主管部门职责范围内需要处理的事项的，应当及时告知该部门处理；下级人民政府卫生主管部门、兽医主管部门、环境保护主管部门不及时处理或者不积极履行本部门职责的，上级人民政府卫生主管部门、兽医主管部门、环境保护主管部门应当责令其限期改正；逾期不改正的，上级人民政府卫生主管部门、兽医主管部门、环境保护主管部门有权直接予以处理。

第六章　法　律　责　任

第五十六条　三级、四级实验室未经批准从事某种高致病性病原微生物或者疑似高致病性病原微生物实验活动的，由县级以上地方人民政府卫生主管部门、兽医主管部门依照各自职责，责令停止有关活动，监督其将用于实验活动的病原微生物销毁或者送交保藏机构，并给予警告；造成传染病传播、流行或者其他严重后果的，由实验室的设立单位对主要负责人、直接负责的主管人员和其他直接责任人员，依法给予撤职、开除的处分；构成犯罪的，依法追究刑事责任。

第五十七条　卫生主管部门或者兽医主管部门违反本条例的规定，准予不符合本条例规定条件的实验室从事高致病性病原微生物相关实验活动的，由作出批准决定的卫生主管部门或者兽医主管部门撤销原批准决定，责令有关实验室立即停止有关活动，并监督其将用于实验活动的病原微生物销毁或者送交保藏机构，对直接负责的主管人员和其他直接责任人员依法给予行政处分；构成犯罪的，依法追究刑事责任。

因违法作出批准决定给当事人的合法权益造成损害的，作出批准决定的卫生主管部门或者兽医主管部门应当依法承担赔偿责任。

第五十八条　卫生主管部门或者兽医主管部门对出入境检验检疫机构为了检验检疫工作的紧急需要，申请在实验室对高致病性病原微生物或者疑似高致病性病原微生物开展进一步检测活动，不在法定期限内作出是否批准决定的，由其上级行政机关或者监察机关责令改正，给予警告；造成传染病传播、流行或者其他严重后果的，对直接负责的主管人员和其他直接责任人员依法给予撤职、开除的行政处分；构成犯罪的，依法追究刑事责任。

第五十九条　违反本条例规定，在不符合相应生物安全要求的实验室从事病原微生物相关实验活动的，由县级以上地方人民政府卫生主管部门、兽医主管部门依照各自职责，责令停止有关活动，监督其将用于实验活动的病原微生物销毁或者送交保藏机构，并给予警告；造成传染病传播、流行或者其他严重后果的，由实验室的设立单位对主要负责人、直接负责的主管人员和其他直接责任人员，依法给予撤职、开除的处分；构成犯罪的，依法追究刑事责任。

第六十条　实验室有下列行为之一的，由县级以上地方人民政府卫生主管部门、兽医主管部门依照各自职责，责令限期改正，给予警告；逾期不改正的，由实验室的设立单位对主要负责人、直接负责的主管人员和其他直接责任人员，依法给予撤职、开除的处分；有许可证件的，并由原发证部门吊销有关许可证件：

（一）未依照规定在明显位置标示国务院卫生主管部门和兽医主管部门规定的生物危险标识和生物安全实验室级别标志的；

（二）未向原批准部门报告实验活动结果以及工作情况的；

（三）未依照规定采集病原微生物样本，或者对所采集样本的来源、采集过程和方法等未做详细记录的；

（四）新建、改建或者扩建一级、二级实验室未向设区的市级人民政府卫生主管部门或者兽医主管部门备案的；

（五）未依照规定定期对工作人员进行培训，或者工作人员考核不合格允许其上岗，或者批准未采取防护措施的人员进入实验室的；

（六）实验室工作人员未遵守实验室生物安全技术规范和操作规程的；

（七）未依照规定建立或者保存实验档案的；

（八）未依照规定制定实验室感染应急处置预案并备案的。

第六十一条　经依法批准从事高致病性病原微生物相关实验活动的实验室的设立单位未建立健全安全保卫制度，或者未采取安全保卫措施的，由县级以上地方人民政府卫生主管部门、兽医主管部门依照各自职责，责令限期改正；逾期不改正，导致高致病性病原微生物菌

（毒）种、样本被盗、被抢或者造成其他严重后果的，责令停止该项实验活动，该实验室 2 年内不得申请从事高致病性病原微生物实验活动；造成传染病传播、流行的，该实验室设立单位的主管部门还应当对该实验室的设立单位的直接负责的主管人员和其他直接责任人员，依法给予降级、撤职、开除的处分；构成犯罪的，依法追究刑事责任。

第六十二条　未经批准运输高致病性病原微生物菌（毒）种或者样本，或者承运单位经批准运输高致病性病原微生物菌（毒）种或者样本未履行保护义务，导致高致病性病原微生物菌（毒）种或者样本被盗、被抢、丢失、泄漏的，由县级以上地方人民政府卫生主管部门、兽医主管部门依照各自职责，责令采取措施，消除隐患，给予警告；造成传染病传播、流行或者其他严重后果的，由托运单位和承运单位的主管部门对主要负责人、直接负责的主管人员和其他直接责任人员，依法给予撤职、开除的处分；构成犯罪的，依法追究刑事责任。

第六十三条　有下列行为之一的，由实验室所在地的设区的市级以上地方人民政府卫生主管部门、兽医主管部门依照各自职责，责令有关单位立即停止违法活动，监督其将病原微生物销毁或者送交保藏机构；造成传染病传播、流行或者其他严重后果的，由其所在单位或者其上级主管部门对主要负责人、直接负责的主管人员和其他直接责任人员，依法给予撤职、开除的处分；有许可证件的，并由原发证部门吊销有关许可证件；构成犯罪的，依法追究刑事责任：

（一）实验室在相关实验活动结束后，未依照规定及时将病原微生物菌（毒）种和样本就地销毁或者送交保藏机构保管的；

（二）实验室使用新技术、新方法从事高致病性病原微生物相关实验活动未经国家病原微生物实验室生物安全专家委员会论证的；

（三）未经批准擅自从事在我国尚未发现或者已经宣布消灭的病原微生物相关实验活动的；

（四）在未经指定的专业实验室从事在我国尚未发现或者已经宣布消灭的病原微生物相关实验活动的；

（五）在同一个实验室的同一个独立安全区域内同时从事两种或者两种以上高致病性病原微生物的相关实验活动的。

第六十四条　认可机构对不符合实验室生物安全国家标准以及本条例规定条件的实验室予以认可，或者对符合实验室生物安全国家标准以及本条例规定条件的实验室不予认可的，由国务院认证认可监督管理部门责令限期改正，给予警告；造成传染病传播、流行或者其他严重后果的，由国务院认证认可监督管理部门撤销其认可资格，有上级主管部门的，由其上级主管部门对主要负责人、直接负责的主管人员和其他直接责任人员依法给予撤职、开除的处分；构成犯罪的，依法追究刑事责任。

第六十五条　实验室工作人员出现该实验室从事的病原微生物相关实验活动有关的感染临床症状或者体征，以及实验室发生高致病性病原微生物泄漏时，实验室负责人、实验室工作人员、负责实验室感染控制的专门机构或者人员未依照规定报告，或者未依照规定采取控制措施的，由县级以上地方人民政府卫生主管部门、兽医主管部门依照各自职责，责令限期改正，给予警告；造成传染病传播、流行或者其他严重后果的，由其设立单位对实验室主要负责人、直接负责的主管人员和其他直接责任人员，依法给予撤职、开除的处分；有许可证件的，并由原发证部门吊销有关许可证件；构成犯罪的，依法追究刑事责任。

第六十六条　拒绝接受卫生主管部门、兽医主管部门依法开展有关高致病性病原微生物扩散的调查取证、采集样品等活动或者依照本条例规定采取有关预防、控制措施的，由县级以上人民政府卫生主管部门、兽医主管部门依照各自职责，责令改正，给予警告；造成传染病传播、流行以及其他严重后果的，由实验室的设立单位对实验室主要负责人、直接负责的主管人员和其他直接责任人员，依法给予降级、撤职、开除的处分；有许可证件的，并由原发证部门吊销有关许可证件；构成犯罪的，依法追究刑事责任。

第六十七条　发生病原微生物被盗、被抢、丢失、泄漏，承运单位、护送人、保藏机构和实验室的设立单位未依照本条例的规定报告的，由所在地的县级人民政府卫生主管部门或者兽医主管部门给予警告；造成传染病传播、流行或者其他严重后果的，由实验室的设立单位或者承运单位、保藏机构的上级主管部门对主要负责人、直接负责的主管人员和其他直接责任人员，依法给予撤职、开除的处分；构成犯罪的，依法追究刑事责任。

第六十八条　保藏机构未依照规定储存实验室送交的菌（毒）种和样本，或者未依照规定提供菌（毒）种和样本的，由其指定部门责令限期改正，收回违法提供的菌（毒）种和样本，并给予警告；造成传染病传播、流行或者其他严重后果的，由其所在单位或者其上级主管部门对主要负责人、直接负责的主管人员和其他直接责任人员，依法给予撤职、开除的处分；构成犯罪的，依法追究刑事责任。

第六十九条　县级以上人民政府有关主管部门，未依照本条例的规定履行实验室及其实验活动监督检查职责的，由有关人民政府在各自职责范围内责令改正，通报批评；造成传染病传播、流行或者其他严重后果的，对直接负责的主管人员，依法给予行政处分；构成犯罪的，依法追究刑事责任。

第七章　附　　则

第七十条　军队实验室由中国人民解放军卫生主管部门参照本条例负责监督管理。

第七十一条　本条例施行前设立的实验室，应当自本条例施行之日起6个月内，依照本条例的规定，办理有关手续。

第七十二条　本条例自公布之日起施行。

参 考 文 献

[1]　王喆，韩昌权．畜牧兽医法规与行政执法［M］．3版．北京：中国农业出版社，2014．

[2]　冯静兰．兽医卫生行政及其诉讼［M］．北京：农业出版社，1992．

[3]　王道地．畜牧兽医行政管理［M］．北京：中国农业出版社，2004．

[4]　农业部产业政策与法规司．农业法律法规规章选编（畜牧兽医及相关类）［M］．北京：中国农业出版社，2003．

[5]　彭德旺，等．兽医卫生行政执法及应诉技巧［M］．北京：中国农业出版社，1998．

[6]　王喆，韩昌权．畜牧业法规与行政执法［M］．北京：中国农业出版社，2009．

[7]　王克卿，谭善杰．畜牧兽医行政执法工作的实践与探索［J］．山东畜牧兽医，2008（3）：38-39．

[8]　邱伯根．兽医从业知识问答［M］．长沙：湖南科学技术出版社，2002．

[9]　陆承平，陈杖榴．兽医法规导论［M］．北京：中国农业出版社，2006．

[10]　任大鹏．中华人民共和国畜牧法释义［M］．北京：中国法制出版社，2006．

[11]　曹康泰．《重大动物疫情应急条例》出台背景［J］．中国牧业通讯，2005（23）：5-6．

[12]　李万有．浅析《重大动物疫情应急条例》重大意义［J］．中国牧业通讯，2006（3）：18-20．

[13]　汪诚天．兽医实验检验手册［M］．上海：上海科学技术出版社，1984．

[14]　韦选民，任蕊萍．动物疾病实验室检验手册［M］．北京：中国农业出版社，2006．

[15]　朱兆荣．畜牧兽医行政管理与执法司法［M］．重庆：重庆大学出版社，2007．

[16]　杨临萍．行政损害赔偿［M］．北京：人民法院出版社，1999．

[17]　中国绿色食品发展中心．绿色食品标准汇编［M］．北京：中国农业出版社，2006．

[18]　于文蕴，李春雨．兽药管理［M］．北京：中国农业大学出版社，2008．

[19]　李超进．药事管理学［M］．北京：人民卫生出版社，1988．

[20]　于船，王万钦．中国兽药知识大全［M］．成都：四川科学技术出版社，1997．

[21]　柳忠言．畜牧兽医行政管理人员职业书籍精选［J］．中国牧业通讯，2006（19）：80-81．

[22]　张伟华．如何把握畜牧兽医饲料类行政许可［J］．广东饲料，2005，14（4）：12-13．

[23]　陈向前．动物卫生法学［M］．北京：中国农业大学出版社，2002．

[24]　刘娟，朱兆荣．畜牧兽医行政法学［M］．北京：中国农业大学出版社，2005．